★★★ 반드시 내 것으로 ★★★

#MUSTHAVE

돈 되는 특허는 따로 있다. 아이디어 단계부터 전략을 세우면 다르다

특판남이 알려주는
돈 되는
특허 AtoZ

Must Have 시리즈는 내 것으로 만드는 시간을 드립니다. 명확한 학습 목표와 핵심 정리를 제공하고, 다양한 그림으로 학습 효과를 극대화합니다. 할 수 있습니다. 포기는 없습니다. 지금 당장 밑줄 긋고 메모하세요!
Must Have가 여러분의 성장을 돕겠습니다.

GOLDEN RABBIT

골든래빗은 가치가 성장하는 도서를 함께 만드실 저자님을 찾고 있습니다.
내가 할 수 있을까 망설이는 대신, 용기 내어 골든래빗의 문을 두드려보세요.

apply@goldenrabbit.co.kr

우리는
가치가 성장하는
시간을
만듭니다.

GOLDEN RABBIT

추천의 말

황진상 대표는 삼성종합기술원에서 커넥티드 헬스케어Connected Healthcare 전략, 특허 부분을 담당했다. 이후 독립하여 지우솔루션(주)를 창업하고 구강 건강을 도와주는 맘브러시Mombrush 솔루션을 개발했다. 특허출원과 사업에 판매 경험까지 더해 쓴 이 책은 쉽고 재미있으면서 알차다. 기술 개발/사업을 하는 모든 사람을 넘어 일반인에게도 꼭 권하고 싶은 책이다.

박재찬 박사 (전) 삼성종합기술원 바이오연구소장

대기업 특허팀 경험을 토대로 삼아 벤처 사업에서 직접 몸으로 부딪치며 체득한 경험을 쌓아올린 진정한 특허 실무 참고서다. 아이디어 착상에서 출원, 심사 대응, 활용에 이르기까지 초보자도 직접 도전해볼 수 있도록 정리한 'Do It Yourself' 책이다. 발명가, 스타트업 및 중소기업 종사자라면 필독하기 바란다.

이용태 미국 변호사, 동국대 지식재산학과 교수

특허 관련 많은 책을 읽었지만 '돈 되는' 특허 실제 사례와 설명을 이처럼 생생하게 담은 책은 없었다. 발명가와 사업가들에게 특허 등록 이후 활용 방법은 정말 절실하다. 드디어 절실히 필요했던 특허 활용 방안을 담은 책이 출간되었다. 특허 사업화를 고려하시는 분께 강력히 권한다.

김민열 (주)헬스케어챗봇 대표

기존 관련 서적은 특허 업무 전문가 시각으로 쓰여, 특허에 관심 있는 일반인에게 어렵고 멀다. 하지만 이 책은 발명부터 특허출원까지 직접 부딪쳐 얻은 수많은 경험과 폭넓은 특허 지식을 담았다. 다른 서적에서 다루지 않은 내용(좋은 변리사 선임)과 현장 경험이 없으면 알기 힘든 내용(사업계획서 작성, 특허 협상 등)이 구체적으로 적혀 있다. 관련 업계 종사자뿐만 아니라 특허에 관심 있는 일반 독자에게도 큰 도움이 될 것이다.

박찬정 경기대학교 교양학부 교수

특허는 전혀 만날 일이 없을 거라고 생각했는데, 이 책을 보니 조금씩 친해두면 좋을 친구이지 않을까 생각이 든다. 어려운 이론이 아닌 사례를 살펴보며 하나씩 알아가는 재미가 쏠쏠하다.

송진영 소프트웨어 개발자

이 책은 특린이에게 특허로 돈 버는 방법을 알려준다. 호랑이는 죽어서 가죽을 남기고 사람은 죽어서 이름을 남긴다고 했다. 특허는 조직과 나라의 경쟁력이다. 석유 같은 천연자원이 없는 우리에게 꼭 필요한 책!

최희욱 소프트웨어 개발자

아이디어 창출, 공보 분석, 특허출원, 시제품 제작 같은 기본 전략부터 출원 비용 최소화, 수수료 폭탄을 피하는 법, 침해 관리, 협상 및 소송 같은 '돈 되는' 전략까지 특허로 기업을 도산에서 구해낸 저자의 노하우가 돋보인다. 특히, 선행특허 및 청구항 침해 논리 싸움, 심사위원 경험 추천 등 '심리' 전략과 국제 출원, 미·중 등록공보 분석, 판매 등 '글로벌' 전략은 이 책의 진가를 높여준다. 이 책 없이 섣불리 덤볐다가 어떤 미래가 펼쳐질지 상상하면 아찔하다. 특허의 장점만이 아닌 현실 그대로를 진솔하게 기술하고, 장마다 저자의 과거 에피소드를 소개해 더욱 유익했다.

허민 한국외국어대학교 데이터 분석가

"특허로 획득한 경쟁력이야 말로 사업을 창업하고 성장시키는 든든한 주춧돌이다." 저자의 이 말은 특허가 돈이 된다는 극명한 표현이다. 어떻게 특허를 출원하는지, 어떻게 사업적으로 특허 전략을 구사할지 모르는 중소기업 경영자라면 반드시 읽어라. 맞춤식 단계별 접근법을 제시한 이 책이야 말로 현실적인 대안일 것이다.

염동진 (주)씨에스에너텍 부사장

특린이를 위한 10문 10답

특허의 '특' 자만 들어도 '그거 어려운 거 아니야? 나랑은 상관없어'라고 생각하는 특린이[1]를 위해 간단히 Q&A 형식으로 특허 상식을 알아보자.

Q 모든 아이디어는 특허가 될 수 있나요?

국내 특허법에서 특허권으로 보호되는 '발명'은 자연법칙을 이용한 기술적 사상의 창작으로서 고도(높은 수준)한 것을 말한다(특허법 제 2조 1항). 모든 아이디어 또는 발명을 특허로 승인해주는 것이 아니다. ❶ 반드시 자연법칙을 이용한 기술이어야 하고 ❷ 국내외를 막론하고 창작이어야 하며 ❸ 기술적으로 고도한 발명이어야만 한다. 특허출원을 하면 특허청이 엄격히 심사하게 된다.

100년 전에는 반도체 집적회로 배치 설계, 컴퓨터 프로그램, 데이터베이스, 생명공학, 식물 재배 기술, 전자 상거래 기술, 인공지능 같은 기술이 없었다. 특허 대상도 세상 변화를 따라 변한다. 지금 이 순간에도 제도적 보완이 논의되고 있으므로 그야말로 최신 기술이라면 전문가 조언을 받아 특허를 받을 수 있는 아이디어인지 확인하기 바란다. 개략적인 문의는 공익변리사 제도를 이용할 수 있다.

Q 특허와 실용신안은 무엇이 다른가요?

국내 특허법에서 특허권으로 보호되는 '발명'은 자연법칙을 이용한 기술적 사상의 창작으로서 고도한 것을 말한다. 반면에 실용신안법에서 보호하는 '고안'은 자연법칙을 이용한 기술적 사상의 창작이다. 여기서 발명과 고안의 차이는 기술 난이도다.

---

1 특허 + 어린이 합성 신조어. 특허 왕초보를 뜻하는 단어

또한 특허는 물건(물품과 물질), 방법(비즈니스 모델, 제조 방법 등)을 대상으로 하는 반면, 실용신안은 물품만 대상으로 한다. 특허는 권리 기간이 출원일로부터 20년이고, 실용신안은 10년이다.

예를 들어 수도꼭지 관련 아이디어가 있다고 하자. 수도꼭지는 물품과 물질 중에 물품이다. 따라서 특허와 실용신안 모두 출원할 수 있다. 그렇다면 발명인지 고안인지를 판단해야 한다. 단순히 샤워기처럼 물이 분사되도록 바꾸었다면 발명에 해당할 만큼 높은 기술적인 도약은 아닐 것이다. 이 아이디어는 고안, 즉 실용신안으로 권리를 확보하면 된다. 다음 표를 참조하여 특허 또는 실용신안 출원 여부를 판단하기 바란다.

▶ 특허와 실용신안

	특허(발명)	실용신안(고안)
대상	물품, 물질, 방법, 소프트웨어, 생산 공정, 비즈니스 모델 등	물품
기술 난이도	높음	낮음 높지만 방어 차원으로 출원하는 경우
기술 수명	긴 기술(10년 이상)	짧은 기술(10년 이내)
출원 비용	다소 높음	다소 낮음
홍보 효과 등	고급 기술처럼 보임	고급 기술처럼 보이지 않음

Q 특허출원에 돈이 얼마나 드나요?

특허출원에 소요되는 금액은 특허청에 납부하는 관납료와 변리사 비용으로 나눌 수 있다. 직접 출원을 하면 변리사 비용을 절약할 수 있다. 직접 출원하면 심사청구 비용을 제외하고 출원 비용은 2021년 현재 특허 46,000원, 실용신안 20,000원

특린이를 위한 10문 10답

이다. 출원인이 개인 발명가 또는 중소기업이면 70%를 감면해 약 10,000원에 출원이 가능하다. 중견기업이면 30%가 감면된다. 그러나 변리사에 출원을 맡기면 통상 150만 원에서 250만 원 정도가 소요된다. 변리사 비용은 발명 난이도와 분야에 따라 다르다. 특히 비즈니스 모델 발명 분야는 변리사 비용이 높다. 발명 자체가 구체화되지 않아 변리사가 많은 보완을 해야 하기 때문이다.

관납료의 대부분을 차지하는 심사청구료는 143,000원이며 청구항 개수별로 44,000원이 추가된다. 이 금액도 출원 관납료와 동일한 감면 규정이 적용된다. 기초생활보장법상 수급자, 미성년자, 군인, 재학생, 장애인, 국가유공자 및 유가족이라면 면제 대상이다.

변리사에게 특허출원을 위임하면 성공 수수료와 특허청 출원 거절에 따른 대응 수수료가 별도로 발생한다. 또한 특허를 출원하고 나서 중간 사건 비용, 등록 비용, 유지 비용이 단계별로 발생한다(6.2.3절 '예상 소요 경비 알아보기' 참조).

Q ꠺ **꼭 돈이 있어야만 특허를 출원할 수 있나요?**

정부는 다양한 감면 정책과 지원 정책으로 특허출원을 장려한다. 예를 들어 해외 특허출원비와 특허 사업화 자금을 지원한다.

지원 정책과는 별개로 초기에 드는 출원 비용을 최소화해 진행하는 방법이 있다. 개략적인 발명 내용 또는 연구록 등을 명세서 형식으로 작성해 출원을 진행해두면 우선권을 확보할 수 있다. 대략 만 원이면 된다. 이후 투자받은 자금으로 변리사와 특허를 보강하면 된다. 개인 발명가, 스타트업, 중소기업은 타인에게 자신의 발명을 모방당할까 봐 심지어 변리사에게도 설명을 제대로 안 하는 경우가 있다. 간단하게나마 특허출원을 해놓으면 질은 저하되지만 아이디어를 타인에게 도용당할 위험 없이 기술 홍보 및 투자 설명을 진행할 수 있다.

Q 특허를 출원하려면 실물 제품이 있어야 하나요?

실물이 필수는 아니다. 아이디어 상태에서도 충분히 동작 및 효과 설명이 가능하면 실물 제품이 없이도 특허출원이 가능하다. 그러나 발명 효과가 실험에 의해 입증이 되어야 할 때는 실제 실험한 근거가 제대로 명시되어 있어야 한다. 발명을 특허출원하는 주목적은 강력한 특허를 등록받기 위함이다(7장 참조). 강력한 특허를 얻으려면 구체적이면서 다양한 구현 방법을 기재해야 한다. 실제 연구 결과물이나 시제품에 대한 구체적인 설명을 명세서에 기재하면 강력한 특허로 등록받고 권리를 확보하는 데 도움이 된다.

Q 변리사가 꼭 필요한가요?

국내에서는 변리사 없이도 특허 명세서를 직접 작성해 전자출원 시스템으로 특허 또는 실용신안을 출원할 수 있다. 반면에 해외에서는 출원 국가의 변리사를 통해서만 출원할 수 있다.

직접 출원하려면 특허 명세서 작성법이나 출원 방법을 알아야 한다. 특허 명세서 작성법은 국가지식재산교육포털[1]에서 동영상 강의로 교육을 받거나 한국발명특허지원센터 등에서 실습 교육을 받을 수 있다. 전자출원시스템은 특허로[2]에서 전자출원 소프트웨어를 다운로드해 사용하면 된다.

아이디어나 발명이 비교적 간단하고 아주 중요하지는 않다고 생각되면 한 번쯤 변리사 없이 직접 출원을 진행해봐도 좋다. 사업에 꼭 필요한 발명이라면 변리사를 통해 출원을 진행해야 훗날 특허 발명을 활용할 때 진가가 발휘된다. 개인이 변리사 도움 없이 특허출원을 한 후에 중간에 거절이유통지서를 받게 되면 혼자

---

1 www.ipacademy.net

2 www.patent.go.kr. 전자출원시스템으로 문의하면 사용법을 친절히 알려준다.

특린이를 위한 10문 10답

감당하기가 쉽지 않다. 이때 변리사를 찾아가도 처음에 부실하게 작성된 명세서에 발목을 잡혀 끝내 등록되지 못하고 사장될 수도 있다. 중요한 발명이라면 반드시 변리사를 적극 활용해 강력한 특허를 얻길 바란다.

Q 특허출원을 하면 부자가 되나요?

특허로 부자가 되고 싶다면 특허 명세서를 충실히 작성해 권리를 획득하라. 국내만 출원하지 말고 해당 특허가 많이 사용될 다른 나라에도 출원해야 부자가 될 확률이 높아진다. 무엇보다 강력한 특허로 등록해야 부자가 될 확률이 높다. 특허를 출원하고 나서 직접 사업으로 확장시켜 가치를 높이거나, 타인에게 특허를 판매해 부자가 될 수 있다.

예를 들어 볼펜 앞부분에 LED를 붙여 빛이 나오는 반디펜을 개발한 개인 발명가는 사업으로 약 650만 달러를 벌었다. 평범한 가정주부가 부엌칼 손잡이 끝부분에 얇은 철판을 붙인 마늘 찧는 부엌칼을 고안해 실용신안을 출원했다. 현재는 한 기업의 CEO가 되었다. 이종호 서울대 전기공학과 교수는 '핀펫' 특허 기술을 카이스트IP에 양도했다. 카이스트IP는 삼성전자를 대상으로 미국법원에 낸 소송에서 약 2400억 원 배상 판결을 받아냈다.

Q 특허도 사고팔 수 있나요?

금전으로 평가될 수 있는 권리를 총칭해 재산권이라고 한다. 이러한 재산권은 물권, 채권 및 지식재산권으로 구분된다. 특허는 지식재산권에 해당되어 당연히 사고팔 수 있다. 아직 특허를 출원하기 전인 아이디어도 매매가 가능하며, 등록이 안 되고 출원 중인 특허도 매매될 수 있다. 당연히 등록 중인 특허도 사고팔 수 있다.

Q 유사품이 나와요. 특허는 무용지물일까요?

특허는 개인이나 기업이 가지고 있는 아이디어와 기술을 보호해 안정적으로 사업을 진행하게 해준다. 보유 특허를 침해하는 유사품에 대한 대처 방법으로는 자신의 특허가 침해당하고 있다는 사실을 밝혀달라고 요청하는 적극적 권리범위 확인 심판, 본안소송, 형사소송 등이 있다. 유사품을 가압류하거나 특허 침해 금지 임시 처분 신청 등을 진행해 손해배상도 받아낼 수 있다. 그럼에도 불구하고 특허권 보호에 적극적인 미국에서도 적지 않은 유사품이 출현한다. 특허를 침해했다는 확실한 증거를 확보하고 소송을 진행하는 방어가 쉽지 않기 때문이다. 예를 들어 작은 유통 회사는 유사품을 수입해 한탕 치고 빠지는 전략을 구사하기 때문에 대응이 용이하지 않다. 또한 징벌적 손해배상을 받더라도 그 이상으로 사업 가치가 있다면 후발주자들의 유사품 제조 판매를 막기 어렵다. 따라서 사후 방어가 아니라 지속적인 연구개발로 기술 우위를 점하도록 선제적 방어를 해야 한다. 또한 전략적인 특허 관리 계획을 수립해 유사품에 적극 대응해야 한다.

Q 특허는 영원한가요?

특허는 나라마다 존속 기간이 다르다. 우리나라는 출원일로부터 20년, 실용신안은 출원일로부터 10년까지가 유효기간이다. 특허를 유지하려면 매년 등록 유지 비용인 연차료를 납부해야 한다. 연차료를 납부하지 않고 일정 기간이 지나면 존속 기간이 남았더라도 소멸된다. 연차료를 납부하지 못해 특허가 소멸되면 극히 예외적인 천재지변 등의 상황이 아니고서야 다시 살릴 수가 없다. 연차료는 처음 특허 등록할 때 3년 치를 한 번에 납부한다. 그 이후 4년 차부터 20년 차까지는 매년 특허를 유지할지 결정해 납부해야 한다. 또한 분쟁이 발생해 제3자가 특허 무효 소송을 제소했을 때 패소해도 특허가 소멸된다. 존속 기간이 지난 특허는 누구나 사용할 수 있어, 중요한 기술이라면 지속적으로 개량 발명해 특허 관련 분야를 간접 보호하는 전략을 구사하기도 한다.

숫자로 보는 책의 특징

0 돈이 없어도 OK

특허출원과 등록 관리에는 돈이 든다. 엉뚱하게 힘쓰고 돈 쓰지 않도록 각 단계별로 점검 리스트를 만들어 다음 단계로 진입할지를 객관적으로 판단할 수 있게 했다. 또한 각단계에서 활용할 수 있는 정부 지원 사업을 안내하고 투자금을 최소화하는 방법도 알려준다.

10 단계로 배우는 돈 되는 특허

아이디어 발상부터 출원, 중간사건 대응, 등록, 특허권 활용, 소멸까지 특허 생애주기를 따라 하나하나 살펴본다. 따라서 독자가 현재 처한 상황에 맞는 내용부터 읽으면 된다. 현재 상황에서 무엇을 해야 하는지, 어떻게 판단해야 하는지 흐름도와 그림을 곁들여 설명해 올바른 의사 판단을 돕는다.

7 가지 특허로 돈 벌기

독점 사업, 특허를 돈으로 만드는 판매, 경매, 월급처럼 돈 벌기, 공동 라이선스, 소송, 금융 자본 확대 방법을 알려준다.

8 팔아본 생생한 에피소드

탁상공론이 아니다. 팔아본 생생한 이야기다. 저자가 각 단계에서 무엇을 알아야 했고 어떻게 행동했는지 엿볼 수 있다. 저자의 상황에 '내 현실'을 대입하면 분명 다음 단계로 나아가는 실마리를 발견할 수 있을 것이다. 3장부터 9장 '에피소드'에서 만날 수 있다.

46 가지 특린이를 위한 Q&A

저자는 15년간 수많은 발명가와 사업가에게 특허를 출원하고 활용하는 방법을 멘토링했다. 그래서 특허 초보자가 겪는 어려움과 궁금해 하는 바를 잘 안다. 특린이가 진짜 궁금할 질문을 엄선해 책에 담았다.

∞ 무한 가능성, 특허 판매의 모든것

특허출원이 끝이 아니다. 무한한 가능성을 가진 시작점이다. 어디서도 찾아볼 수 없는 특판남만의 판매, 라이선싱 노하우를 되살려 무한 가능성에 도전하자.

대상 독자께 드리는 편지

 특허에 막 입문한 특린이와 창업 동아리 회원께

특허 전 과정을 따박따박 알아봐야 할 시기다. 헤매지 않게 길잡이 역할을 하는 내용을 담았으니 끝까지 차근차근 읽자. 가능하면 스터디 그룹을 만들어 함께 토의하자.

• **추천 코스** : 전 과정

 강력한 특허를 얻고자 하는 발명가와 스타트업, 중소기업 경영진께

최대한 외부 자원을 활용하여 효과적이면서 강력한 특허를 만들 전략 세우기를 눈여겨보자.

• **추천 코스** : 3~9장, 특판남의 실용 노트 • **스킵 제안** : 1~2장

 보유 특허를 돈 되게 활용하고 싶은 특허 보유자께

보유 특허가 강력한지, 이제 필요가 없는지부터 확인하자. 평가 결과 돈 되는 특허라면 특허로 돈을 만드는 7가지 방식 중에서 가장 적합한 방법을 선택하자.

• **추천 코스** : 7~9장, 특판남의 실용 노트 • **스킵 제안** : 1~6장

이 책을 보는 방법

1 학습 개요 안내

학습 목표와 순서,
핵심 내용을
일목요연하게 보기

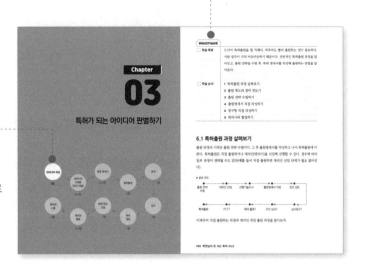

2 특허 생애주기

길고 복잡한 내용도
길을 잃지 않게 단계별로
안내해요

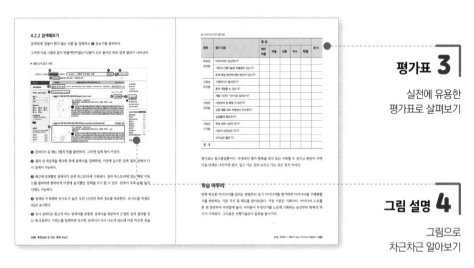

평가표 3

실전에 유용한
평가표로 살펴보기

그림 설명 4

그림으로
차근차근 알아보기

에피소드 **5**

저자의 생생 경험담. 단계별 문제를
헤쳐나가는 방법 엿보기

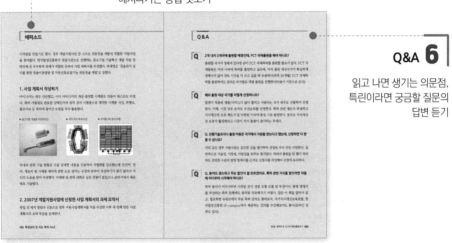

Q&A **6**

읽고 나면 생기는 의문점,
특린이라면 궁금할 질문의
답변 듣기

7 타임라인 분석

특허 타임라인으로
분석하고 전략
수립하기

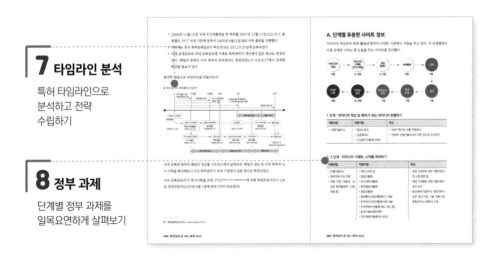

8 정부 과제

단계별 정부 과제를
일목요연하게 살펴보기

이 책의 구성

특허 좀 판 남자 특판남이 어디에서도 만날 수 없었던 돈 되는 특허를 만들고 활용하는 방법을 알려준다. 강력한 특허, 돈 되는 특허를 만드는 전 과정을 실용적으로 알려준다.

'나와 특허는 관련이 없어'라고 생각하는가? 인생에 한 번 특허가 무엇인지 제대로 알 기회, 특허를 제대로 활용할 수 있는 기회를 제공해준다. 발명가와 사업가가 아니더라도 특허 관련 이해를 넓히는 데 도움이 되도록 구성했다.

이 책은 다음과 같은 특허 생애주기를 따라 이야기를 꾸려간다.

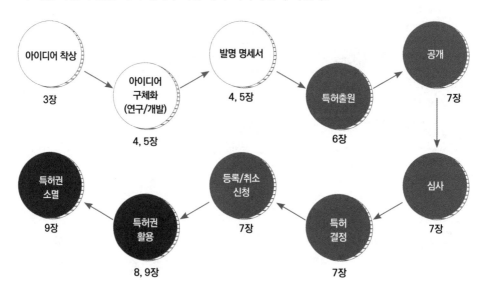

01장 특허는 어떻게 돈이 되는가?

특허를 왜 출원해야 하는지, 기업은 특허를 어떻게 활용해 수익을 창출하는지 알아본다. 그 과정에서 사업을 진행하는 강력한 창과 방패 역할을 하는 특허의 중요성을 깨닫게 될 것이다. 또한 특허 생애주기와 기초 용어를 함께 익힌다.

02장 특허 문서 엿보기 기술

특허와 직접적으로 관련된 핵심 문서를 살펴보자. 핵심 문서를 보면 이후 배울 내용이 훨씬 쉽게 느껴질 것이다. 이 장에서 살펴볼 문서는 총 3가지다. 각 문서를 어떻게 효과적으로 분석하는지도 알아본다.

03장 특허가 되는 아이디어 판별하기

아이디어를 샘솟게 하는 생활 습관, 반짝 떠오른 아이디어를 살리는 방법, 아이디어/발명/특허의 차이점을 알아본다. 이 과정에서 특허가 되는 아이디어가 무엇인지를 알게 될 것이다. 더불어 아이디어가 정말 특허가 될 만한지 평가하는 방법을 익히고, 아이디어 구체화 단계로 진행 여부를 판단할 수 있게 된다. 이 장의 내용을 따라 하면 여러분의 번뜩이는 아이디어도 발명의 씨앗으로 변모할 것이다.

04장 아이디어 구체화하기

아이디어의 간이 평가를 진행해 특허 가능성이 있다고 판단된다고? 그렇다면 아이디어를 구체화하자. 아이디어 구체화는 연구 테마를 결정하고 연구기획 또는 상품기획을 하는 단계와 유사하다. 아이디어 구체화에 많은 시간과 자원을 투자해야 다음 단계로 넘어가서 소요 경비를 아낄 수 있고, 나아가 성공률과 사업화 가능성을 높일 수 있다. 본격적인 상세 선행기술조사를 진행해 돈 되는 아이디어를 평가하는 방법을 알아보자.

05장 시제품 제작하기

시제품 혹은 시작품이란 아이디어 개념이나 과정을 테스트할 목적으로 제작된 초기 제품이다. 품질을 높일 목적으로 사용된다. 이 장에서는 시제품을 제작하는 일련의 과정과 평가 방법 및 정부 지원 제도를 알아본다.

이 책의 구성

06장 드디어 특허출원하기

드디어 특허출원을 할 차례다. 하루라도 빨리 출원하는 것이 중요하다. 사람 생각이 거의 비슷비슷하기 때문이다. 전반적인 특허출원 과정을 알아보고, 출원 전략을 수립 후, 특허 명세서를 작성해 출원하는 방법을 알아본다.

07장 더 강력한 특허 만들기

돈 되는 특허가 좋은 특허다. 꼭 기술적으로 뛰어날 필요도 없다. 이 장에서는 이미 출원된 특허의 가치를 높여서 더 좋은 특허를 만드는 방법을 알아본다. 단 최초 출원 명세서가 충실해야 가치를 높이는 방법을 원활하게 적용할 수 있다.

08장 돈 되는 특허 활용 백서

'권리 위에서 잠자는 자는 보호받지 못한다'라는 격언이 있는데 이는 특허 권리를 절차에 따라 적극적으로 주장하지 않으면 권리 보호를 받을 수 없다는 의미다. 특허를 활용해 얻을 수 있는 이점은 생각 이상으로 많다(그리고 크다). 특허된 발명을 독점적으로 실시할 수 있다는 전통적인 역할부터 자금조달까지 활용 범위가 넓고 계속 진화하고 있다. 이 장에서는 특허를 활용하는 방법을 간략히 알아보고 내가 가지고 있는 아이디어/발명/특허를 어떻게 활용해야 효과적인지를 생각해본다.

09장 도전! 특허 판매하기

지식재산권 거래 등 특허권을 활용해 수익을 창출하는 방법에는 크게 두 가지가 있다. 후발주자의 시장 진입을 저지하거나 늦추는 소극적 방법과, 보유 특허를 배상, 판매, 라이선싱하여 직접적인 수익화를 노리는 적극적인 방법이 있다(8장). 이번 장에서는 저자가 직접 겪은 특허 판매기를 바탕으로 적극적인 방법을 구체적으로 설명한다.

특판남의 실용 노트

정부 지원 사업을 특허 생애주기에 따라 요약해 알려준다. 유용한 사이트 URL과 계약서 가이드북도 만나볼 수 있다.

목차

목차

목차

이제는 정말로 돈 되는 특허가 필요해

아이디어 공모전에서 장관 대상을 받았다.
대상이,
아니 대상을 받은 기술 특허가
많은 것을 바꾸어 놓았다.

첫 특허출원에서 2013년에 미국 헬스케어 회사에 특허를 직접 판매하기까지, 인생의 많은
것이 바뀌었다. 굴지의 대기업 전문연구원이던 나는 헬스케어 솔루션&서비스 업체 대표의
삶을 산다. 소기업이라 넉넉하지는 못하고 굴곡진 시간을 걸어왔지만 많은 것이 바뀐 것은
사실이다.

특허로 바뀐 삶이 누구에게나 굴곡진 것은 아니다. 예를 들어 2018년 아파트 실거래가와
호가를 비교하는 호갱노노를 직방에서 인수했다. 직방에서 인수한 배경에는 전략적인 의
사결정이 있겠지만, 기능 관련 UI/UX 특허들 때문이라고 해도 과언이 아니다. 인수 가격
은 230억이었다. 해피엔딩이다. 특허가 이렇게 이롭다.

흔히들 특허는 나와 거리가 먼 별나라 사람들이나 출원하는 것으로 생각하지만 특허에 사
용되는 아이디어는 누구에게나 떠오른다. 불현듯 스치는 아이디어를 살리면 미래가 바뀐
다. 아이디어는 대단한 게 아니다. 살면서 불편은 누구나 겪는다. 일상의 불편을 해결해보
려는 시도에서 아이디어가 탄생한다.

실제로 내가 그랬다.

2005년 아이디어가 공모전에 당선된 이후에도 특허가 내 삶에 실질적으로 도움이 되리라
생각한 적이 없다. 평상시와 같이 아이디어를 냈고 이를 보호할 의도로, 기계적으로 출원해
특허호에 승선했다.

장관상이라고 하면 세상을 바꿀 대단한 아이디어인가보다 생각할 것이다. 특허 내용을 간략히 소개하자면 양치질 패턴을 분석해 올바른 칫솔질 습관을 들이는 스마트 칫솔 관련 기술과 이를 기반으로 보험료를 재산정하는 비즈니스 모델 관련 특허다.

역사적으로 미래를 바꾼 특허 예는 부수지기다. 알렉산더 그레이엄 벨[1]과 토머스 에디슨이 그러했고 가까이 호갱노노와 천지인 자판이 그렇다. 꼭 하드웨어 개발만 특허가 되는 것은 아니다. 비즈니스 모델, UI/UX, 소프트웨어, AI 특허가 쏟아진다. 2018년 예를 들어 한 해 전 세계에 출원되는 특허 수가 3,326,300건에 이른다. 2020년 우리나라에만 약 23만 건이 출원되었다.

이 중에 과연 돈 되는 특허는 얼마나 있을까?

이 책은 '돈 되는 특허 활용 AtoZ'다. 특허출원보다 '돈 되는'에 방점이 찍혀 있다. 미국 헬스케어 회사에 혈혈단신으로 직접 특허를 판매한 사람이 국내에 몇 명이나 있겠는가? 쉽게 찾아볼 수 없는 특허 좀 판 남자 '특판남'의 생생한 활용 노하우를 담았다.

특허에 관심이 생겼지만 무엇부터 공부해야 하는지 망설여지는가? 특허를 출원하고자 변리사가 될 필요는 없다. 우리는 변리사와 잘 협업해 특허를 출원하는 방법만 알면 된다. 협업을 잘하려면, 그래도 특허 전반에 걸쳐 얕은 지식은 필요하지 않겠는가?

독자의 특허가 돈이 되는 데 도움을 주고자 노력했다. 우리나라 사정에 맞춰 썼다. 무조건 대박이라는 호객행위는 없다. 아이디어를 좋은 특허로, 강력한 특허, 돈이 되는 특허로 바꿀 기초 체력을 키워준다. 특허나 개인 발명가와 스타트업에 어울릴 법한 내용이다(대기업에는 이미 변리사와 변호사 수백 명이 포진해 있지 않은가).

도움이 되길 바란다.

---

1 전화기 발명자

특허는 어떻게 돈이 되는가?

┌─────────────┐
│ **#MUSTHAVE** │
└─────────────┘

☐ **학습 목표**	특허를 왜 출원해야 하는지, 기업은 특허를 어떻게 활용해 수익을 창출하는지 알아본다. 그 과정에서 사업을 진행하는 강력한 창과 방패 역할을 하는 특허의 중요성을 깨닫게 될 것이다. 또한 특허 생애주기와 기초 용어를 함께 익힌다.
☐ **학습 순서**	**1** 왜 특허 전쟁이 벌어질까? **2** 개인과 스타트업에 특허는 어떤 의미가 있을까? **3** 특허는 어떻게 돈이 되는가? **4** 최신 기술 특허 트렌드 **5** 특허의 일생 한눈에 보기

1.1 왜 특허 전쟁이 벌어질까?

2011년 애플은 아이폰 관련 특허 침해로 미국 법원에 삼성을 제소했다. 삼성전자도 이에 질세라 맞제소를 했다. 두 회사 간 특허 분쟁은 배상금만 억 달러 단위다. 이 특허 분쟁은 2018년 합의로 종결됐다.

2017년 트럼프 대통령이 중국의 지식재산권 침해 혐의 조사를 명령하는 각서에 서명한 이후 미중 무역 전쟁의 막이 올랐다. 두 강대국 간 무역 전쟁은 4년이 지난 2021년 5월 현재까지도 지속되고 있다. 이러한 무역 전쟁의 근본 원인에 대해서 다양한 의견이 있지만, 표면상으로는 중국이 지식재산권을 무단 침해하여 미국이 경제적 피해를 입었기 때문이다.

특허가 싸움의 무기로 사용된 더 최근 이야기를 살펴보자. 2019년 하이트진로와 개인 발명가 간의 테라 맥주 병 특허 분쟁이 일었다. 2020년 개인 발명가의 항소심 청구로 하이트진로의 히트 맥주 '테라' 병의 회전돌기 디자인을 둘러싼 특허 소송 2라운드가 시작됐다. 이처럼 다윗과 골리앗의 싸움에도 특허가 무기로 사용된다.

우리나라 기술이 발전하면 할수록 선진국들의 견제는 더욱 치밀하면서도 거세질 것이다. 특허 전쟁은 피할 수 없는 숙명이다. 특허 전쟁에서 가장 효과적인 창과 방패는 특허 자체다. 대기업뿐만 아니라 중소기업, 스타트업, 개인 발명가 모두에게 말이다.

1.2 개인과 스타트업에게 특허는 어떤 의미가 있을까?

자본이 풍부하지 못한 개인 발명가, 스타트업, 중소기업은 아이디어나 기술을 발판 삼아 시장에 뛰어든다. 아이디어를 특허출원하고 이를 강력한 특허로 등록해야 경쟁에서 살아남을 가능성도 높아진다. 특허로 획득한 경쟁력이야말로 사업을 창업하고 성장시키는 든든한 주춧돌이다.

풍족한 초기 자본으로 사업을 시작하는 사람은 흔치 않다. 부족한 자금을 충당하는 방법으로는 외부 투자 또는 정부 개발지원사업을 활용하는 방법이 있다. 아이디어가 아무리 좋더라도 법으로 보호받지 못하면 투자를 받거나 정부 개발지원사업에 선정되기 어렵다. 아이디어를 특허로 출원해두면, 특허등록 전이더라도 투자 유치와 정부 개발지원사업에서 가점을 받아 선정 가능성이 높아진다. 설령 사업 여력이 없더라도 제3자에게 출원 중인 특허를 판매할 수도 있으니 특허출원으로 손해 볼 일은 없다.

특허 유용성을 다음과 같이 4가지로 정리할 수 있다.

1 개인 발명가 또는 스타트업에게 자금 확보 무기가 된다.
2 특허 제품을 판매할 때 시장에서의 독점권과 경쟁력을 제공한다.
3 스타트업 출구전략에서 기업 가치 평가에 도움이 된다.
4 기술 이전을 할 때 기술 가치를 더 높게 평가받을 수 있다.

1.3 특허는 어떻게 돈이 되는가?

특허에서 얻는 수익은 다양하다. 사업, 로열티, 크로스 라이선스, 특허 판매, 출구전략 가치 상승를 들 수 있다.

❶ 사업 : 특허를 활용해 직접 사업을 하면 독점적인 이윤을 창출할 수 있다.
❷ 로열티 : 내 특허를 이용한 제3자가 수익의 일부를 제공해 얻는 수익이다.
❸ 크로스 라이선스 : 상대방 특허 공격으로부터 방패 역할을 해주어 특허 침해로 인한 손실을 경감해준다.
❹ 특허 판매 : 특허 자체를 제3자에게 양도해 수익을 얻을 수 있다.
❺ 출구전략 가치 상승 : 사업을 제3자에 이전할 때 이전 가치를 높인다. 별도로 특허만 판매하여 수익을 창출할 수 있다.

하나씩 사례를 들어 살펴보자.

❶ 사업 수익 창출 사례

일명 스네이크 보드라고 불리는 에스보드는 2000년 초반에 엄청난 열풍을 일으킨 레저 용품이다. 발명가는 아이디어를 사업화하여 인생 밑바닥 노숙자에서 잘나가는 벤처기업 CEO가 되었다. 에스보드는 지금도 많은 사랑을 받고 있다(8.6절에서 더 자세히 다룬다).

❷ 로열티 수익 사례

가만히 앉아 있는데 누군가 찾아와 특허 로열티를 주면 얼마나 행복할까? 꿈에서만 가능한 일은 아니다. 핸드폰이 상용화된 지 얼마 되지 않아, 두 중소기업이 휴대폰 통화 대기음 서비스 기술 관련하여 특허 분쟁을 진행하고 있었다. 그런데 분쟁을 진행하다 보니 엉뚱하게 한 대기업이 관련 특허를 먼저 출원했다는 사실을 알게 됐다. 중소기업은 대기업에 특허 실시권 승인을 요청했고 로열티 계약을 체결했다. 결국 가만히 있던 대기업은 특허를 출원해 둔 덕에 로열티 수익을 얻게 되었다.

❸ 크로스 라이선스 사례

크로스 라이선스는 주로 특허 자산이 많은 대기업 간에 이루어진다. 2019년 삼성전자와 화웨이가 맺은 크로스 라이선스 체결 사례를 살펴보자. 삼성전자와 화웨이는 2011년부터 크로스 라이선스 협상을 벌였으나 합의에 도달하지 못하자 화웨이는 삼성전자 휴대폰이 자사의 특허 2개를 침해했다며 중국과 미국 법원에 소송을 제기했다. 이 소송은 2019년도에서야 합의로 일단락됐다.

구체적인 협의 내용은 알려지지 않았지만 삼성전자는 보유 특허로 화웨이의 특허 공격을 방어했고, 화웨이는 삼성전자를 대상으로 크로스 라이선스[1]를 얻어내어 회사의 기술력이나 인지도를 한층 더 높일 수 있었다. 화웨이 입장에서는 금전적인 이익을 넘어 삼성전자와 맞짱 뜰 수 있는 기업임을 제대로 각인시킨, 즉 마케팅 효과를 두둑이 챙긴 사건이다.

---

1   서로 지식재산권의 사용을 공유하는 방식

❹ 특허 판매 사례

특허 판매는 생각 이상으로 자주 일어난다. 대학교, 연구기관, 정부기관 등의 소액 특허 거래부터, 대기업의 사업 구조 조정으로 인한 대규모 매각 사례까지 규모도 다양하다. 대기업 간의 특허 거래는 언론에 보도되어 일반인도 알 수 있지만 보안을 고려해 비밀리에 진행되기도 한다.

나도 특허를 팔아봤다. 2007년에 지우솔루션(주)를 설립하고 세계 최초로 동작 센서가 내장된 전동칫솔을 개발해 2012년에 미국에서 특허등록을 받았다. 기존 제품에 새로운 기능을 추가한 특허였는데 2013년 스마트 전동칫솔 관련 특허 포트폴리오를 경매 방식으로 일본 회사에 판매했다. 이때 거래로 경영을 안정화하고 개발 자금도 확보할 수 있었다. 특허를 구매한 일본 회사는 구매한 특허를 상품화해 미국 및 유럽 시장에서 수익을 확대해가고 있다. 계약서의 비밀유지 조항으로 조건을 공개할 수는 없으나 아이디어 발상부터 출원, 심사 대응, 등록, 매각까지 진행하면서 만만한 과정이 없었다. 하지만 고생 대비 얻은 효과는 적지 않았다.

❺ 출구 전략 활용 사례

아파트 실거래가와 호가를 비교하는 부동산 정보 제공 앱 '호갱노노'는 2018년 경쟁사인 '직방'에 매각됐다. 온라인 부동산 정보 제공은 네이버가 서비스하는 네이버 부동산이 오랜 강자였다. 직방과 다방이 스마트폰 앱으로 출시되며 치열한 경쟁이 벌어졌다.

'호갱노노'는 차별화된 서비스로 시장에 진입하여 부동산 앱 관련한 UI/UX 특허를 집중적으로 출원해 특허 포트폴리오를 구축했다. 또한 경쟁사의 회피 설계에 대비해 지속해서 시장을 모니터링했다. 분할 출원[2]을 시행하는 등 적극적인 특허 전략으로 소비자들이 좋아하는 신기능을 타 부동산 중개 업체가 사용하지 못하게 했다. 대부분 국내 주요 인터넷 서비스 회사들이 UI/UX 특허 포트폴리오를 보유하고 있지 않는 것과는 다른 길을 걸었다. 자세한 매각 조건은 공개되지 않았으나, 특허 사랑으로 일궈낸 UI/UX 특허 포트폴리오가 큰 영향을 미쳤으리라 짐작할 수 있다.

---

2 한 특허출원에 포함된 내용을 둘 이상으로 분리하여 별도의 출원으로 만드는 제도

일반적으로 UI/UX 관련 특허 전략은 전체 시스템에 대한 특허출원을 하거나 요소별로 특허를 진행한다. UI/UX를 권리화한 뒤 사용자가 해당 UI/UX에 익숙해지게 만든다. 이후 이를 표준 형태로 만들어 특허 가치를 높이는 전략을 수행한다.

아래의 그림은 '호갱노노'의 UI/UX 관련 특허 중 특허등록번호 제10-1791054(발명의 명칭 : 가격 변동량 디스플레이 방법 및 그 장치)에 사용된 도면이다.

▶ 호갱노노 특허등록번호 제10-1791054 주요 특허 도면

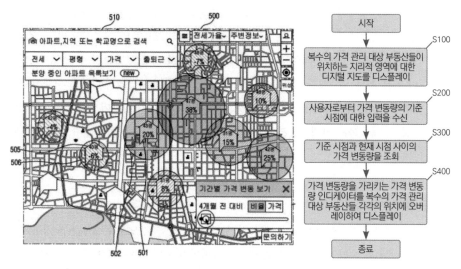

1.4 최신 기술 특허 트렌드

특허 데이터 분석 기관 IFI CLAIMS Patent Services[3]에 의하면 2020년에는 머신러닝, 양자컴퓨터, 컴퓨터 시스템 같은 컴퓨터 시스템 기술 출원이 급속한 성장을 보였다. 이중 머신러닝 기술은 2016년 알파고가 이세돌 9단을 격파하면서 전 세계적으로 광풍이 불고 있어 출원 증가세가 당분간 지속될 것으로 전망된다. 양자컴퓨팅 기술 역시 의료, 제약, 교통, 물류 및 공급망 분야 등에서 활용 가치가 커 특허권 확보 경쟁이 치열하다.

---

3 www.ificlaims.com

최근 5년간 연간 미국 특허출원 건수 성장률[CAGR]에 따르면 떠오르는 첨단 기술 중 TOP 10에 인공지능, 자율주행기술 등 소프트웨어 관련 기술이 7가지나 이름을 올렸다.[4] 이러한 특허 건수 성장률만 보아도 소프트웨어를 주축으로 클라우드, 빅데이터, IoT, AI 시장에서 얼마나 치열하게 각축전이 벌어질지 불 보듯 뻔하다. 최근 10년 동안 미국 특허 손해 배상액 10위 중 4개가 소프트웨어 관련 특허라는 사실이 이를 방증한다.[5]

2018년 TOP 5 기술 분야 공개 기준으로 살펴보면, 컴퓨터 기술 분야 232,277건으로 7.4%, 전기기계/에너지 분야 213,436건으로 6.8%, 측정분야 161,980건으로 5.2%, 디지털 통신 분야 144,994건으로 4.6%, 의료기술 분야 143,659건으로 4.6%를 점유하고 있다.[6]

소프트웨어 특허의 대세에 이어 사용자 인터페이스 관련 특허도 눈여겨봐야 한다. 특히 UI/UX 관련 소프트웨어 특허들은 가성비가 높다.

애플은 밀어서 잠금해제하는 기술[7]로 삼성을 포함한 많은 스마트폰 제조사에 소송을 제기했다. UI/UX 특허는 침해 여부 파악도 용이해 이래저래 쓸모가 있다.

▶ 애플 특허 도면

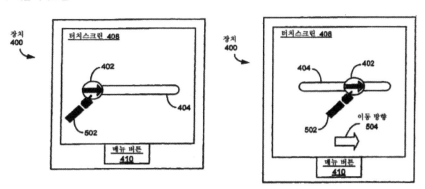

---

4 출처 : 코트라 실리콘밸리 무역관
5 출처 : PWX 2018 Patent Litigation Study
6 출처 : 통계로 보는 특허동향 2019
7 특허등록번호 제10-1595688

아마존 원 클릭 특허[8]는 고객이 이전에 제공한 결제 및 배송 정보를 기반으로 한 번만 클릭하면 쇼핑 카트를 건너뛰고 온라인 구매를 제공하는 결제 과정 특허다(UI/UX 특허). 아마존은 그전까지는 독보적인 미국 도서 판매 1위이던 반스 앤 노블에 원 클릭 특허 침해 소송을 제기하여 오늘날 독보적인 위치로 올라설 수 있는 토대를 다졌다.

▶ 아마존 특허 도면 2

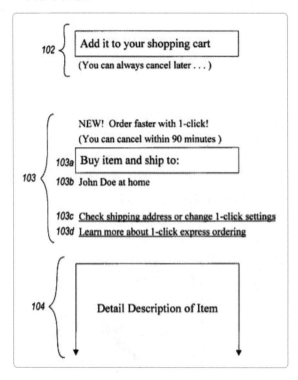

UI/UX 특허는 회피 설계가 어렵고 침해 입증이 용이하며 아이디어가 구체적이라면 권리범위를 넓게 잡아 특허등록이 가능하다. 시제품 없이 특허 확보가 가능하므로 전략적 활용가치도 높다.

---

8 미국등록 특허 5960411

1.5 특허의 일생 한눈에 보기

아이디어가 탄생 소멸되기까지 ❶ 아이디어 착상 ❷ 연구개발 ❸ 발명 명세서 작성 ❹ 특허출원 ❺ 특허 공개 ❻ 특허청 심사 ❼ 특허결정 ❽ 특허 등록/취소 신청 ❾ 특허권 활용 ❿ 특허권 소멸 단계를 거친다.

▶ 특허의 일생

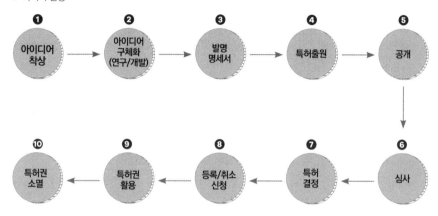

❶ 아이디어 착상(3장) → ❷ 연구개발(4, 5장) → ❸ 발명 명세서 작성(4, 5장 참조)

아이디어가 그리 대단한 것만을 칭하지는 않는다. "좀 불편하네, 왜 이렇게 만들었지? ○○○하면 더 편리할 텐데" 일상에서 심심치 않게 누구나 이런 생각을 한다. 바로 ❶ 아이디어가 떠오른 순간이다. 누구나 크고 작은 아이디어를 집에서, 직장에서 순간순간 떠올린다. 그중 극소수 아이디어만이 다음 단계인 ❷ 연구개발로 이어져 구체화된 발명으로 이어진다. 연구개발 과정을 거쳐 구체화된 발명을 특허출원의 기초가 되는 ❸ 발명 명세서[9]에 작성하면서 온전한 발명으로 다듬게 된다.

통상적으로 발명 명세서에는 발명의 명칭, 목적, 종래 기술, 종래 기술의 문제점, 본 발명의 설명, 도면, 발명 효과를 적는다. 발명 명세서는 연구개발하면서 얻은 구체적인 사례와 다양한 응용예를 기반으로 작성하면 된다. 실체적인 연구개발 없이 아이디어 상태로도 발명 명세서를 작성할 수 있다.

---

9 특허 명세서에 포함되는 항목들을 발명자의 입장에서 기술한 문서

❹ 출원(6장 참조)

아이디어를 보호받으려면 반드시 특허 또는 실용신안으로 출원해야 한다. 출원 전에는 발명 내용을 외부에 공개하면 안 된다. 특허법에서는 출원 전에 내용이 알려진 아이디어나 기술은 등록될 수 없는 것으로 규정하고 있다. 공지된 기술, 즉 알려진 아이디어 내용 또는 기술을 특정인만 사용할 수 있다면 불합리하기 때문이다. 그러나 예외적으로 발명자의 발명이 스스로 또는 타의에 의해 공개된 경우에는 '공지예외적용' 제도를 이용하여 특허출원을 할 수 있다. 단 공개일로부터 늦어도 1년 이내에는 출원을 해야 한다. 예를 들면 발명 내용을 담은 논문이 2020년 1월 1일에 발표되었다면 2021년 1월 1일까지 '공지예외적용'을 주장하고 출원해야 한다.

특허 또는 실용신안 중 무엇이 더 적합한지와 변리사 활용 여부 및 심사청구[10] 여부도 결정해 출원하자. 특허출원은 특허청이 담당한다. 온라인과 우편으로 가능하다.

- '특허로' 사이트에서 '통합명세서작성기'를 내려받아 특허 명세서를 작성한다. 이후 '서식작성기'를 내려받아 출원서를 작성한 후에, 출원서에 명세서를 첨부하여 온라인으로 제출할 수 있다.
- 서면출원을 하는 경우에는 특허청 사이트에서 서식을 다운받고 서식에 맞춰 작성한 후에 우편으로 제출하면 된다.

❺ 공개(7장 참조)

출원된 특허는 출원한 날부터 1년 6개월이 지나면 모든 사람이 볼 수 있도록 특허 명세서가 공개된다(일반인도 공개된 특허를 검색해 전문을 볼 수 있다). 기술을 공개해 국가 산업 발전에 기여하는 대신에 나라로부터 일정 기간 동안 독점권을 갖는 특허 제도의 취지로 인해 생긴 제도다. 출원인이 조기 공개 신청을 하면 빠른 공개도 가능하다. 일단 공개되면 특허 검색이 가능하다. 특허출원인은 특허 공개 이후부터 침해금지를 요청할 수 있다. 공개된 특허는 유사 특허를 개발하거나 중복 개발을 피하는 데 활용될 수 있다. 특히 회피 설계에 유용하다.

---

10 심사를 청구한 특허출원에 한해 청구 순서에 따라 심사하는 제도

❻ 심사(7장 참조)

심사는 특허청이 활약할 단계다. 특허 및 실용신안 모두 출원일로부터 3년 이내에 심사청구를 해야 한다. 심사청구를 하면 통상 1년 내지 1년 6개월이 소요된다. 따라서 빨리 특허 등록을 받으려면 출원 시에 심사청구를 동시에 진행하면 된다. 더 빠른 등록을 원한다면 우선심사 제도를 이용하면 된다. 현재 특허출원되는 건 중 대략 1/3 정도가 우선심사 제도를 신청한다고 한다. 무조건 빠르게 심사를 받는 것이 유리할 것 같지만 그렇지도 않다.

심사는 절차 관련 방식 심사와 실질 심사로 구분된다. 방식 심사는 법령에 정한 방식, 수수료 납부, 출원 주체, 대리인의 특별 수권 사항 등 절차상의 흠결 유무를 점검한다. 실질 심사는 발명이 동작을 제대로 할 수 있게 상세히 기술되어 있는지 여부, 특허 권리범위인 청구항이 명세서에 언급되었는지 여부, 신규성, 진보성 등을 평가한다.

❼ 특허결정(7장 참조)

방식 심사 및 실질 심사를 통과하여 특허성이 인정되면 특허청에서는 특허등록 결정을 내리게 된다. 출원 특허에 특허성이 있음을 인정하는 특허청 행정 행위를 특허결정이라고 한다. 발명자는 심사를 통과한 최종 청구항을 보고 청구범위를 확인한 후에 등록료를 납부할지 판단해야 한다. 특허결정 또는 등록심결 등본을 수령한 날로부터 3개월 이내에 등록료를 납부하여야 한다. 3개월 이내에 납부하지 않으면 이후 6개월 추가 납부기한이 주어지며 추가 기간 내에 납부하지 않으면 포기로 간주하여 만료일 다음날로 소급하여 소멸된다.

❽ 특허 등록/취소 신청(8장 참조)

등록료를 납부하면 일반인들이 열람할 수 있게 특허가 공개된다. 심사관의 심사를 거치며 특허 명세서의 내용이 보완, 수정되고 실질적인 권리범위인 청구범위가 확정된 내용이 등록공보에 게재된다. 해당 특허의 권리범위를 확인하려면 공개공보[11]가 아닌 특허 등록공보[12]를 확인해야 한다. 초기 등록 시에는 3년 치 특허 연차료를 납부하고 그 이후에는 매년

---

11 일반적으로 특허 또는 실용신안을 출원하면 1년 6개월 후에 서지 사항 및 발명 내용을 공개한다. 이때 발부되는 공보를 공개공보라고 한다(2.2절 '공개공보 엿보기' 참조).

12 특허청이 출원된 특허의 등록을 결정하고, 특허출원인이 특허청에 수수료를 납부하면 특허가 설정 등록된다. 이때 서지 사항 및 등록된 특허 내용이 발행되는 공보를 등록공보라고 한다(2.3절 '등록공보 엿보기' 참조).

연차료를 납부해야 특허 권리를 유지할 수 있다. 또한 사용하지 않는 득허를 소속히 포기해 국가 산업에 기여할 수 있도록 일정 연수가 지날 때마다 연차료가 상승한다.

특허 취소 신청은 2017년 초부터 시행된 제도로, 누구든지 특허등록 후 6개월 내에 간편하게 증거 자료만 제출하면 된다. 특허 취소 신청을 하면 심판관 합의체가 해당 특허를 재검토해 하자가 있으면 특허등록을 취소한다. 이는 등록 초기 단계에 누구든지 하자 있는 특허를 취소 신청할 수 있게 해, 장래에 불필요한 특허 소송 등 분쟁을 예방하고 권리의 안정성을 도모하고자 신설된 제도다. 특허 및 실용신안 모두 취소 신청의 대상이며 청구항 별로 취소 신청이 가능하다.

❾ 특허권 활용(8장, 9장 참조)

특허가 등록되면 자신의 특허권을 침해하는 제3자에 권리 행사를 할 수 있다. 경쟁사 및 시장을 주기적으로 모니터링하여 특허권을 침해하는 경쟁자들을 찾아내고, 적극적이고 전략적인 활용 방안을 지속적으로 고민해야 돈 되는 특허로 만들 수 있다. 그렇지 않으면 연차료만 잡아먹는 장롱 특허가 된다. 최근 몇 년 사이에 정부 산하기관, 연구기관, 대학에서 우수 기술 상담회, 유망 기술 발표회를 개최해 소액 특허 이전 사업을 시도하고 있다. 한국발명진흥회 지식재산거래플랫폼에서도 개인 발명가 및 중소기업의 특허 거래 활성화를 지원한다.

- 한국발명진흥회 지식재산거래플랫폼 : www.ipmarket.or.kr

❿ 특허권 소멸(7장 참조)

연차료 미납, 취소 신청 수용 무효 소송 패소 확정, 출원일로부터 20년이 지나면 특허는 소멸된다. 기술 발전 속도가 빨라 20년 동안 그 가치가 살아 있을 정도로 수명이 긴 특허는 흔치 않다. 따라서 등록 특허들을 정기적으로 평가하여 유지, 포기, 판매 등으로 구분지어 관리해야 한다. 자사의 방향과 맞지 않는 특허는 적극적으로 구매 가능 대상자를 발굴해 매각하거나 포기하는 것이 효율적이다. 특허법은 의외로 개정이 자주 이루어진다. 가끔은 특허법 개정 내용을 살펴보는 것도 필요하다.

학습 마무리

이상으로 간단하게 특허 지식을 살펴보았다. 참고로 2009년부터 2018년에 전 세계에서 지식재산권은 121,284,500건이 출원되었다. 이중 특허는 21.5%를 차지하며, 동기간 연평균 성장률은 6.7%에 달한다. 2018년 중국은 154만 건으로 전체 특허출원의 46%를 차지해 1위, 미국은 2위, 일본은 3위를 차지했다. 우리나라는 21만 건으로 4위다. 그다음은 유럽 특허(EPO), 독일, 인도, 러시아, 캐나다 순서다. 지식재산권에서 발명이 차지하는 가치가 절대적이라는 점을 고려했을 때, 우리나라 특허출원 수가 더욱 늘길 기대한다.

특허 문서 엿보기 기술

학습 목표	특허와 직접적으로 관련된 핵심 문서를 살펴보자. 핵심 문서를 보면 이후 배울 내용이 훨씬 쉽게 느껴질 것이다. 이 장에서 살펴볼 문서는 총 3가지다. 각 문서를 어떻게 효과적으로 분석하는지도 알아본다.
학습 순서	**1** 특허등록증 엿보기 **2** 공개공보 엿보기 **3** 등록공보 엿보기 **4** 기타 국가의 공보 엿보기

2.1 특허등록증 엿보기

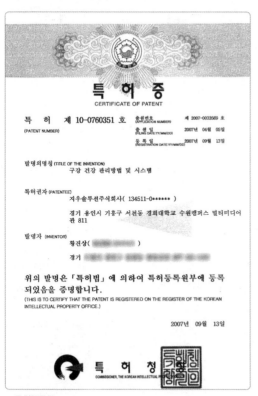

▶ 특허등록증

특허등록증은 등록결정서를 받고 설정등록료를 납부하면 10일 전후로 발급된다. 우편으로 우송되는데, 요즘에는 인터넷으로도 출력할 수 있다. 마케팅, 홍보용으로는 물론, 정부 및 공공기관 과제 수행, 입찰, 인증 획득 시 특허 입증 용도로 사용된다. 왼쪽 사진은 내가 2007년 출원한 비즈니스 모델 및 시스템 관련 소프트웨어 특허등록증이다.

특허등록은 특허 활용의 진정한 시작이다. 여러분도 더 강력하고 상업적으로 유용한 특허를 등록받길 빈다.

2.2 공개공보 엿보기

공개공보는 특허 정보의 기본이다. 일반적으로 모든 특허는 출원일로부터 1년 6개월이 지나면 출원된 발명의 모든 내용이 일반인에게 공개되는데, 이를 공개공보라고 한다.

공개공보 내용과 형식을 알면 더 쉽고 빠르게 공개공보를 분석할 수 있다. 공개공보에는 특허권자/발명자 인적 사항, 출원일자, 출원번호, 발명 내용이 전부 기재된 명세서가 들어 있다.

국내 및 미국은 최초 출원일로부터 18개월이 되면 원칙적으로 공개된다(등록이 안 되었다 하더라도 공개된다). 18개월간 비공개이므로 누군가 내 아이디어보다 18개월 빠르게 발명해서 특허를 출원했다면 공개공보 선행기술조사만으로는 검색이 불가능하다. 또한 조기 심사를 거쳐 출원일로부터 18개월 이전에 특허가 등록이 되었다면 공개공보는 없다(이 경우에는 대신 등록공보를 참조하면 된다).

공개공보에 기재되었다고 해서 해당 특허의 권리가 확정된 건 아니다. 참조용으로만 활용해야 한다.

2.2.1 공개공보로 선행기술을 효율적으로 분석하는 방법

선행기술조사 과정에서 공개공보를 조사하게 되는데, 검색된 모든 공개공보를 처음부터 끝까지 읽는 건 시간 낭비다. 그렇다면 효과적으로 공개공보를 검토하는 순서가 없을까? 나는 크게 4단계로 살펴본다.

- 1단계 : (54)[1] 발명의 명칭 및 (57) 요약 부분을 보고 내가 검색하고자 하는 기술 내용 인지 판단한다. 기술 내용이 전혀 다르면 바로 다음 건 검토로 넘어간다. 유사하거나 동일하다고 판단되면 다음 단계로 진행한다.
- 2단계 : 선행기술조사를 목적으로 한다면 (22) 출원일이 내 발명 또는 특허출원일보다 빠른지 비교한다. 이때 (30) 우선권 주장이 있는지를 확인하고 우선권 주장 일자가 내 특허출원일자보다 빠른지 확인한다. 만약에 빠르다면 다음 단계로 진행한다.

---

1 INID 코드. 이해하기 쉽게 특허 문서에 정해진 번호를 부여한 표준 코드. 2.4절 '기타 국가의 공보 엿보기' 참조

- 3단계 : 유사하거나 동일하다고 판단되고 최초 출원일자가 내 특허출원일자보다 빠르다면 명세서 본문 및 청구항을 확인해 관계가 있는지 판단한다. 관계가 있다면 명세서 전체를 정독하여 구체적으로 살펴야 한다.

  명세서는 발명이 속하는 기술 분야, 선행기술 설명, 간단한 도면 설명, 상세한 발명 설명, 특허청구범위를 나타내는 청구항으로 구성된다. 공개공보의 청구항은 최종 권리범위가 아니므로 관계가 있다고 판단되면 등록 여부를 확인한다. 등록되었다면 공개공보 대신에 등록공보를 분석한다.

- 4단계 : 3단계에서 관계가 있다고 판단되면 서지 사항을 구체적으로 검토하고 패밀리 특허[2] 유무 등 추가 제반 사항을 검토한다.

2.2.2 우리나라 공개공보 분석하기

견본을 이용하여 이제부터 공개공보 분석 방법을 알아보자. 참고로 특허 관련 문서(공개공보, 등록공보)는 키프리스[3]에서 검색하면 된다. 공개공보 검색 방법은 3.5.7절 '왕초보를 위한 키프리스 특허 검색 엿보기', 4.2절 '상세 선행기술조사 체험 : 키프리스'에서 다룬다.

공개공보에 기재된 서지 사항[4]을 분석해보자. 본 특허는 (22) 2007년 12월 10일 출원된 출원번호 특허 2007-012764*이다. 이 특허는 (30) 2006년 12월 12일 한국에서 출원되었다. 또한 (30) 출원번호 2006-0125968*인 특허가 최초 출원으로써 (30) 국내 우선권 주장[5]으로 출원됐다.

※ 알림 : 특허번호, 출원번호 등의 끝자리는 * 기호로 처리했습니다.

---

2 원출원과 이를 기반으로 파생된 국내외 모든 출원의 통칭

3 특허등록검색서비스. www.kipris.or.kr

4 서지 사항은 권리자, 발명자, 발명의 명칭, 출원번호 등 공보의 첫 페이지에 기록된 참고 자료를 말한다.

5 국내 우선권주장 출원은 한국에서 특허출원(선출원) 등을 한 자가 선출원일로부터 일정 기간 내에 개량 발명을 하여 우선권주장 특허출원(후출원)을 하면 선출원일자로 출원일을 소급적용하는 제도다. 국내 우선권 주장을 하지 않고 일반 출원을 진행했다면 (30) 항목은 기재되지 않는다.

▶ 국내 공개공보 견본

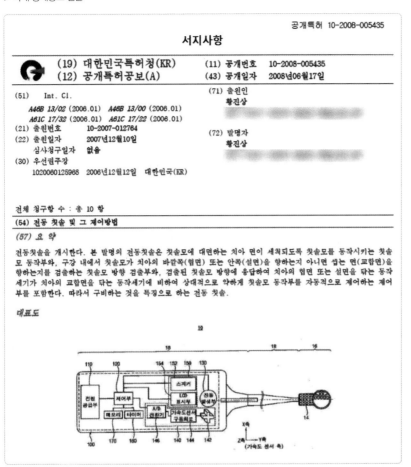

공개특허 10-2008-005435

서지사항

(19) 대한민국특허청(KR)
(12) 공개특허공보(A)

(11) 공개번호　10-2008-005435
(43) 공개일자　2008년06월17일

(51) Int. Cl.
　A46B 13/02 (2006.01)　*A46B 13/00* (2006.01)
　A61C 17/32 (2006.01)　*A61C 17/22* (2006.01)
(21) 출원번호　10-2007-012764
(22) 출원일자　2007년12월10일
　심사청구일자　없음
(30) 우선권주장
　1020060125968　2006년12월12일　대한민국(KR)

(71) 출원인
　황진상

(72) 발명자
　황진상

전체 청구항 수 : 총 10 항

(54) 전동 칫솔 및 그 제어방법

(57) 요 약

전동칫솔을 개시한다. 본 발명의 전동칫솔은 칫솔모에 대면하는 치아 면이 세척되도록 칫솔모를 동작시키는 칫솔모 동작부와, 구강 내에서 칫솔모가 치아의 바깥쪽(협면) 또는 안쪽(설면)을 향하는지 아니면 씹는 면(교합면)을 향하는지를 검출하는 칫솔모 방향 검출부와, 검출된 칫솔모 방향에 응답하여 치아의 협면 또는 설면을 닦는 동작세기가 치아의 교합면을 닦는 동작세기에 비하여 상대적으로 약하게 칫솔모 동작부를 자동적으로 제어하는 제어부를 포함한다. 따라서 구비하는 것을 특징으로 하는 전동 칫솔.

대표도

다음 타임라인은 위 견본 공개공보의 서지 사항을 법정 기한에 비교하여 시각화한 도표다.

▶ 견본 공개공보의 타임라인

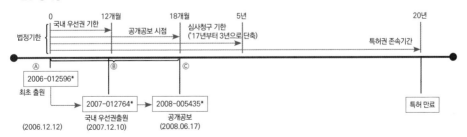

앞의 타임라인을 참조하여 견본 공개공보가 내 발명의 출원 시점에 따라 선행기술이 되는지 여부를 알아보면 다음과 같다.

1 내 특허가 Ⓐ 시점 이전에 출원되었으면 견본 공개특허는 선행기술이 되지 못한다.
2 내 아이디어 또는 내 특허출원에 대한 선행기술조사 시점이 Ⓑ라면 견본 공개 특허는 검색이 안 된다. 그러나 내 특허출원일이 Ⓑ 구간에 있으면, 즉 Ⓒ 시점 이전이라면 본 건은 내 특허의 선행기술이 된다.

내 특허 및 주요 문제 특허를 공개 특허의 타임라인으로 이렇게 정리해놓으면 한눈에 보기좋고, 언제 무슨 일을 해야 할지 파악하기도 편하다. 이 공개공보를 보고 유추할 수 있는 사항을 정리해본다.

- (74) 대리인이 없는 것을 보면 직접출원했다. 특허 명세서가 부실할 확률이 높다.
- (22) 심사청구일자 항목을 보자. '없음'이다. 출원 시에 심사청구[6]를 하지 않았다는 말이다. 중요하지 않고 방어적 차원에서 출원했을 가능성이 높다. 조기 등록받을 필요성이 없었을 수 있다. 하지만 경비 절감 또는 전략적인 목적으로 심사청구를 천천히 했을 수도 있다.
- 최초 출원일로부터 1년 안에 국내 우선권주장 특허[7]를 출원했고, 최초 출원일로부터 18개월이 지나 공개공보가 나왔다.
- 본 특허의 특허 존속 기간은 최초 출원일로부터 20년이 지난 2026년 12월 12일이다. 존속 기간은 최초 출원을 기준으로 계산한다. 남은 존속 기간을 고려하여 대응 전략 수립이 가능하다.
- 발명자가 직접 출원한 상태만으로 판단하면 특허 명세서 질이 낮을 것으로 판단되나, 국내 우선권출원을 진행한 것을 보면 특허권자가 중요하다고 판단한 특허일 가능성이 높다. 다급히 아이디어 콘셉트만 가출원하고 추후 발명을 구체화할 목적으로 진행했을 가능성이 높다.
- (54) 발명의 제목은 '전동칫솔 및 그 제어방법'이다. (57) 요약을 살펴보니 '칫솔모의 위치를 파악하여, 이에 따른 칫솔모의 진동 강도를 자동으로 제어'하는 기술이다. 따라서 검색 키워드를 칫솔모, 위치, 강도, 자동조절 등으로 선정할 수 있다.

---

6 특허 심사청구 기간은 2017년부터 5년에서 3년으로 단축되었다.
7 국내 우선권 주장 기한은 최초 출원일로부터 1년이다.

이처럼 공개공보에서 많은 정보를 뽑아낼 수 있다. 여러분도 관심 있는 주제의 공개공보를 검색해 분석해보기 바란다.

2.2.3 미국 공개공보 분석하기

다음은 견본으로 사용한 국내 공개공보의 패밀리 특허인 미국 공개공보다. 국내 공개공보와 다른 점 위주로만 살펴보겠다. 패밀리 특허는 키프리스에서 확인할 수 있다(특정 특허에서 '상세정보 → 서지정보 → 패밀리정보' 클릭).

▶ 미국 공개공보 견본

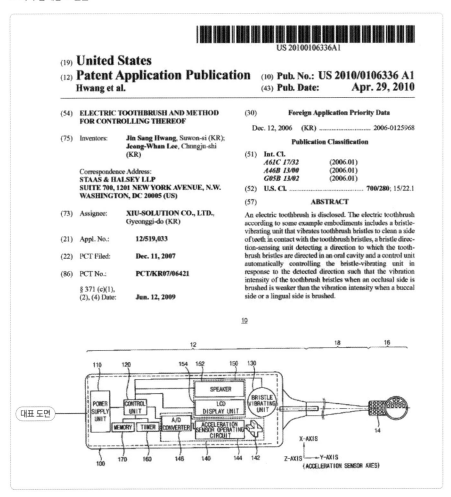

- (10) 특허 공개번호의 끝자리에 기재된 문헌코드 'A1'은 공개공보를 표시한다.
- (30) 최초 출원일이 2006년 12월 12일인 한국 특허를 모출원으로 (22) PCT[8] 출원을 2007년 12월 11일에 했다. 이후 2009년 6월 12일 미국 출원을 했다.
- (73) 특허권자(출원인)가 개인에서 회사로 바뀌었다.
- 기술 분류가 (51) 국제특허분류(IPC)는 A61C이고, (52) 미국특허분류(UPC)는 700/280이다.[9]
- (54) 발명 명칭에는 전동칫솔 외 특징은 없다.
- (57) 기술 요약은 국내 건과 동일하다.
- 영문 키워드는 electric toothbrush, bristle, direction sensing, vibration, auto control이다.
- PCT 출원 기한인 모출원부터 1년이 되는 시점에 PCT 출원을 진행했고, 국제 단계에서 국내 단계[10]에 진입해야 할 30개월에 맞추어 미국 출원을 진행했다.
- 최초 국내 출원 및 국내 우선권출원은 직접 진행하고, 대리인을 통해 PCT 출원을 진행한 것으로 판단된다.

이를 타임라인으로 만들어보면 다음과 같다.

▶ 국내 및 미국 특허 타임라인

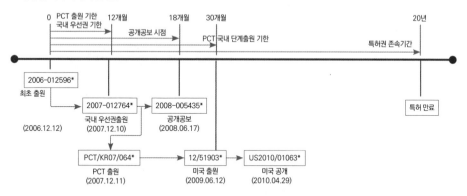

---

8 국제출원 제도. 6.2.2절 '특허 제도 알아보기' 참조

9 몇 년 전부터 미국에서는 미국특허분류(UPC) 대신 CPC를 사용한다. CPC는 미국과 유럽의 특허 내부 분류 체계로서 2013년 제정되었다. IPC 등 다른 분류 체계보다 최근에 만들어져 기술 발전에 따른 신규 분류가 잘 반영되어 있다. 세계 주요 국가가 IPC 보다는 세분화된 CPC를 채택하는 추세다.

10 PCT 출원의 모출원일로부터 30개월 이내에 국가별로 출원해야 해당 국가의 출원으로 인정된다. 개별 국가별로 출원하는 것을 '국내 단계'라고 한다.

2.3 등록공보 엿보기

등록공보란 특허출원일 후 심사 과정을 거쳐 특허등록이 결정되고 출원인이 등록료를 납부하여 특허가 최종적으로 설정등록이 되면 특허청장이 발행하는 공보다. 이렇게 최종 등록되면 비로소 독점권을 갖게 된다.

공개공보와 등록공보의 가장 큰 차이점은 명세서 및 청구범위가 확정 권리범위인지 여부다. 형식은 비슷하다. 등록공보에는 공개공보보다 몇 가지 내용이 추가된다(선행기술조사 문헌, 심사관 이름, 최종 등록된 청구항 수). 미국 등록공고에는 (51) 국제특허분류, (52) 미국특허분류, (58) 특허검색분야가 기재되어 있는 점이 한국과 다르다. 이미 한미 공개공보를 살펴보았으므로 청구범위를 위주로 등록공보를 살펴보자.

2.3.1 효율적으로 권리범위를 분석하는 절차 알아보기

등록공보 역시 공개공보처럼 선행기술조사에 유용하게 사용된다. 등록공보 검토 순서는 공개공보와 매우 유사하다.

- 1단계 : (54) 발명의 명칭 및 (57) 요약 부분을 보고 내가 검색하려는 기술 내용인지 판단한다. 기술 내용이 전혀 다르면 바로 다음 건 검토로 넘어간다. 유사하거나 동일하다고 판단되면 다음 단계로 진행한다.
- 2단계 : 등록공보와 공개공보의 청구범위 차이를 파악한다.
- 3단계 : 청구항 개수와 청구항 중 우선 독립항의 구성요소 차이를 찾고 변한 곳의 권리범위를 중점적으로 분석한다. 이는 심사 과정에서 심사관이 보낸 의견제출통지서에 대응하려고 청구범위를 수정한 내용일 확률이 높기 때문이다. 확정된 권리범위를 분석하는 것을 목적으로 한다면 특허 (22) 출원일이 내 발명 또는 특허출원일보다 빠른지 비교한다. 이때 (30) 우선권 주장이 있는지를 확인하고 우선권 주장 일자가 내 특허출원일자보다 빠른지 확인한다. 만약에 빠르다면 다음 단계로 진행한다.
- 4단계 : 청구항 중 독립항이 내 발명과 유사하거나 동일하다고 판단되고 최초 출원일자가 내 특허출원일자보다 빠르면 심사 과정 이력을 볼 수 있는 포대서류[11]를 입수한다. 청구범위를 면밀히 분석하여 침해 가능 여부를 검토하자.

---

11 file wrapper. 출원 관련 모든 이력을 담은 서류로 키프리스에서 일부 볼 수 있다.

- 5단계 : 4단계에서 관계가 높다고 판단되면 패밀리 특허 유무 등 추가 세반 사항을 검토한다.

2.3.2 등록공보 보는 방법 알아보기

공개공보에서 살펴본 공개특허가 2014년 특허로 등록되었다. 해당 특허의 특허등록공보를 견본으로 삼아서 분석해본다. 두 공보 형식이 크게 다르지 않기 때문에 기본적인 분석절차에 차이점은 없다. 다만 확정 정보이므로 확실하게 권리범위를 판단할 수 있다는 점이 다르다.

▶ 국내 등록공보 견본

국내 특허등록공보를 보면 한국에서는 심사청구 기한 만료 직전에 (22) 심사청구를 했고 2014년 5월 23일에 (24) 등록을 받았다.

이어 미국 등록공보를 보자. 참고로 키프리스 '해외특허' 메뉴에서 다른 국가의 특허를 검색할 수 있다. 한글로 검색도 가능하나 정확도를 올리려면 영어를 사용하자.

▶ 미국 등록공보 견본

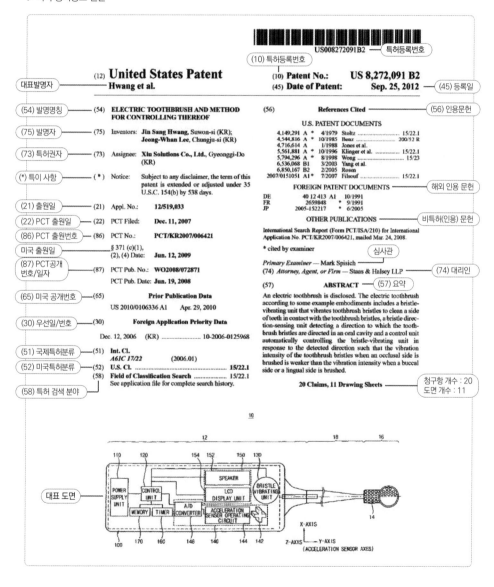

- 2006년 12월 10일 국내 우선권출원을 한 특허를 2007년 12월 11일 (22) PCT 출원했다. PCT 국내 기한에 맞추어 2009년 6월12일 (86) 미국 출원을 진행했다.
- 미국에는 한국 특허등록일보다 빠르게 (45) 2012.9.25일에 등록되었다.
- 국내 공개공보와 국내 등록공보에 기재된 특허권자가 개인에서 일본 회사로 변경되었다. 패밀리 특허인 미국 특허의 특허권자도 변경되었는지 키프리스에서 검색해 확인할 필요가 있다.

분석한 내용으로 타임라인을 만들어보자.

▶ 국내 및 미국 특허출원 타임라인

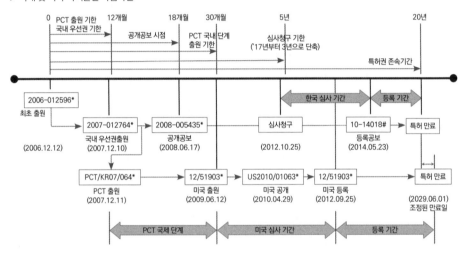

국내 등록된 특허의 패밀리 정보를 키프리스에서 살펴보자. 패밀리 정보 중 미국 특허의 심사 이력을 확인해보니 (73) 특허권자가 국내 기업에서 일본 회사로 변경되었다.

미국 등록공보의 (*) 특이 사항을 보면, PTA^Patent Term Adjustment에 의해 특허존속기간이 538일 연장되었다(2029년 6월 1일에 존속기간이 만료된다).

2.4 기타 국가의 공보 엿보기

중국의 영향력은 지식재산권 분야에서도 빠르게 증가하고 있다. 특허출원 건수로만 보면 이미 미국과 일본을 앞선다. 선행기술 문헌으로서 중국 문헌의 중요성이 부각되고 있으므로 일본과 중국 등 타국의 공보를 보는 방법도 간략하게는 알아두자.

▶ 빗물 튀김 방지용 신발 관련 중국 선행기술 등록공보

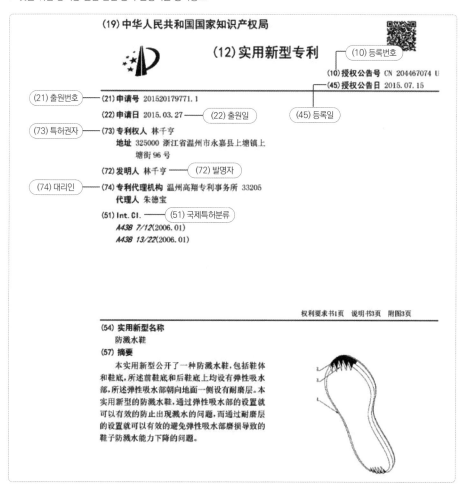

앞에서 견본 국내 공개공보 및 미국 등록공보를 보면 각 항목 앞에 숫자가 표기되어 있다. INID[12] 코드다. 이해하기 쉽게 특허 문서에 정해진 번호를 부여한 표준 코드다. 이 코드를 활용하면 특허 공보를 발행한 국가의 언어 또는 문서 종류에 상관없이 특허 공보의 서지 사항 정보를 확인할 수 있다(즉 언어나 법률 지식 없이도 서지 사항을 이해할 수 있다). INID 코드와 더불어 특허 문헌 코드를 이용하면 내가 검색한 특허(공개공보, 등록공보) 서류가 어떤 서류인지를 확인할 때 유용하다. 특허 문헌 코드[13]는 심사 진행 절차에서 출원번호, 공개번호, 등록번호와 같이 번호가 부여된 서류들을 코드화한 것이다. 단 특허 문헌 코드는 국가별로 부여하는 코드라서 나라마다 상이하다. INID 코드로 중국 공보 하나를 분석해보자.

(10) 등록번호 'CN 204467074 U' 뜻은 다음과 같다.

이렇게 INID 코드 및 문헌번호를 이용하면, 언어를 몰라도 서지 사항을 추측할 수 있다. (57) 발명 요약은 patents.google.com에서 검색하면 영문으로 번역본을 볼 수 있다. 영어를 모르면 영문을 복사하여 translate.google.co.kr에 붙이면 한글로 볼 수 있다. 일본 공보도 동일한 방법으로 서지 사항 및 특허권 내용을 파악할 수 있다.

학습 마무리

공개공보와 등록공보를 살펴보았다. 공개공보는 모든 최신 기술 내용을 파악할 수 있어 선행기술조사에, 등록공보는 확정된 권리를 알 수 있어 침해 여부 판단에 활용한다. 이들을 보는 방법을 배웠으니 연구개발 및 사업에 유용하게 활용하길 바란다.

---

12 International agreed Numbers for the Identification of (bibliographic) Data.
www.wipo.int/export/sites/www/standards/en/pdf/03-09-01.pdf

13 patent kind code. 구글 검색에서 'patent kind codes china'처럼 끝에 국가명을 입력하면 주요 국가 문헌 코드를 찾을 수 있다.

Q&A

Q **공개공보와 등록공보의 가장 큰 차이점은 무엇인가요?**

공개공보는 출원일 이후 1년 6개월이 지나면 공개되는 정보로서 해당 발명의 전체 문서를 볼 수 있어 선행기술조사에 유리하다. 즉, 발명자 또는 출원인이 최초에 원하던 특허의 권리범위를 추정하는 데 유용하다. 하지만 청구범위에 기재된 내용이 실질적인 법적 권리범위는 아니다. 반면에 등록공보는 특허청의 심사를 통과한 특허로서 공보에 있는 청구범위가 실질적인 권리범위다. 우리가 흔히 말하는 등록 특허의 권리범위를 확인하려면 등록공보를 참조해야 한다. 검색은 키프리스에서 무료로 가능하다.

특허가 되는 아이디어 판별하기

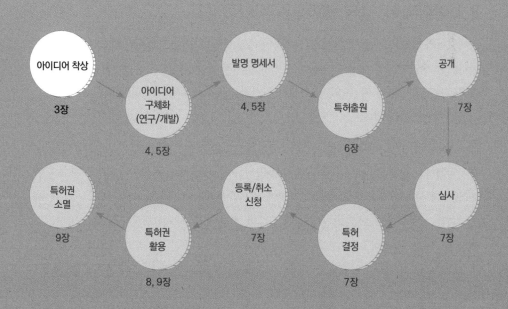

아이디어 착상

3장

아이디어
구체화
(연구/개발)

4, 5장

발명 명세서

4, 5장

특허출원

6장

공개

7장

심사

7장

특허권
소멸

9장

특허권
활용

8, 9장

등록/취소
신청

7장

특허
결정

7장

☐ 학습 목표	아이디어를 샘솟게 하는 생활 습관, 반짝 떠오른 아이디어를 살리는 방법, 아이디어/발명/특허의 차이점을 알아본다. 이 과정에서 특허가 되는 아이디어가 무엇인지를 알게 될 것이다. 더불어 아이디어가 정말 특허가 될 만한지 평가하는 방법을 익히고, 아이디어 구체화 단계로 진행 여부를 판단할 수 있게 된다. 이 장의 내용을 따라 하면 여러분의 번뜩이는 아이디어도 발명의 씨앗으로 변모할 것이다.
☐ 학습 순서	**1** 아이디어, 발명, 특허의 차이점
	2 반짝 떠오른 아이디어 살리기
	3 아이디어가 샘솟는 10가지 방법
	4 기록하기
	5 간단 선행기술조사
	6 유사성 판단하기
	7 아이디어 간이 평가하기

3.1 아이디어, 발명, 특허, 뭐가 다르지?

아이디어와 발명의 가장 큰 차이는 구체적인 해결 방안을 가지고 있는지 여부다. 최초에 아이디어를 제안한 사람이 문제 발굴과 동시에 구체적인 해결책을 제안했다면 그 자체는 아이디어이면서 발명이 될 수 있다. 하지만 일반적으로 아이디어가 발명이 되기까지는 많은 시간과 자본이 소요된다.

아이디어와 발명의 차이를 예를 들어 살펴보자. 2002년 일론 머스크는 인류를 화성에 정착시키겠다는 꿈을 가지고 스페이스X를 창업했다. 인류가 지구상에만 머무르면 결국은 멸종 위기에 처한다는 문제를 해결하는 방안으로 탄생한 아이디어가 시작이다. 그는 이 아이디어를 실현하려고 오랜 기간에 걸쳐 막대한 자본을 투자하여 재활용 로켓을 발명하고 있다.

발명과 특허의 가장 큰 차이점은 특허출원 여부다. 법에서 정한 요건(특허 요건)을 갖춘 발명만 특허가 된다. 특허 요건에 모두 부합이 되더라도 가장 중요한 특허출원을 해야만 특허가 된다. 기막힌 발명일지라도 특허출원을 하지 않으면 그 권리를 보호받을 수 없다.

3.2 반짝 떠오른 아이디어 살리기

'내가 생각해도 이 아이디어는 정말 대박이야!', '그 아이디어는 정말 대단한데?', '아! 저 아이디어는 내가 먼저 생각했는데...' 누구나 한 번쯤은 말하거나 들어본 말이다. 그러나 정작 자신이 생각한 아이디어를 구체화하여 발명하고 더 나아가 특허출원을 하거나 또는 시제품을 만드는 사람은 흔치 않다. 아이디어를 날리다니, 안 될 말이다. 이제부터 반짝 떠오른 아이디어를 살리는 방법을 알아보자.

3.2.1 아이디어 구성

아이디어의 사전적인 의미는 어떤 일에 대한 구상이다. 처음 생각한 아이디어는 거칠고 결함도 많다.

결함이 많은 초기 아이디어지만 가치가 있다고 느끼면, 구체화와 해결 방안 마련에 시간과 노력을 투자하게 된다. 이 과정에서 아이디어는 더 선명해진다. 발전된 아이디어를 더 세분화된 문제들과 구체화된 해결 방안으로 만드는 과정을 반복하며 다듬는다. 해결 방안은 한 방에 나올 수도, 몇 번을 거듭해야, 심지어는 실제 실험을 거쳐야 나올 수도 있다.

초기 아이디어를 구체화하는 과정에서 아이디어는 더 발전한다. 이 과정에 들인 노력은 발명자의 지식으로 쌓이게 된다. 아이디어 구체화와 발명자의 지식 쌓기(상식 추가)가 선순환되면서 타인도 설득할 수 있는 완성된 아이디어가 도출된다.

3.2.2 아이디어 살리기 5단계

"아! 좋은 아이디어가 생각났다!" 불현듯 떠오른 소중한 아이디어를 살리고 발전시키는 필수 요소는 '기록'과 '조사'다. 기록과 조사를 기초로 아이디어를 살리는 5단계를 살펴보자.

- 1단계(문제 기록) : 일상생활 또는 연구개발 과정에서 우리는 많은 문제를 접한다. 불편한 점이나 희망사항일 수 있다. 뭔가 문제점을 발견했다면 기록하자. 모든 일은 기록에서 시작된다.
- 2단계(가치 판단) : 해결 방안이 떠오르지 않았으면 발견한 문제가 해결할 만한 가치가 있는지 판단하자. 판단 결과에 대한 근거는 꼭 기록한다. 이때 나중에라도 해결 방안을 고민할 가치가 있다고 생각된다면, '해결해야 할 문제'로 기록해놓는다.
- 3단계(해결 방안 찾기) : '해결해야 할 문제'의 시급성에 따라 선행기술 또는 간단한 인터넷 검색으로 다른 사람의 아이디어를 참조하여 개량 아이디어가 나올 수 있는지 검토한다.
- 4단계(선행기술조사 및 시장 조사) : 문제와 해결 방안이 도출되면 이를 자신의 상식으로 가치 평가하고 시장 조사 및 선행기술 조사를 진행한다. 검색할 가치가 없다면 그 이유를 기록한다. 선행기술이 동일하거나 유사하다면 해당 문제 해결에 노력을 더 들여야 하는지를 다시 판단한다. 아이디어 문제가 혁신적이라면 또한 동일하거나 유사한 점이 없더라도 다른 해결 방안이 있는지도 고민해본다. 해결 방안은 많을수록 좋기 때문이다. 현 단계에서의 가치 판단은 2단계에서의 가치 판단 시기보다는 아이디어 고안자 수준이 높아졌기 때문에 신뢰도가 높다.
- 5단계(장단점 비교) : 선행기술조사를 진행해 알아낸 동일 문제에 대한 다른 해결 방안 또는 다른 경쟁 제품(또는 서비스)과 비교해 장단점을 기록한다.

5단계를 마치면 개략적으로 정리된 문제와, 문제를 해결하는 동작/구현 방안, 경쟁사 현황 및 경쟁사 대비 장단점을 정리할 수 있다. 이 정리된 내용으로 가치 평가를 하고 그 결과에 따라 아이디어 구체화한다. 보류된 아이디어라고 해서 폐기하지는 않는다. 상황이 변하면서 아이디어 중요도가 변하기도 한다. 주기적으로 리뷰하자.

▶ 아이디어 살리기 과정

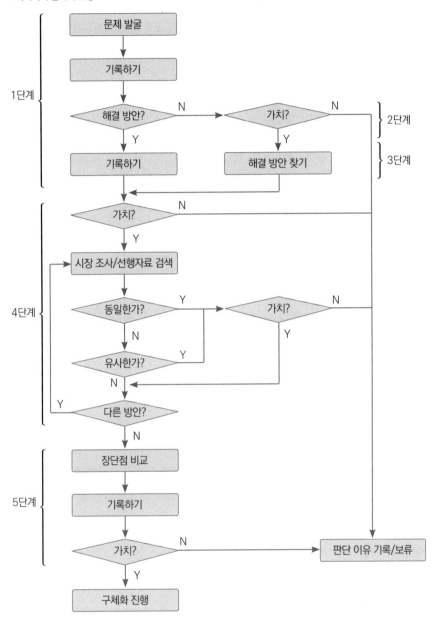

3.3 아이디어를 샘솟게 하는 10가지 습관

생각하면 할수록 많아지는 것이 아이디어다. '나는 아이디어가 없어', '새로운 생각은 어떻게 하지?'라고 생각하는 사람에게 아이디어가 샘솟게 하는 10가지 습관을 소개한다.

❶ 기록하고 또 기록하라

특허의 시작은 기록이다. 기록은 뇌에 긍정적인 자극을 주어 창의성을 높인다. 지금 당장 한 손에 들어오는 작은 노트와 펜을 장만하라. 아침에 잠에서 깰 때 오늘의 할 일을 적고, 밤에 자기 전에 오늘의 기분을 적고 머리맡에 노트를 두자. 아이디어 노트에 하루에 한 줄씩, 한 달 동안만 적어보자. 쓸 아이디어가 없다면 아무 내용이라도 적자. 우선 기록하는 습관을 들이는 게 중요하다.

- 실천 과제 : 노트와 펜을 준비하고 한 달 동안 아이디어 기록하기

❷ 불편함과 문제점을 발굴하라

문제는 주위에 산적하다. 일단 문제를 발굴하면 답을 찾게 된다. 일상의 사소한 불편함을 기록하며, 문제를 발굴하는 능력을 길러보자.

- 실천 과제 : 1일 1문제 적기

❸ 사고방식을 바꿔라(틀에서 벗어나라)

사고방식을 바꾸는 핵심은 현재 위치에서 아이디어를 한계 짓지 말아야 한다는 점이다. '종이비행기 멀리 날리기 대회'가 있다. 모두들 멋진 비행기 모양으로 종이를 접을 때 1등은 종이를 단단히 뭉쳐서 공처럼 만들어 던진 사람에게 돌아갔다. 정답은 없다. 정답은 만들기 나름이다.

사고방식을 바꾸는 가장 쉬운 방법은 무의식적으로 반복하는 행동의 패턴을 바꾸는 것이다. 간단한 실천 과제를 해보며 사고의 틀을 벗어나보자.

- 실천 과제 : 등굣길, 출근길을 바꾸자. 걷고 뛰고, 자전거나 전철을 이용해보자. 출근길에 어렵다면 퇴근길에 시도하자.

❹ 다양한 정보를 얻어라

지구 반대쪽에서 일어나는 일들이 시차 없이 전달되는 시대에 산다. 급변하는 시대에서는 다양한 정보를 남보다 빠르게 많이 얻으려 노력을 해야 한다.

- 실천 과제
  - 구글 알리미에 관심 키워드 등록하기[1]
  - 관심 분야 정보 제공 사이트를 찾아 등록하기
  - 지인에게 나의 관심사 알리기

❺ 타인의 아이디어를 차용하라

아이디어가 없을 때는 이미 발굴된 문제로만 특허 키워드 검색을 해보면, 아이디어와 관련된 유사 문제점과 이 문제점을 해결하고자 하는 다양한 해결책을 볼 수 있다. 이러한 타인의 아이디어를 보고 개량 아이디어를 내는 것도 주요한 아이디어 창출 방법이다. 무료로 특허를 검색할 수 있는 특허정보검색서비스 키프리스를 수시로 활용하면 큰 도움이 될 것이다.

- 키프리스 : www.kipris.or.kr

주변부에서 시작하는 새로운 비즈니스 모델이나, 다양한 아이템들을 찾아내어 미래 가치를 예상해보고, 현재 방식보다 더 효과적으로 개선할 아이디어가 있으면 개량 아이디어를 내어보자. 참고로 새로운 아이디어가 상업적으로 성공한 제품이나 서비스로 진화될 때까지는 통상 5단계를 거친다.

- 1단계(주변) : 사회적 통념에서 벗어난 일탈의 성격을 가진 다양한 아이디어를 내놓고 시도해보는 단계. 회의감마저 드는 아이디어가 주류다. 대부분은 외면당하고 소멸된다.
- 2단계(틈새) : 1단계를 거치면서 소규모 시장이 창출될 수 있다. 새로운 것을 처음 시도하는 사람이 되길 원하는 소수 사람이 포진되어 있다.
- 3단계(최신 유행) : 얼리어답터에 의해 주도되며 시장성을 갖게 되는 단계. 대중에게 더 알려지기 시작하며, 마케터들이 온갖 미끼로 유행을 부추긴다.

---

1 www.google.com/alerts

- 4단계(대중화) : 수요가 폭발적으로 늘어 대중적으로 받아들여지기 직전 워밍업 단계. 인지도가 점차 높아지고 자연스럽게 언론을 탄다. 신제품에 대한 소비 수요가 생겨난다.
- 5단계(용인) : 완전한 대중 시장으로 진출하는 단계로서 일상의 일부가 된다.

- 실천 과제 : 주류가 아닌 개념을 찾아 경쟁사보다 먼저 상업적 가치가 있는 아이디어로 재창출해내기

❻ 인적 네트워크를 확장하라

사람이 사회적 동물임을 다시 논증할 필요는 없을 것이다. 인적 네트워크를 확장하라!

- 실천 과제
  - 주요 SNS에 가입하여 관심사를 논하는 그룹에 가입하기
  - 트레바리와 같은 오프라인 독서회에 가입하기

❼ 최종 결과물을 상상하고 이미지화하라

백문이 불여일견. 초기 아이디어는 질그릇 같아서 가벼운 비난에도 쉽게 깨진다. 초심을 유지해가며 결승점까지 아이디어를 이끌어가고 싶다면 최종 결과물을 이미지로 만들어 눈앞에 두라. 나는 스마트 칫솔 아이디어를 생각해내고, 최종 결과물을 상상한 디자인을 만들었다. 욕실 스마트 미러와 스마트 칫솔로 칫솔질 습관을 측정하고 건강한 구강상태를 유지하게 하는 일종의 상상도였다. 십여 년이 지난 지금 이 디자인은 정말로 보건소와 병원에 설치되었다.

▶ 초기 상상도

▶ 십여 년 후의 구현(제품명 : 맘브러쉬-에듀)

❽ 평가에 이성으로 답하라

설익은 아이디어는 손쉬운 먹잇감이다. 누군가의 긍정 또는 부정 평가는 기회이자 위기다. 8단계로 대응해 아이디어를 구체화하고 개선하는 데 활용하자.

- 1단계 : 육하원칙에 따라 타인의 평가를 기록한다.
- 2단계 : 평가자의 전문지식 보유 정도를 구분한다. 아이디어를 평가할 전문가인지, 보통 사람인지, 문외한인지 구분한다. 전문가 의견을 선별해서 듣는다. 평가자가 전문 지식은 없으나 나름 타당성이 있는 평가를 한다면 전문가 평가로 구분한다.
- 3단계 : 평가 내용을 구분한다. 감정적인 평가인지, 과거 경험이나 성공/실패 사례에 따른 평가인지, 아이디어의 설명 또는 이해 부족으로 인한 평가인지, 기존 틀에 박힌 사고방식에 따른 평가인지, 논리적인 평가인지, 현실을 고려한 평가인지 구분한다.
- 4단계 : 평가의 동기를 고려한다. 긍정 부정을 떠나 평가자의 동기를 파악하자. 나를 아끼는 마음에서 평가인지, 질투나 경쟁의식에서 비롯된 왜곡된 평가인지 말이다.
- 5단계 : 모든 평가에는 긍정 요소와 부정 요소가 들어있다. 부정적인 비평에서 아이디어를 창출할 수 있는 진주를 찾는 습관을 갖자.
- 6단계 : 평가자에게 대안을 구해보자.
- 7단계 : 평가에 대한 스스로의 반응을 생각한다. 비평에 방어/분노/비난했는지 아니면 아이디어를 더 구체화하고 알기 쉽게 설명했는지 돌아본다.
- 8단계 : 어떤 반응이 가장 현명한 반응이었는지 생각해본다.

이 8단계 대응 방법은 아이디어 초기부터 사업화 또는 특허권 활용 단계까지 모두에서 효과적이다.

❾ 행동하라

《바보들은 항상 결심만 한다》라는 책이 있다. 생각을 행동으로 옮기기가 어렵다는 뜻이다. 5단계 행동 대작전을 살짝 공개한다.

- 1단계 : 지금까지 미뤘던 일 중 가장 손쉬운 일을 당장 시작한다.
- 2단계 : 미뤄왔던 일을 실행에 옮겼을 때 내게 일어날 수 있는 최악의 상태가 무엇인지 생각해본다. 최악을 알면 두려움이 완화되고 행동하는 데 도움이 된다.
- 3단계 : 미뤄왔던 일에 집중할 수 있는 시간을 만들어 전념해본다.

- 4단계 : 미루는 습관을 도와주는 말을 하지 않는다. '~했으면 좋겠어'라는 말 대신 '~ 해보겠어'로, '어쩌면 잘 될 거야'를 '잘 되게 할 거야'로 의지가 내포된 말투로 바꾼다. 말에 확신을 가지고 이야기하면 그만큼 이루어질 가능성이 높다.
- 5단계 : 함께하라. 그러면 단체 행동의 강력함을 깨닫기도 전에 이미 행동하고 있을 것이다.

⑩ 집요하게 매달려라

될 때까지 하라. 되지 않는 이유는 단 하나, 될 때까지 하지 않았기 때문이다. 물은 100도가 되어서야 끓는다. 어느 순간, 모든 것이 급변하는 티핑포인트^{tipping point}에 다다를 것이다. 이를 기억하고 자포자기하거나 조급해하지 말자.

3.4 기록이 시작이다

아이디어는 기록하지 않으면 떠오르는 순간 사라진다. '기록하는 순간에 발명이 된다'는 말이 있듯이 아이디어를 살리는 가장 기본은 기록이다. 누구나 중요성을 잘 알지만 실천하지 못하는 게 기록이다. 기록이 필요한 이유를 간단히 핵심만 요약해 살펴보자.

1 잊지 않으려고 기록한다.
2 잊으려고 기록한다. 망각은 인류 발전의 원동력이다. 풀리지 않는 문제는 일단 기록한 뒤 잊어버리고 편안한 마음으로 다른 일에 집중하라. 휴식을 취한 뇌가 문제 해결이라는 보상을 끄집어낼 것이다.
3 기록은 자산이다. 메모가 쌓이면 정보가 되고, 정보를 가공하면 자산이 된다. 불현듯 떠오른 아이디어, 타인과의 대화에서 얻어지는 착상, 책이나 기사에서 본 인상적인 자료, 개인적인 일상의 기록이 발명을 모자이크하는 자산이 될 것이다.
4 기록은 발명의 씨앗이다. 기록은 아이디어의 씨앗을 잉태하는 순간이면서 해결책을 찾아줄 실마리다. 편집증 환자처럼 매일 기록하고, 나에게 도움이 될 만한 것들은 내 아이디어가 아니더라도 그 무엇이든 취합하라.

3.4.1 아이디어 기록 방법

아이디어는 자신의 전공이나 과거 또는 현재 하는 일과 전혀 무관할 수 있다. 즉흥적으로 떠오르거나, 아이디어 발상회를 진행하여 의도적으로 도출되거나, 철저한 시장분석을 동반한 신규 사업용 아이템 분석을 실시해 도출될 수 있다. 또한 오랫동안 해결이 안 된 문제를 해결할 실마리가 우연히 찾아지기도 한다. 이러한 모든 유형의 아이디어는 기록에서 시작된다.

아이디어를 기록하는 다양한 수칙과 방법을 알아보기 전에 기록 도구를 먼저 선택해보자. 시간과 장소에 제약받지 않는 접근성 좋은 도구가 좋은 도구다. 전통적인 아날로그 도구와 디지털 도구로 크게 나눌 수 있고 두 가지를 함께 써도 좋다.

- 아날로그 도구 : 포스트잇, 노트, 수첩과 필기구 등. 항상 몸에 가까이 둘 수 있는 크기여야 한다. 단, 아날로그 방식으로 메모를 했더라도 한 달 또는 보름 주기로 디지털화하기 바란다.
- 디지털 도구 : 구글 문서, 구글 킵, 페이스북 비밀 그룹, 나만의 포털 카페, 에버노트, 노션 등. 디지털 장비의 이점을 살려 텍스트뿐 아니라 음성녹음도 사용해보라. 음성녹음 방식은 간편하지만 이미지로 떠오르는 아이디어를 말로 설명하려다 보면 내용이 미흡해지는 경우가 있다. 검색이 쉽지 않은 단점도 있다.

3.4.2 7가지 아이디어 기록 수칙

기록하는 방법에 정답은 없다. 아이디어가 떠오를 때 잊지 않게 바로 메모하는 게 제일이다. 다시 메모를 읽어볼 때 내용이 한눈에 들어오게 중요 포인트가 강조된 메모가 좋은 메모다. 언제 어디서든 메모하며, 메모한 것을 다시 보고 활용하려면 7가지 기록 수칙을 지켜야 한다.

1 기록 도구를 손 가까이에 놓아야 한다.
2 자주 기록한다.
3 고정된 아이디어 노트에, 한 장에 아이디어 하나만! 공백을 확보해놓아야 추후에 보완 내용을 적을 수 있다.
4 완벽해지려는 욕심을 버린다. 날것의 아이디어는 부실하기 짝이 없다. 생각날 때마다 살을 붙이면 되니 일단 적는다.

5 정해진 방식은 없다. 다만 날짜, 제목, 아이디어 내용은 필수다. 내용은 스케치든 단어의 나열이든 상관없다.

6 메모를 디지털화하라. 디지털화하면서 한 번 더 아이디어를 살펴볼 수 있고 활용성도 증대된다.

7 반복해서 보고 생각한다. 기록된 메모를 자주 읽어보는 습관을 길러야 한다. 읽다 보면 다른 아이디어, 다른 접근법, 새로운 이점이 생각날 것이다. 아이디어를 발전시킬 단초는 반복으로 얻어진다.

3.4.3 체계적으로 기록하는 NABC 접근 방식

모든 아이디어 및 사업 계획은 적어도 프로젝트의 가치 제안을 정의하는 기본 요소인 필요Needs, 접근 방식Approach, 이점Benefits, 경쟁Competition이라는 네 가지 질문에 답할 수 있어야 한다. 이를 NABC 접근 방식이라고 한다. NABC 접근 방식은 더 완전한 제안 또는 사업 계획을 작성하는 첫 번째 단계다. 또한 초기 메모된 아이디어에서 누락된 항목을 개선 보완하는 기초 길잡이다.

▶ NABC 작성 예

명 칭	빗물 튀김 방지용 신발	번호		일 자	1989.3.1
기본개념		관련 아이디어 번호			

구두 및 신발 굽 부분 형상을 바꾸어 물 튀김을 방지한다.

Needs(필요성)	Approach(구현)
비 오는 날, 신발에서 물이 튀어서 바지가 흙탕물 등에 의해 오염이 되어 불편하다. 물이 안 튀기는 슬리퍼, 운동화, 구두가 필요하다.	1. 실험 환경을 구축하여 원인을 분석하고 이를 근거로 신발 바닥의 걸음 패턴 분석 및 물이 튀기는 현상을 분석한다. 2. 바닥의 형상 변경을 통해 물 튀김을 방지한다. 3. 실험에 필요한 도구 : 물이 고인 바닥, 고속촬영이 가능한 촬영 장비 등
Benefits(이익)	Competition(경쟁)
• 비 많이 오는 지역에 사는 사람들의 불편 해소	• 선행기술조사(구글 검색, 키프리스) • 강우량 변화 추이 검사 • 기후 변화 추이 • 장화?

실리콘밸리 투자컨설팅 회사인 SRI인터내셔널[2]은 지난 수십 년 동안 잠재적으로 사업성이 높은 아이디어를 판단하고 개선하는 데 'NABC 접근법'을 활용해왔다.

NABC 접근 방법은 비전문가에게 특히 유용하다. 메모에 필요한 가장 간단한 요소가 들어 있고 사용법을 공부할 필요가 없기 때문이다. 아이디어 착상부터 사업화 및 특허권 활용까지 전 과정에 있어서 매우 유용하게 활용할 수 있으니 관심을 가지고 연습해보기 바란다.

3.4.4 연구노트 기록 방법

연구노트inventor's notebook는 연구개발자가 발명을 개발하는 과정과 결과를 서면으로 남겨놓는 자료다. 아이디어, 발명, 실험 기록, 관찰 및 모든 작업의 세부 정보를 기록하는 용도로 특히 과거 선발명주의를 취했던 미국 등에서는 적극 활용되었다.[3] 연구노트는 진정한 발명자임을 입증하거나 기업으로의 라이선싱, 실사 시에 중요한 자료로도 활용된다. 국내에서도 십여 년 전부터 연구 과정과 성과를 체계적으로 기록하고 관리하는 풍토를 정착시켜 현재는 대부분 정부 주관 개발 지원사업에서 필수로 작성한다. 연구노트 관련 법적 정의는 아래와 같다.

> "연구노트란 연구자가 연구의 수행 시작에서부터 연구 성과물의 보고 및 발표 또는
> 지식재산화에 이르기까지의 과정과 결과를 기록한 자료를 말한다."[4]

과학기술정보통신부는 '연구노트 지침'을 2018년 10월 12일 일부 개정하여 과학기술정보통신훈령 제44호로 시행하고 있다. 이 '연구노트 지침' 제8조에 연구노트 요건이 있다.

다음 그림은 〈기밀정보 유출 방지 장치 및 방법〉 연구노트[5]와 특허등록공보다. 박찬정 교수는 2010년 초 '기밀정보 유출방지 방법' 연구 내용을 연구노트에 기재하고, 연구노트에 기재한 내용을 기반으로 발명신고서를 작성했다. 이후 변리사와 면담하며 연구노트 중심으로 발명의 주요 내용을 설명하고, 출원 내용에 관련된 연구노트를 복사하여 전달했다.

---

2 Stanford Research Institute International
3 미국은 2013년 선출원주의로 변경되었다.
4 국가연구개발 사업 연구노트 관리지침(교육과학기술부훈령 128호)
5 경기대학교 박찬정 융합교양대학 교수 제공

2010년 4월 특허를 출원해, 2012년 6월 등록되었다.

▶ 〈기밀정보 유출 방지 장치 및 방법〉 연구노트(좌)와 특허등록공보(우)

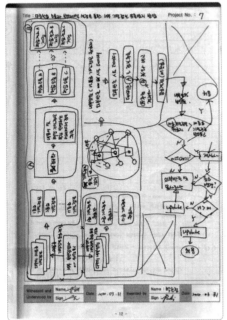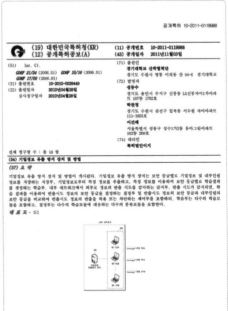

이처럼 연구노트를 기반으로 특허를 출원하면, 출원 대리인(변리사)이 해당 발명의 목적과 내용을 좀 더 빠르고 명확하게 이해할 수 있다.

서면 또는 전자 연구노트로 작성 가능하며, 장단점을 따져서 선택 사용하면 된다. 더 상세한 정보는 연구노트 포털을 참조하라.

- KISTA 연구노트 포털 : www.e-note.or.kr

3.5 간단 선행기술조사

특허 관점에서의 선행기술이란 내 제품이나 아이디어와 동일한 아이디어가 이미 존재한다는 사실을 말해준다. 선행기술조사는 특허 요건인 신규성 진보성을 검토하는 용도로 주로 사용되며, 문헌, 제품, 프로그램, 서비스 전반을 대상으로 한다. 공중(일반인)의 제3자가 알

수 있어야 선행기술이다. 단순히 아이디어를 자신의 노트에 적어놓았다고 해도 이를 공중이 열람할 수 있는 상태로 하지 않았다면 선행기술이 될 수 없다.

3.5.1 선행기술을 조사하는 이유

"발명으로 나를 이기려고 애쓰는 사람들의 명성에 크게 감명을 받지 않는다. 내게 다가오는 건 그들의 아이디어다. 나를 정확히 표현한다면 발명가보다는 스펀지가 더 어울린다... 내 주된 사업은 다른 사람의 훌륭하지만 잘못된 아이디어에 상업적인 가치를 부여하는 것이다."_토머스 에디슨

타인의 아이디어를 받아들여 더 큰 발명을 남긴 에디슨의 말은 선행기술조사의 중요성을 잘 나타낸다. 선행기술조사를 제대로 수행하면 아이디어를 구체화해 특허를 등록하고 제품을 상용화하는 데 드는 비용과 시간을 단축시키는 정보를 얻을 수 있다. 선행기술조사 및 분석의 목적은 크게 4가지다.

1 아이디어 또는 발명의 신규성 검사 : 특허출원까지는 자금이 소요된다. 선행기술조사를 건성으로 진행하거나 건너뛰었다가 훗날 선행기술이 출현하면 낭패를 볼 수 있다. 연구개발비나 양산 비용을 모두 날려버릴 수도 있단 말이다. 선행기술을 철저히 조사하여 뜻하지 않은 피해를 입지 않도록 하자.

2 아이디어 제안자의 기술 이해도 향상 및 특허 가능성 증대 : 선행기술조사만으로도 기술 이해도를 높일 수 있고, 특허를 출원할 때 특허 명세서를 더 충실하고 강력하게 작성할 수 있다. 선행기술이 문제를 어떻게 해결했는지 사례들을 보며 내 아이디어를 구체화하고 더 개선하는 방안을 도출하자. 차별성을 더 부각해 명세서를 작성하고, 더 강력한 청구범위로 등록하자.

3 향후에 아이디어 또는 제품이 다른 특허를 침해하는 가능성 회피 : 내 아이디어가 특허로 등록되었다고 다른 특허를 침해하지 않는 건 아니다. 잠재적인 특허권자를 선별해내는 데 활용하자.

4 향후에 문제 발생 여지가 있는 잠재적인 침해자 특정 가능 : 특허를 이미 출원한 단계에서 선행기술을 조사하다 보면 내 출원일보다 더 늦은 시점에 출원한 유사 또는 동일한 특허출원을 발견할 수 있다. 이들은 향후에 내 특허의 침해자가 될 가능성이 있으니, 미리 대응책을 수립하자.

3.5.2 선행기술 검사 시기

처음 아이디어가 떠올랐을 때, 구체화(연구개발) 단계, 출원 전, 양산 전, 분쟁 예상 시에 선행기술조사를 실시하게 된다. 아래 그림과 같이 각 사안별 선행기술조사 대상 범위 및 투입되는 시간과 비용이 달라질 수 있다. 난이도가 높으면 소요 비용도 올라간다.

▶ 단계별 선행기술조사 목적

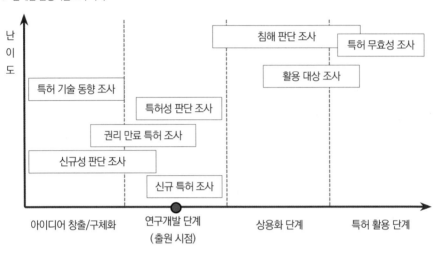

시기별 유의할 점을 간단히 짚어보자.

처음 아이디어가 떠올랐을 때. 아이디어가 명확하게 특정되어 있지 않을 시점이므로 예비 검색 성격이 강하다. 검색할 선행기술이 모호하다는 단점이 있다. 반면 선행기술조사만으로도 초기 아이디어를 구체화할 아이디어를 얻을 수 있는 장점이 있다. 아직 투입된 자본이 없으므로 부담 없이 진행하자.

아이디어 구체화 단계. 아이디어에 대한 해결 방안이 생기고 사업성에 대한 확신도 어느 정도 든 시점이다. 아이디어가 구체화되어 있어 선행기술조사로 관련 트렌드를 확인할 수 있고 특정 산업의 리더에 대한 대응 아이디어를 얻을 수 있다. 주요 경쟁사가 유사한 아이디어 또는 발명을 어떻게 설명하는지 살펴보자. 특히 혁신적인 연구는 개발 진행 단계에서 내용이 특허로 공개된다. 혁신적인 최신 정보 추적이 중요하다.

선행기술조사 목적에 따라 조사 범위 및 대응 방안이 다르다.

1 선진 경쟁사 분쟁 예방용 : 해당 제품을 제조/판매하는 국가에 대해서만 선행기술을 조사한다.

2 후발 경쟁사 견제용 : 발명 제품을 제조/판매할 국가는 물론 그 제품 관련 특허 등이 많이 출원되는 여러 국가에서 선행기술조사를 진행한다. 조사 결과 등록 가능성이 낮으면 회피 설계 등 극복 방안을 고안하자.

많은 시간과 자본이 투입되기 직전이므로 제대로 선행기술조사에 임해야 한다.

특허출원 전. 아이디어 하나로 시작했지만 여러 발명으로 특정될 수도 있다. 특정된 각 발명의 실시예 또는 핵심 구성 및 기능을 기반으로 선행기술조사를 실시한다.

특허 적용 제품 양산 전. 당신을 곤란에 빠뜨릴 수 있는 특허를 검색해야 한다. 특허 또는 제품과 동일한 문제와 해결 방안을 다루는 특허가 존재할 가능성은 항상 있다.

특허 분쟁 예상 시. 시장에 출시된 제품이나 서비스가 특허 분쟁에 휘말리면 무효 주장이나 방어용으로 활용할 수 있는 선행기술을 찾게 된다. 내부에 전문 인력이 없으면 외부의 전문 기관에 선행기술조사를 의뢰하는 것이 유리하다. 전문기관은 해당 특허의 무효 가능성에 대한 의견과 함께 대응 방안도 제공할 것이다.

3.5.3 검색 키워드 구체화 과정

선행기술을 조사할 때는 정확한 키워드를 찾는 것이 가장 중요하다. 키워드만 정확하다면 간단한 아이디어는 몇 분 내에 끝낼 수 있다.

▶ 키워드 선정 방법

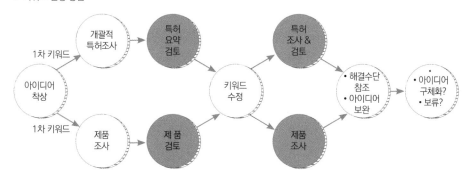

1 초기 키워드 선정 : 초기 아이디어를 메모한 내용에는 발명의 핵심 요약이 적혀 있을 것이다. 또한 해결책이 없는 문제점만 있을 수도 있다. 이를 1차 키워드로 하여 개략적인 선행기술을 조사한다. 예를 들어 '비가 튀기지 않는 신발'이라는 문제점을 메모해놓았다면 키워드는 '비', '튀김', '방지', '신발'이 1차 키워드다.

2 제품 조사 : 기본적으로 구글 검색을, 보조적으로 네이버 검색을 이용한다. 제품 및 기능 위주의 아이디어라면 이미지 검색이 더 효과적이다. 구글 검색에서 국문 자료를 찾지 못했다면 영문 검색을 시도해보자. 영문 검색은 구글 번역기[6]를 활용하면 된다. '비가 튀기지 않는 신발'을 입력하면 'Rainproof shoes'라고 번역해준다.

3 특허조사 : 무료 서비스인 키프리스를 이용한다. 키프리스는 로그인이 없어도 검색이 가능하기 때문에 손쉽고 편리하다.

4 키워드 구체화 : 개괄적인 키워드로 검색하다 보면 적절한 키워드가 무엇인지를 발견할 수 있다. 1차 키워드였던 넓은 의미의 '신발'이 좁은 키워드인 운동화, 구두 및 구두굽으로 구체적으로 변하게 된다.

선행기술을 검토하다 보면 해결 실마리를 얻거나 이미 있는 해결 방안을 보완하는 실마리를 얻게 된다.

3.5.4 성공적인 선행기술조사 3가지 기준

시장의 판도를 바꿀 새로운 제품을 양산해 출시했는데, 특허 침해로 제소를 받을 때 낭패감을 상상이라도 할 수 있을까? 특허 침해, 특허등록 실패, 기존 특허의 무효화는 모두 불완전한 선행기술조사로부터 발생되는 결과다. 협상, 라이선싱, 설계 변경, 무효화로 해결될 수 있지만, 미리 모든 관련 선행기술을 검색하여 위험을 회피하고 비용을 절감하는 것이 최선이다.

전문가들은 선행기술조사의 범위와 전략을 수립할 때 많은 요소를 고려한다. 그중에서도 전문가가 주장하는 성공적인 선행기술조사 방법을 소개한다.

❶ 올바른 소스를 선택하라.
❷ 검색 범위를 신중하게 정의하라.

---

6 translate.google.co.kr

❸ 검색 질문을 제대로 하라.

❶ **올바른 소스 선택**. 키프리스, 구글, USPTO, EPO는 가장 쉬운 조사처다. 무엇이 존재하는지 파악하는 데 도움이 되긴 하지만 검색 기능과 국가 범위가 제한되어 있다. 전문가들은 세계 문헌 검색 수행에 STN[7]과 FIZ Karlsruhe[8] 같은 플랫폼을 사용한다. 백만 달러만 있으면 등록된 특허의 70% 이상을 무효화시킬 수 있다는 말도 있다. 개인 발명가 또는 중소기업에서 전문 업체에 선행기술조사를 위임할 정도의 일이 생길 확률은 그다지 높지 않다. 따라서 무료 검색이 가능한 키프리스와 구글 영문 검색이 현실적이다. 발명자가 감당할 수 있는 예상 사업 범위가 현실적으로 국내로 한정될 때는 네이버 검색도 병행하자.

❷ **검색 범위 정의**. 오늘날 특허출원, 학술 저널, 논문 등이 전 세계에서 매일 약 15,000건씩 발표된다. 그러므로 가급적 주기적으로 검색하는 것이 좋다. 게시 날짜, 콘텐츠 업데이트 날짜, 부여 날짜, 신청 날짜 등은 모두 법적 효과가 다르다. 글로벌 비즈니스 시대에 국가 범위도 중요하다. 구글과 키프리스 특허 검색만 제대로 진행한다면 아이디어 구체화 단계로 넘어갈지 판단하는 데 큰 무리는 없을 것이다.

❸ **제대로 된 검색 키워드**. 제대로 질문해야 제대로 된 답을 얻는다. 간단한 검색 키워드는 좋은 출발점이 될 수 있다. 종국에는 해당 분야 전문가가 사용하는 모든 용어를 찾아봐야 한다. 제3 외국어로 된 용어도 있을 수 있다. 검색 기간에 따라 기술이 바뀌었는지, 어떤 역사적 용어가 관련됐는지 살펴보자. 기술에 대한 특허 분류 체계가 변경되었는지도 확인하자. 날짜, 발명가, 특허권자, 특허 양수인, 법률 대리인 등으로도 검색할 수 있다.

3.5.5 기본적인 선행기술조사 방법

선행기술조사 중에는 해당 아이디어나 제품이 유효하지 않다는 것을 증명하는 데 집중해야 한다. 이렇게 접근하면 선행기술조사의 효율이 높아질 것이다.

---

7 CAS가 제공하는 검색 플랫폼

8 100개가 넘는 데이터베이스를 통합해 제공하는 플랫폼. 전체 텍스트 특허, 선별된 특허 및 Derwent World Patents Index® 같은 비 특허 문헌 소스가 포함된다. CAS 데이터베이스, Embase®, BIOSIS®, SciSearch®, MEDLINE®, Compendex, INSPEC® 같은 뉴스 레터, 논문 및 비즈니스 뉴스 기사를 다루는 틈새 데이터베이스도 포함된다.

기본적인 검색 방법을 알아보자.

1. **키워드로 검색하라.** 올바른 키워드를 생각해내야 한다. 간단하고 불명확한 키워드는 도움이 되지 않는다. 예를 들어 '칫솔'보다는 '전기칫솔' 키워드가 낫다. 산업군마다 용어가 다를 수 있다. 아이디어가 해당 사업군에서는 어떻게 불리는지 찾아내야 한다.

2. **제품을 검색하라.** 시장에 출시된 제품을 찾아야 한다. 동일 문제를 해결한 제품과 아이디어를 특정하는 제품을 검색하자. 오래된 물건들도 선행기술로 간주된다. 전시회, 웹 사이트, 뉴스, 저널, 논문도 찾아야 한다. 가능하다면 경험이 많은 전문가의 조언을 받아라. 유사한 아이디어나 제품 서비스를 다룬 경험이 있는 컨설팅 회사는 현존하는 선행 제품에 대해 많은 지식을 가지고 있다.

3. **특허를 검색하라.** 대부분의 특허는 제품화되지 못한다. 그렇기 때문에 제품 검색만으로는 부족하다. 특히 청구항을 잘 분석하자.

4. **아이디어와 동일하거나 유사한 검색 결과를 찾았다면 대안을 찾자.** 거의 모든 발명은 선행 발명의 개량이기 때문이다.

5. **멈춰야 할 시기를 판단하라.** 다양한 키워드 세트, 인용 검색, 경쟁 업체 등으로 수렴이 이루어질 때까지 검색한다. 수렴하지 않는다면 검색 키워드를 재고해보자.

6. **정기적으로 또는 단계별로 선행기술조사를 수행하라.** 해당 업계의 최신 동향을 발명자에게 제공하기 때문이다.

3.5.6 왕초보를 위한 구글 검색 엿보기

구글은 선행기술 찾기에 유용한 도구(구글 검색, 구글 번역, 구글 특허, 구글 이미지)를 제공한다. 시장에 출시된 모든 제품을 실시간으로 검색해주므로 특허출원 후 1년 6개월 동안 공개가 안 되는 특허 검색보다 오히려 최신 제품 검색에 효과적이다. 왕초보를 위한 설명이므로 검색 능통자는 스킵해도 좋다.

구글이 제공하는 다양한 서비스는 구글 페이지에서 ❶ ▦ 버튼을 눌러 확인할 수 있다.

텍스트 검색 방법은 누구나 안다. 의외로 이미지 검색 방법을 모른다. ❷ [이미지] 버튼을 클릭하면 관련된 이미지로 검색할 수 있다.

❸ 텍스트로 검색하여 ❹ 이미지를 찾을 수도 있다.

▶ 구글 초기 화면

▶ 이미지 검색 결과

3.5.7 왕초보를 위한 키프리스 특허 검색 엿보기

키프리스(www.kipris.or.kr)에 들어가자.

❶ '검색' 창이나 ❷ '초보자 검색 바로가기'를 이용하면 된다.

▶ 키프리스 초기 화면

'검색' 창에서 검색하기

초기 화면 검색창에 '비가 튀기지 않는 신발'을 입력하고 검색하니 총 120건이 검색된다.

▶ 키프리스 검색 창에서 검색하기

이중 표시된 발명의 명칭 또는 요약을 보고 관련성이 높다고 판단되는 건들은 발명의 명칭을 클릭하여 상세 내용 확인하자.

'초보자 검색 바로가기'에서 검색하기

초기 화면에서 '초보자 검색 바로가기'를 클릭하면 다음과 같은 창이 나타난다. ❶ 단계별 검색, ❷ 번호 검색, ❸ 인명 검색, ❹ 문장 검색을 제공한다.

각 검색을 선택하면 검색 방법 설명을 제공하므로, 자세한 검색 방법은 홈페이지를 참고하자(또는 4.2절 '상세 선행기술조사 체험 : 키프리스' 참조).

▶ 키프리스 초보자 검색 바로가기에서 검색하기

3.6 유사성 판단하기

다음 도표는 간단하면서도 일반적인 선행기술 비교표다. 내 아이디어와 선행기술의 유사점과 차별점을 한눈에 볼 수 있어 유용하다.

▶ 간단 선행기술조사 표

	아이디어(발명)	선행기술	비고
목적			
구성			
효과			

다음의 표는 심사 대상인 특허 청구항의 구성요소와 특허청 심사관이 검색한 선행기술의 구성요소를 비교한 사례다. 심사관은 심사대상인 발명을 구성 1부터 구성 4로 나누었다. 각 구성요소별로 선행기술(인용 발명)과 비교해 기술 분야 및 효과가 동일한지 여부를 판단했다. 구성 4는 선행기술과 차이가 있으나 선행기술을 참조하여 손쉽게 구성할 수 있고 효과 또한 예상할 수 있어 용이하게 발명할 수 있다고 판단했다.

▶ 의견제출통지서에 기재된 선행기술 대비표 사례

청구항 1 발명		인용 발명 1 (청구항 1, 6 및 도면 1 참조)	비고
구성 1	물 튀김을 방지하는 솔(Sole)에 있어서, 지면과 맞닿거나 소정 거리를 두고 배치된 후면 말단은 곡면 형상	물 튀김 방지용 슈즈의 솔(1)에 있어서, 후단 피복층(3)의 말단이 곡면 형성	동일
구성 2	상기 후면 말단의 소정 부위에 수직 방향으로 파진 복수의 홈	후단의 피복층(3)은 수직으로 형성된 복수 개의 배출홀	동일
구성 3	상기 복수의 홈보다 상부에 배치되어 지면의 물 상승을 억제하는 수평 가드	배출홀의 상부에 돌출되게 형성된 탄성 방수부(2)	동일
구성 4	상기 복수의 홈 상에 수평 방향으로 파진 수평 절개부	–	차이

출처 : 키프리스

따라서 선행기술조사 중 위와 같은 선행기술을 발견했을 때는 이를 극복할 수 있는 아이디어를 원점에서 다시 시작하거나 보류해야 한다. 선행기술과 차별화될 수 있는 안이 있다면 새로운 해결 방안에 대한 선행기술조사를 다시 해야 한다. 유사성을 판단하려면 내 아이디어의 해결 방안이 구체화되어 있어야 한다. 비교할 수 있는 실체가 없다면 유사성을 판단하기가 불가능하기 때문이다. 선행기술들이 문제점을 어떻게 해결했는지 확인해 발명의 발판으로 삼아야 한다.

3.7 아이디어 간이 평가하기

초기 아이디어에 대한 선행기술조사를 진행하면 검색을 통해 얻은 지식, 아이디어에 대한 주위 반응, 아이디어에 대한 발명자 본인의 입장이 생긴다. 발명자 본인의 현재 지식으로 평가표를 작성해 다음 단계로 나아갈지 아니면 보류할지를 정하면 된다. 기록으로 남아 있으면 언젠가는 다시 다른 방법으로도 쓰일 가능성이 있어 폐기는 없다. 평가표는 크게 독창성, 구현성, 시장성, 사업성으로 구성되어 있다. 평가 지표가 구체적이라 어렵지 않게 작성할 수 있을 것이다.

▶ 아이디어 간이 평가표

항목	평가 지표	등급					점수
		매우 미흡	미흡	보통	우수	탁월	
독창성 (30점)	아이디어가 참신한가?						
	기존의 선행기술과 차별점이 있는가?						
	문제 해결 방안에 대한 방안이 있는가?						
구현성 (25점)	구현하기가 용이한가?						
	혼자 개발할 수 있는가?						
	개발 기간이 1년 이상 걸리는가?						
시장성 (30점)	시장에서 잘 팔릴 것 같은가?						
	경쟁 제품 대비 차별성이 우수한가?						
	실생활에 필요한가?						
사업성 (15점)	현재 관련 시장이 큰가?						
	시장의 성장성은 큰가?						
	수익성은 좋은가?						
합 계							

평가표는 참고용일뿐이다. 부정적인 평가 항목을 감수 또는 극복할 수 있다고 판단이 서면 다음 단계로 나아간다. 알고 가는 것과 모르고 가는 것은 천지 차이다.

학습 마무리

반짝 떠오른 아이디어를 살리는 방법부터 초기 아이디어를 평가하여 아이디어를 구체화할 지를 판단하는 기본 지식 및 태도를 알아보았다. 가장 기본은 기록이다. 아이디어 노트를 한 권 장만하여 머리맡에 놓자. 여러분이 무엇인가를 노트에 기록하는 순간부터 특허의 역사가 시작된다. 그다음은 선행기술조사 습관을 들이기다.

에피소드

칫솔질만 잘해도 구강질환의 80% 이상을 예방할 수 있다고 한다. "칫솔질만 잘해도 대부분 구강 질환을 예방할 수 있다"는 치과 의사의 말 한마디와 당시 개발하던 습관 교정 플랫폼이 머릿속에서 중첩되면서 칫솔질 습관을 측정하는 칫솔을 만들면 재미있겠다는 생각이 머리를 스치고 지나갔다.

"측정할 수 없으면 개선할 수 없다"라는 말이 떠올랐다. 새로운 측정 방법이 생기면 많은 것을 개선할 수 있겠다는 막연하지만 될 것 같은 희망이 생겨났다.

직장에 다니면서 짬짬이 칫솔 시장 조사, 아이디어 콘셉트에 대한 선행기술조사를 시작으로 개발 성공 가능성, 수익 모델 등 별도의 자금이 필요하지 않는 선에서 가능한 모든 조사를 진행했다. 어느 정도 자료를 취합하고 나서 여러 가망성 있는 비즈니스 모델 및 사업 기획서를 만들고 있던 차에, 우연히 아이디어 경진대회가 있다는 것을 알았다. 지역 예선을 거쳐 전국 본선으로 이루어진 전국 아이디어 경진대회였는데, 준비되어 있던 자료를 조금 수정해 제출했다. 그 결과 본선에서 대상을 받았다.

이때 제출한 사업계획서 중 메인 아이템은 십여 년이 지난 요즘도 국내에서는 생소한 원격 구강 건강관리 시스템이다. 코로나 팬데믹 시기에 공공구강보건 서비스로 적합한 모델이다. 이 시스템은 동작 센서를 칫솔 안에 내장하여 칫솔모가 닿는 치아 위치를 검지하고 칫솔모의 동작을 검지하는 센서 내장 칫솔, 칫솔의 데이터를 무선으로 입력받아 사용자들의 칫솔질 습관을 측정하고 교육하는 스마트폰이나 컴퓨터 같은 허브, 허브로부터 원격으로 사용자 데이터를 받아 분석하여 습관을 올바르게 수정하도록 피드백을 제공하는 서버로 구성된다. 또한 연계 보험 서비스와 소모품 판매를 연계한 비즈니스 모델도 기획했다.

창업을 준비하며 가장 먼저 한 일은 관련 아이디어를 특허로 출원하는 것이었다. 아이디어 노트를 살펴보니 '위치 감지 전동칫솔'이라고만 적혀 있었다. 초기 아이디어를 칫솔질하는 치아와 방향을 검지하여 칫솔질 시간을 측정하도록 구체화해 응용하기로 했다.

사실 이때까지만 해도 나는 전동칫솔을 한 번도 사용해보지 못했다. 인터넷으로 전동칫솔을 검색해보니 전동칫솔의 핵심 기능인 진동 구현 방식에 다양한 방법이 있었다. 게다가 미백효과, 마사지 효과 등 다양한 진동 모드를 제품에 채용하는 추세였다. 전체적인 기술 트렌드는 진동 강도를 올리는 방향으로 진화되고 있었다. 그런데 사용자의 순응도를 높이는 기술은 없었다. 기존 제품들은 칫솔질을 매일 성실하게 한다는 가정하에 치석 제거 효율을 높이는 방향으로 진화되어 왔던 것이다.

스마트 전동칫솔은 주력 아이템이 아니었기에 시간이 날 때마다 가끔씩 시장 자료를 보고 특허 명세서에 쓰일 도면들을 파워포인트로 만들었다. 이미 수동칫솔 관련 특허출원을 목적으로 특허 선행기술조사를 외주로 완료했기에 별도의 특허 선행기술조사는 하지 않았다.

기능을 구현할 하드웨어를 블록 다이어그램으로 구성했고, 칫솔모 그림을 파워포인트를 이용하여 일일이 그렸다.

▶ 아이디어 구현 예상 H/W 블록도

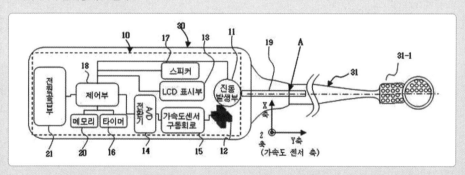

전동칫솔의 선두 주자는 필립스와 P&G였기에 틈만 나면 이들의 홈페이지에 들어가서 사용자 후기를 보았다. 어느 날 '전동칫솔에 내장된 다양한 진동 모드가 현재에는 수동으로 선택하게 되어 있는데, 자동이면 좋겠다'는 댓글이 눈에 들어왔다.

정상 모드, 미백 모드, 마사지 모드, 잇몸 보호 모드들을 자동으로 변환해도 별 의미가 없을 텐데 하다가, 칫솔질 방법을 배우면서 알게 된 횡마법(전후로 칫솔질하는 방법)이라는 부작용이 있는 칫솔질 방법이 있는데, 칫솔질하는 치아 위치별로 진동 강도를 자동으로 조절한다면 부작용을 줄일 수 있겠다는 생각이 들었다.

전동칫솔 진동 강도가 높아질수록 플러그 제거 효율은 높아지지만, 잇몸 건강에는 좋지 못하다. 해결 방법은 간단하다. 잇몸과 닿은 부위를 닦을 때는 진동 강도를 약하게 하고 음식물을 씹는 치아면(교합면)을 닦을 때는 진동 강도를 높게 자동으로 바꿔주면 된다.

'그럼 칫솔모의 위치가 치아의 씹는 면인지 잇몸과 닿은 면인지를 검지하면 되겠네!'

간단하게 스스로 아이디어를 평가해보니 동작 센서를 내장하면 반드시 채용될 괜찮은 아이디어 같았다. 향후 기술 트렌드도 센서가 내장될 것 같은 감이 있었다. 시장 조사 과정에서 사업성이나 시장성은 낮다고 판단되었다. 하지만 독창성이나 구현성은 충분히 높았다. 비용을 줄이는 차원에서 직접 특허출원을 진행했다.

기존에 없던 치아를 골고루 닦게 해주는 기능, 잇몸을 보호해주는 기능을 정리해 출원 명세서를 직접 작성했다. 명세서 작성 시 필요한 부위별 명칭 및 작성 방법은 키프리스에서 '전동칫솔'을 키워드로 검색하여 참조했다. 특허청 대표전화로 문의하여 전자출원 방법을 배워 '칫솔모 위치 검지 기능을 가진 전동칫솔 및 위치 이동 안내 방법'을 직접 출원했다.

이렇게 명세서의 질은 떨어지지만 심사청구를 하지 않고 직접 출원하니 개인 발명가 자격으로 감면받아 14,400으로 출원을 마칠 수 있었다.

Q&A

Q 초기 아이디어 착상 시점부터 구체화된 해결책을 같이 고안해냈을 때는 어떻게 해야 하나요?

특허로 등록될 가능성이 있다면 선행기술을 간단히 검색한다. 검색 결과를 근거로 발명을 평가하고 구체화 여부를 판단하면 된다. 아이디어를 구체화해보고 싶다면 3장을 다시 한번 읽어보자.

Q Q. 연구노트는 꼭 규정에 맞게 써야 하나요?

연구노트를 쓰는 이유는 아이디어 기록, 발명 연속성 유지, 연구 노하우 전수, 지속성 유지가 가능하다는 데 있다. 연구노트의 장점을 논하면 한도 끝도 없다. 하지만 현실적으로 개인 발명가 또는 중소기업에서 연구노트 규정을 맞추어 작성하기는 쉽지 않다. 형식에 치중하기보다는 기본에 충실하게 기록하는 것부터 시작하자. 원칙적으로는 규정에 맞게 쓰는 습관을 들이도록 해야 한다. 혹시 훗날 최초 발명자를 가름할 증빙자료로 쓰일지 누가 알겠는가!

Q 선행기술조사가 어려운 것 같아요. 초기 아이디어 단계에서는 어느 정도의 조사를 진행해야 하나요?

초기 아이디어 단계에서는 구글 제품 검색과 키프리스 특허 검색을 이용하면 된다. 물건을 인터넷에서 구매할 때처럼 가벼운 마음으로 진행하자. 몇 번만 해보면 감이 잡힐 것이다. 이후에 아이디어를 구체화하기로 마음을 먹었다면, 상세 선행기술조사를 진행하면 된다.

아이디어 구체화하기

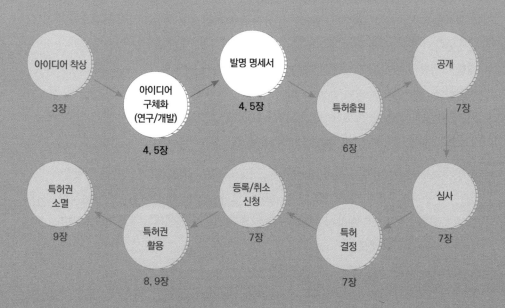

☐ **학습 목표**	아이디어의 간이 평가를 진행해 특허 가능성이 있다고 판단된다고? 그렇다면 아이디어를 구체화하자. 아이디어 구체화는 연구 테마를 결정하고 연구기획 또는 상품기획을 하는 단계와 유사하다. 아이디어 구체화에 많은 시간과 자원을 투자해야 다음 단계로 넘어가서 소요 경비를 아낄 수 있고, 나아가 성공률 및 사업화 가능성을 높일 수 있다. 본격적인 상세 선행기술조사를 진행해 돈 되는 아이디어를 평가하는 방법을 알아보자.
☐ **학습 순서**	**1** 상세 선행기술조사 방법 **2** 상세 선행기술조사 체험 **3** 아이디어 차별성 판단하기 **4** 아이디어 구현 가능성 판단하기 **5** 발명 정리 및 평가하기

4.1 상세 선행기술조사 방법

선행기술조사는 아이디어 창출 단계부터 등록된 특허권 활용까지 다양한 목적으로 수시로 진행된다. 아이디어를 구체화하여 연구개발 기획을 하는 단계에서는 아이디어와 발명에 대한 경쟁사의 특허 침해 여부 파악, 문제에 대한 다양한 구현 방법 비교, 회피 설계가 주요 목적이다. 부가적으로 아이디어의 기술적 시장적 가치 판단, 시제품에서 발명 발굴 및 평가, 권리 확보 준비 등이 있다. 간단 선행기술조사(3.5절)는 기본 개념이 같은 선행기술을 판단하는 것까지, 상세 선행기술조사는 기술의 진보성까지 검토한다.

선행기술조사는 발명가가 직접 진행할 수도 있고, 외부 전문기관에 조사를 위임할 수 있다. 특허 정보진흥센터, 윕스, 케이티지, 토탈리프 등 특허청에 등록된 선행기술조사 기관 또는 특허법률사무소를 활용하면 된다. 출원 전 단계에서 진행되는 선행기술조사비는 30만 원 내지 60만 원 정도다.

여기서는 직접 조사하는 방법을 알아본다. 선행기술조사에 유용한 키프리스 사용법도 더 자세히 알아보자.

4.1.1 상세 선행기술조사

상세 선행기술조사는 특허 정보뿐만 아니라 다양한 문헌 및 시장 조사까지 대상으로 한다. 개인 발명가 또는 중소기업이라면 이중에서 특허 정보 선행기술조사만 충실히 진행해도 소기의 목적을 달성할 수 있다.

특허 정보를 이용한 선행기술조사 분석으로 기술, 경영, 권리 정보를 얻을 수 있다. 키워드 검색으로 일차적인 선행기술조사 및 분석만 수행해도 얻을 수 있는 정보가 적지 않다. 크게 연구개발 정보, 경영 정보, 특허 권리 정보로 나눌 수 있다.

1 경영 정보 : 경쟁사 동향, 상품 개발 흐름, 시장 진입 상황
2 연구개발 정보 : 타사 기술 개발 동향, 다양한 문제 해결 방안
3 특허 권리 정보 : 침해 예방, 회피 가능성, 내 아이디어의 특허등록 가능성, 특허의 독점성

경영정보. 경쟁사 공개공보를 분석하자. 경쟁사별 기술 동향을 파악함으로써 경영전략 자료로 활용하자.

연구개발 정보. 경쟁사 기술 동향 파악 및 기술 분야별 기술력 파악을 목적으로 공개공보 및 등록공보를 분석하여 개발 전략을 수립하자. 아이디어 발상을 지원하고 기술을 예측해 연구개발 테마를 선정하는 데 도움이 된다.

▶ 특허 정보로 얻어지는 개발 관련 정보

목적	정보 소스	분석 가능 정보	활용 분야
• 경쟁사 기술 동향 파악 • 개발 인원/ 기술 분야별 기술력	• 공개공보 • 자사 아이디어(발명)	• 자사/경쟁사 비교 • 주요 기술 분야별 자사/타사 비교 • 경쟁사별 발명자 수 추이 (특정 기술) • 부문별 중요 출원 건수	개발 전략 수립
• 아이디어 발상 지원, 기술 예측 • 기술 동향, 기술 분포, 진입 기업, • 개발 단계	• 공개공보	• 기술 동향 (특정 기술) • 자사/타사 기술 비교 (특정 기술 : 시계열 증감, 출원인별 기술, 기술 구현 방법) • 개념 검색	연구개발 (테마 선정 등)
• 발명의 점유 현황 • 기술 개발 동향 • 선행기술 파악(기술 수준, 기술 동향, 경쟁사 동향 등)	• 공개공보 • 자사 내부 자료 • 등록공보	• 자사/타사 권리 현황(출원도 포함) • 발명자 기술 동향(특정 발명자)	연구개발 (기본 기술, 요소 기술 개발)

특허 권리 정보. 또한 타사 선행기술 특허를 분석하자. 아이디어/발명이 신규인지, 제3자의 특허권에 저촉되는지, 문제 특허 회피가 가능한지, 문제 특허의 권리 상황이 나의 아이디어와 연관이 있는지 확인하자. 특허 전략을 수립하고 발명 명세서를 작성하는 데 도움이 되는 정보다.

목적	정보 소스	분석 가능 정보	활용 분야
• 신규성 확인 • 저촉/침해 방지 • 유효성 확인(이의 신청, 무효화) • 권리 상황, 권리 내용 확인 • 특허망 구축	• 공개공보, 등록공보 • 심사 이력 정보(등록 여부, 보정, 정정, 심결)	• 문제 특허 상세 검색 • 문제 특허 전문 검색	상품화, 시장 진입 가능성 판단
• 출원의 질 • 국가별 특허 레벨 • 출원 효과 • 자/타사 특허력 평가	• 공개공보 • 주요 국가 공보 • 인용/피인용 정보	• 기업별 평균 청구항 수 추이 • 기업별 출원 연도별 심사청구율 • 국가별 보유 권리 수 추이	특허 전략 수립

4.1.2 특허 정보 체계

특허 정보에서 원하는 정보를 뽑아내려면 특허 정보 체계에 대한 기본 상식이 있어야 한다. 간단하게 특허 정보 체계를 알아보자. 일차적인 특허 정보는 특허청에서 발행하는 특허 공보다. 특허 정보의 특징, 구성, 활용 제도를 알아보자.

특허 정보의 특징. 인터넷으로도 검색이 가능한 유무료 데이터베이스 제공 서비스가 있다. 따라서 누구나 손쉽게 정보를 수집할 수 있다. 정보 기재 양식이 통일되어 있으며, 전체 산업 분야를 대상으로 한다. 분류도 세계적으로 통일되어 있다(국제특허분류[1]). 단 미국은 국제특허분류와 함께 자체 특허분류[2]도 사용하며, 근래 공보에는 2013년 제정된 CPC 코드[3]로 표기한다.

---

[1] IPC(international patent classification)는 특허 문헌을 기술적 특징에 따라 분류하는 체계. 선행기술의 효율적 검색에 활용될 수 있다. 초보자에게 권하지는 않는다. IPC를 활용한 특허 검색은 키프리스에서 제공한다.

[2] UPC(United States patent classification)는 미국특허청의 독자적인 특허분류. IPC와는 다르게 기능 중심으로 분류되어 선행기술조사에 유용하다.

[3] 미국과 유럽의 특허 내부 분류 체계. IPC 등 다른 분류체계보다 최근에 만들어져 기술 발전에 따른 신규 분류가 잘 반영되어 있다. 세계 주요 국가가 IPC보다는 세분화된 CPC를 채택하는 추세다. 우리나라도 2015년부터 CPC 분류 체계를 도입했다. 최근 공보에서 (51) 국제특허 분류는 IPC에 따른 특허 분류이고, (52)는 CPC에 따른 특허 분류다.

▶ 명세서 구성

한국 명세서 구성	미국 명세서 구성
[발명 설명] • 발명 명칭 • 기술 분야 • 발명 배경 기술 • 발명 내용 • 해결하고자 하는 과제 • 과제 해결 수단 • 발명 효과 • 도면 간단한 설명 • 구체적인 발명 실시 내용 [청구범위] [요약서] [도면]	• Title of the Invention(발명 명칭) • Field of the Invention(기술 분야) • Description of the Prior Art(종래 기술의 설명) • Summary of the Invention(발명 요약) • Brief Description of the Drawings(도면 간단한 설명) • Description of the Preferred Embodiment (바람직한 실시예) • What is Claimed is (특허청구의 범위) • Abstract(요약서) • Drawing(도면)

출원일순으로 공개되며, 제3자가 보고 따라 할 수 있을 정도로 구체적으로 기재되어 있다. 기술 동향, 산업 동향, 업계 동향 파악이 가능하다.

특허 정보의 구성. 공개공보 및 등록공보는 서지 사항과 명세서 및 도면으로 구성되어 있다. 명세서는 발명의 목적(기술 분야, 종래 기술, 문제점), 구성(해결 수단, 작용, 실시예), 청구 범위, 효과로 구성된다.

출원공개 제도. 모든 출원은 우선일(출원일)로부터 1년 6개월 만에 공개된다. 따라서 선행 기술조사 때 공개 제도에 의해 발간되는 공개공보는 기본적인 검색 대상이다. (일부 예외 사항 있으나) 원칙적으로 1년 6개월 이내에 출원된 선행 특허는 검색 대상에서 누락되는 단점이 있다.

심사청구 제도. 특허를 출원했어도 출원일로부터 3년 이내에 심사청구를 해야 특허 심사를 받고 등록될 기회를 얻는다. 출원 후 3년이 지나도 심사청구를 안 한 특허출원 건은 해당 발명에 대한 권리를 포기한 것으로 간주한다. 타인이 해당 기술에 대한 특허를 받지 못하게 하는 전략적인 목적으로 심사청구 제도를 활용할 수 있다. 특허출원만하고 심사청구를 진행하지 않으면 된다. 주로 특허등록이 될 가능성이 매우 모호할 때 심사청구를 진행하지 않으면 출원인은 물론이고 제3자도 동일 발명에 대하여 특허등록을 못 받게 된다.

따라서 선행기술조사에서 해당 아이디어/발명과 유관한 특허를 발견하면 심사청구 여부와 심사청구 기한이 종료되었는지 꼭 확인해야 한다. 심사청구 기한이 종료되었다면 해당 선행 출원된 특허는 권리화가 불가능하기에 필요하면 아이디어를 차용 또는 개선하여 사용할 수 있다.

내 아이디어/발명과 유사 특허를 발견했는데 현재 심사청구 미청구 상태이고, 심사청구 기한이 3년 가까이 남았다면 어떻게 해야 할까? 해당 특허의 진행 상황을 주기적으로 모니터링해야 한다. 오래 기다릴 수 없는 상황이라면 특허출원인 외에 제3자가 심사청구를 할 수 있는 제도를 활용할 수 있다. 하지만 해당 특허출원자의 입장을 생각해보자. "누군가 내 특허의 가치를 알아봤어"라고 생각하지 않겠는가? 적극적으로 방어하게 되는 역효과를 고려해 진행하기 바란다.

4.1.3 선행기술조사 범위

선행기술조사 범위는 아이디어 종류, 조사 목적, 구체화 정도에 따라 그 범위가 달라진다. 아이디어를 구체화하는 단계이므로 상세 선행기술조사를 진행한다. 공보를 분석해 키워드를 검증하고 및 아이디어 콘셉트 변경에 따른 키워드를 조정한다. 보완된 키워드를 근거로 국내뿐만 아니라 해외 특허 조사까지 범위를 넓혀야 한다. 또한 신규성 위주로 판단했던 간단 선행기술조사에 진보성 검토까지 고려하여 조사를 진행해야 한다.

조사 범위는 아이디어 종류, 규모, 혁신성 등에 따라 다르다. 항목별로 살펴보자.

아이디어 종류에 따른 조사 범위. 간단한 생활 개선 아이디어도 있고, 복잡한 문제나 최신 기술을 혁신하는 아이디어도 있다. 간단하다고 적은 돈을 벌거나 혁신성 높다고 꼭 큰돈을 버는 것도 아니다. 내 아이디어가 어떤 부류에 속하는지 파악하여 조사범위를 정해야 한다. 일반적으로 간단한 아이디어보다 규모 있는 아이디어의 선행기술조사 범위는 더 광범위하다.

규모에 따른 조사 범위. 규모가 작은 아이디어라면 주요 기능에 대한 키워드를 선정하여 선행기술을 조사하면 된다. 구글 검색 및 키프리스 검색만으로도 충분하다. 3장에서 다룬 간단 선행기술조사에서 언급된 '빗물 튀김 방지용 신발'의 키워드가 '비', '튀김', '방지', '구두창'이었다면, 동일 키워드로 키프리스의 해외 특허 검색까지 대상을 넓혀서 검색하되 2

장에서 다룬 공개공보 분석 방법을 활용하여 조사하자. 또한 키워드 조합을 '빗물 튀김 방지용 신발' 또는 '물 안 튀기는 신발' 등으로 다양하게 수정하며 검색하면 된다.

반면 아이디어 규모가 방대할 때는 두 가지 접근 방법을 취할 수 있다. 아이디어 규모가 크고 기존에 없던 독창적인 접근 방법이라면 '콘셉트를 특허화'할 수 있는지에 선행기술조사를 해야 한다. 역경매 방식, 인터넷을 이용한 교육 방식 등 비즈니스 모델[4] 발명이 이에 해당한다. 핵심 키워드로 국내와 미국에서 검색하면 된다. 반면 규모는 크지만 독창성이 모호할 때는 광범위한 선행기술조사를 팀 규모로 진행해야 한다. 그래야만 추후 특허로 인해 발생할 위험 요소를 줄일 수 있다.

사업화 결과물에 따른 조사 범위. 사업화 방안에 따라서도 조사 범위가 다르다. 예를 들어 '빗물 튀김 방지용 신발'로 사업화까지 생각한다면 신발을 제조하는 방안, 깔창이나 구두창을 별도로 만들어 판매하는 방안, 비가 튀기지 않는 별도의 액세서리를 만들어 판매하는 방안, 특허 판매 방안 등을 떠올릴 수 있다.

핵심 기능만을 제조하여 판매할 목적이라면 간단 선행기술조사에 더하여 핵심 키워드 조합으로 상세 검색을 진행하면 된다. 그러나 직접 구두, 운동화, 슬리퍼를 제조해 판매할 목적이라면 핵심 기능의 특허뿐만이 아니라 대상 제품 관련 특허까지도 조사해야 한다.

구현 방법에 따른 조사 범위. 아이디어를 구체화하여 동작원리가 분명히 설명된 발명에 법적인 보호막을 씌우는 것이 특허다. 구체화하는 방법에 따라 물건 발명, 방법 발명, 공정 발명으로 구분할 수 있다. 방법 발명이라면 해당 발명을 제대로 커버할 수 있도록 키워도 선정에 더 유의해야 한다.

혁신성에 따른 조사 범위. 기존 시장에서 혁신성이 있는 아이디어/발명으로 도전한다면 상세 선행기술조사를 추진해야 한다. 특허 분쟁이 많고 문제 특허가 많다면 사업화보다는 해당 아이디어에 대한 특허망[5]을 구축하여 훗날 특허권을 활용하는 전략을 고려해보자. 기존 사업 영역이 없고 새로운 사업 영역을 창출하는 아이디어/발명이라면 특허 가능성을 상세히 파악해야 한다. 새로운 콘셉트에 대한 선행기술조사는 권리범위가 넓지만 유사한 콘셉트

---

4 새로운 아이디어로 비즈니스 모델을 설정하고, 필요한 데이터 집합 및 속성을 규정하고, 시계열 데이터 처리 과정을 제시해 산업에서 이용할 수 있도록 한 발명(비즈니스 모델 + 데이터 모델 + 과정 모델)

5 관련된 여러 특허를 출원하는 것

가 이미 있다면 오히려 쉽게 찾을 수 있다. 선행기술이 없다고 판단되면 특허등록에 자원을 많이 투자하여 반드시 확보하자. 그 이후에 개발을 진행하면서 특허망을 구축하면 된다.

4.2 상세 선행기술조사 체험 : 키프리스

3장에서는 간략히 키프리스를 소개했다. 이번에는 구체적으로 키프리스를 활용하여 기본 사항 및 해외 선행기술을 조사하는 방법을 알아보자.

4.2.1 특허·실용신안에서 검색으로 이동하기

특허 정보넷 키프리스 홈페이지(kipris.or.kr)에 접속하자.

'특허 · 실용신안'을 클릭하자. 키프리스는 특허, 실용신안, 디자인, 상표 검색 서비스를 제공하는데, 여기서는 특허와 실용신안으로 실습한다.

▶ 키프리스 초기 화면

특허·실용신안 검색 페이지에서 제공하는 기능을 잠시 살펴보자.

▶ 특허 · 실용신안 검색 초기 창

❶은 검색어를 입력하는 창이다. 단어 검색은 출원번호, 발명의 명칭, 출원인명 등으로 다양하게 키워드를 입력하여 검색할 수 있다. 한글, 영문, 숫자 입력이 가능하다. 연산자 (AND, OR, NOT)를 이용하면 효율적으로 정확하게 조사를 할 수 있다.

❷에서 검색 대상으로 특허 및 실용신안을 선택할 수 있다. 기본적으로 둘 다 검색되도록 설정되어 있다. 선행기술조사 목적이면 특허 및 실용신안 모두 선택되어 있는 상태로 검색한다.

❸은 결과를 볼 수 있는 순서를 정렬하는 기준이다. 클릭하면 출원번호, 발명자 등 다양한 선택 기준이 나와 있다.

❹는 조사 범위로서 특허 정보가 공개 중인지, 무효된 것인지, 등록된 것인지를 선택한다. 등록된 건만 조사하길 원한다면 '등록'에만 체크 표시를 하면 된다. 선행기술조사 목적이면 기본으로 '전체' 설정된 상태로 검색한다.

❺를 클릭하면 고급 연산자를 참조할 수 있다.

▶ 검색 옵션 사례[6]

구분		내용	검색 사례	검색 결과
단어 검색		특정 단어가 포함된 특허·실용신안 검색	칫솔	'칫솔'이 들어간 모든 특허 정보가 검색된다.
구문 검색		검색어가 순서대로 인접하여 나열되어 있는 특허·실용신안 검색(공백과 복합명사, 조사, 특수문자가 포함된 경우도 검색)	"전동칫솔"	'전동칫솔'이 들어간 모든 특허 정보가 검색된다.
논리 연산	AND 연산(*)	입력된 키워드가 모두 포함된 특허·실용신안 검색	자동*전동*칫솔	'자동', '전동', '칫솔' 세 단어가 들어간 모든 특허 정보가 검색된다.
	OR 연산(+)	입력된 키워드 중 한 개라도 포함된 특허·실용신안 검색	칫솔+치실	'칫솔' 또는 '치실' 중의 한 단어 이상 포함된 특허 정보가 검색된다.
	NOT 연산(!)	입력된 키워드 중 NOT(!) 연산자 뒤의 키워드는 포함하지 않게 검색할 때 사용한다. 주요 키워드로 검색해 많은 검색 결과가 나오면 사용한다. 일차 검색 결과에서 원하지 않는 자료들을 검토하여 이 자료들의 공통 키워드를 찾아내어 사용해야 한다. 그러나 검색 대상에 해당되는 자료들도 검색에서 제외될 수 있는 단점이 있으니 주의하여 사용한다. 단독으로 사용할 수 없고 AND(*) 연산과 함께 사용해야 한다.	칫솔*!전동	'칫솔'로 검색된 결과에서 '전동' 키워드를 포함한 정보를 제외한 결과를 보여준다. 전동칫솔을 제외한 수동칫솔만 검색하고 싶을 때 사용할 수 있다. 참고로 전동칫솔은 전기칫솔로도 혼용되어 사용되니 주의하자.
	NEAR 연산(^)	첫 번째 검색어와 두 번째 검색어의 거리가 1단어(^1), 2단어(^2), 3단어(^3) 떨어진 특허·실용신안 검색(3단어까지만 지원하고 단어의 순서를 고려하여 검색함)	자동^1칫솔	'자동 전기칫솔', '자동 전동칫솔' 등이 포함된 특허 정보가 검색된다.

6 원본 출처 www.kipris.or.kr. 각색

4.2.2 검색해보기

검색창에 '빗물이 튀지 않는 신발'을 입력하고 ❷ 돋보기를 클릭하자.

그러면 다음 그림과 같이 빗물*튀지*않는*신발이 모두 들어간 특허 검색 결과가 나타난다.

▶ 샘플 검색 결과 화면

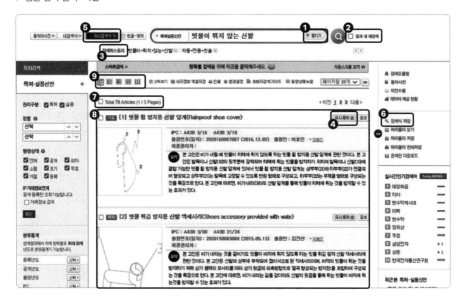

❶ 검색식이 길 때는 [펼치기]를 클릭하자. 그러면 입력 창이 커진다.

❷ 결과 내 재검색을 체크한 후에 검색식을 입력하면, 이전에 실시한 검색 결과 내에서 다시 검색이 가능하다.

❸ 최근에 검색했던 검색어가 검색 히스토리에 기록된다. 검색 히스토리에 있는 해당 키워드를 클릭하면 편리하게 이전에 실시했던 검색을 다시 할 수 있다. 검색어 우측 ⓧ를 눌러 삭제도 가능하다.

❹ 검색된 각 특허와 유사도가 높은 상위 10건의 특허 정보를 제공한다. 유사도를 퍼센트 (%)로 표시한다.

❺ 유사 검색식은 찾고자 하는 검색어를 포함한 검색식을 제공하여 근접한 검색 결과를 얻는 데 유용하다. 키워드를 입력하면 유사한 검색식이 다수 나오게 되는데 이중 비슷한 것을

선택하면 검색식이 자동으로 검색창에 입력이 된다. 이 상태에서 돋보기를 클릭하면 더 정확하게 검색을 수행할 수 있다.

이 기능을 이용하여 내가 가진 아이디어의 IPC 코드도 알 수 있고, 알지 못했던 다양한 유사 키워드도 확인이 가능하여 키워드 선정 및 보완에도 도움을 받을 수 있다.

❻ 검색식은 저장이 가능하여 추후에 다시 사용할 수 있다.

❼ 검색된 총 건수를 나타낸다. 물이 튀지 않는 신발을 검색했을 때 총 79건이 검색되었다. 검색 건수가 많다고 생각되면 핵심 키워드를 추가하여 검색한다. 검색 건수가 너무 적으면 키워드를 조금 더 넓게 입력하여 검색한다.

❽ 검색 결과 목록이다.

❾ 검색 결과를 보는 방식을 다양하게 선택할 수 있다. 검색 결과를 대표 도면과 함께 보고 싶다면 현재 화면과 같은 기본 설정인 '기본 보기'를 이용하면 된다. 서지정보를 보고 싶다면 '서지정보 보기', 요약과 함께 보고 싶다면 '요약 함께 보기', 대표 도면만 모아서 보고 싶다면 '대표 도면 보기'를, 각 건에 도시된 모든 도면을 보고 싶다면 '도면 일괄 보기'를 선택한다. 기구, 기계 도면 등 아이디어의 특징이 눈에 보이는 것이라면 대표 도면 보기를 선택하여 검색 결과를 보는 것이 유리하다.

4.2.3 검색 결과 목록 엿보기

검색 항목마다 어떤 내용이 요약되어 제공되는지 살펴보자.

▶ 검색 결과 리스트

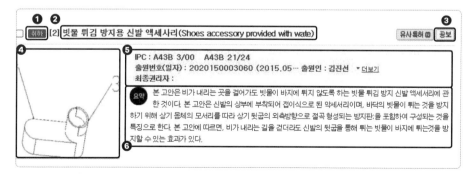

❶ 해당 건의 행정 상태를 나타낸다. 해당 건은 취하된 상태로서 등록될 가능성이 없으므로 침해 문제는 없다.

❷ 발명의 명칭이다. 발명의 명칭이 구체적으로 기재된 경우에는 발명의 명칭만으로도 내 아이디어와의 유사성을 개략적으로 판단할 수 있다.

❸ '공보'를 클릭하면 구체적인 자료를 볼 수 있다. 발명의 명칭 및 요약으로 유사하다고 판단되면 공보를 자세히 보고 내 아이디어와의 유사성을 판단해야만 한다.

❹ 대표 도면이다.

❺ 서지 사항 중 IPC 및 출원일자 등이 표시된다.

❻ 요약 내용이다. 발명의 명칭과 요약 내용을 보고 신규성 및 유사성을 판단하고, 유사하다고 판단되면 공보를 상세히 보고 비교 검토해야 한다.

4.2.4 공보 상세 정보 엿보기

앞 그림에서 ❸ 공보를 클릭하면 상세정보 창이 뜬다.

특허등록공보라면 상세정보, 공개전문, 공고전문, 등록사항, 통합행정정보 정보를 제공한다.

❶ 상세정보에는 서지 사항, 인명 정보, 행정 처리 이력, 청구항, 지정국, 인용/피인용, 패밀리 정보, 국가 연구개발 연구정보 항목이 있다.

❷ 공개전문 또는 ❸ 공고전문에서는 특허의 공개공보 및 등록공보를 확인할 수 있다. 전체 특허 명세서를 검토하려면 이 공보를 내려받아 검토해야 한다.

❹ 등록 사항은 등록 권리자 및 연차료 납부 여부를 보여준다. 정확한 자료를 파악하려면 등록 원부를 발급받아야 한다.

❺ 통합 행정 정보는 특허출원서부터 의견제출통지서, 보정서 등 심사이력 정보를 포함하는 구체적인 행정 정보다.

그런데 아래는 등록이 되기 전에 취하된 건이라 ❶ 상세정보, ❷ 공개전문 ❸ 통합행정정보만 보인다. 기본으로 ❷ 공개전문을 보여준다.

▶ 공보

❶ 상세정보를 클릭해 각 항목에서 제공하는 정보를 확인하면 된다. 상세정보에서 제공하는 항목(❷)은 다음과 같다.

- 서지정보 : 해당 특허의 일반적인 정보를 보여준다.
- 인명정보 : 출원인, 발명자, 대리인, 최종 권리자를 보여준다.

- 행정처리 : 특허출원부터 해당 건의 이력을 처리 상태를 포함하여 보여준다.
- 청구항 : 청구항 전항을 보여준다.
- 인용/피인용 : 해당 건이 심사받으면서 심사관이 의견제출통지서에 첨부한 인용문헌을 바탕으로 인용 건을 제공한다. 피인용은 본 건이 타 특허의 심사 도중 인용되었을 때 제공한다.
- 패밀리정보 : 어떤 나라에 특허를 출원했는지를 알려준다.
- 국가 연구개발 연구정보 : 정부의 연구개발 지원비를 받아 특허를 출원한 경우 이를 표시해준다.

4.2.5 해외 특허 검색

해외 특허를 검색하려면 키프리스의 초기 화면에서 '해외 특허'를 클릭하면 된다.

국가는 미국, 유럽(EP), PCT(WO), 일본, 중국 외에도 더 보기를 누르면 추가 국가를 지정해 검색할 수 있다. 상세정보에서는 요약을 한글로 자동 번역하여 제공하니, 도면 및 요약 번역본을 보고 검토하면 된다. 한글 키워드로도 일부 검색은 되지만 정확도를 고려한다면 영문 키워드로 검색하기 바란다.

▶ 키프리스 해외 특허 검색 초기 화면

4.3 아이디어 차별성 판단하기

선행기술조사 결과, 내 아이디어/발명과 동일하거나 유사한 타인의 특허출원이나 제품/서비스를 발견했는가? 그렇다면 특허로 등록받기가 어렵다. 특허로 등록되려면 내 아이디어를 타인의 아이디어와 다르게 만드는 차별성이 필요하다. 그런데 아이디어는 어떻게 차별화되는가? 차별화된 아이디어를 심사하는 기준이기도 한 신규성과 진보성을 알아보자. 이걸 알아야 차별화도 가능하다.

신규성은 아이디어가 선행기술과 동일한지를 판단한다. 동일한지 판단하는 일은 비교적 어렵지 않으므로 진보성에 대해서만 자세히 알아보겠다.

4.3.1 진보성 판단 기준

진보성이란 해당 기술 분야에서 통상의 지식을 가진 자가 선행기술을 이용해서 해당 발명을 용이하게 구현할 수 있는지 여부를 의미한다. 용이하게 구현할 수 있다면 진보성이 없는 것이다. 진보성을 심사하는 이유는 용이하게 구현이 가능하다면 특허권 난립으로 분쟁이 유발될 가능성이 크고, 창의적인 발명보다는 모방 발명에 치중하게 되어 기술 발전을 기대하기 어렵기 때문이다.

그렇다면 선행기술과 내 아이디어/발명과의 진보성은 어떻게 판단하는가? 발명의 목적, 구성, 효과를 기초로 목적의 특이성, 구성의 곤란성, 효과의 현저성 유무에 따라 진보성 여부를 판단한다. 실질적으로는 발명의 실체인 구성의 곤란성을 공지된 발명과 대비하여 판단한다.

진보성 또는 차별성 판단은 동일하거나 유사한 선행기술을 찾았다는 것을 전제조건으로 한다. 키워드로 특허공보를 분석할 때는 먼저 발명 목적, 즉 해결 과제가 동일한지를 찾아야 하며, 목적을 구현하는 방법의 구성요소를 요소별로 나열하여 내 아이디어와 비교해 판단하면 된다. 효과가 동일하거나 비슷한지도 판단해야 한다.

신규성은 하나의 선행기술에 기재된 구성요소와 발명의 구성요소를 비교하여 판단한다. 진보성 판단은 신규성이 있다는 판단을 전제로 하기 때문에 통상 하나 이상의 선행기술을 동시에 인용하여 각 선행기술에 기재된 기술을 조합 또는 결합해 쉽게 구현 가능한지를 심사관이 판단한다. 예를 들어 연필과 지우개를 일체화한 발명은 실제로 미국에서 특허등록이 되었지만 추후에는 무효가 되었다. 이렇게 진보성이란 다분히 심사관의 주관적인 판단이 가미되는 것으로 어떻게 내 아이디어를 꾸미느냐에 따라서 문제를 극복할 수 있는 여지가 있다. 따라서 아이디어가 여전히 가치가 있다고 생각이 된다면 진보성을 염려하지 말고 발명 명세서를 작성해보기 바란다.

4.3.2 진보성 추정표 작성하기

발명가 또는 사업가들이 진보성을 추정할 수 있는 표 작성법을 알아보자. ❶ 명칭 → ❷ 목적 → ❸ 구성 → ❹ 효과 → ❺ 결론 순서로 적으면 된다.

▶ 진보성 추정표

항목	해당 아이디어	선행기술 1 특허 제 호 (출원일 : 공개일 :)	선행기술 2 특허 제 호 (출원일 : 공개일 :)	비고
❶ 명칭				
❷ 목적				
❸ 구성	A	A		
	B	B		
	C		C	
	D		D	
❹ 효과				
❺ 결론				

먼저 아이디어 ❶ **명칭**과 선행기술의 ❷ **목적**을 기입한다. 혹시 아이디어가 새로워서 선행기술을 못 찾았다면 대체품이 될 수 있는 경쟁 제품이나 서비스 자료를 찾아 기입한다. 동일 또는 유사한 선행기술을 발견하지 못했다면 (세상에 없는 게 아니라) 못 찾았다고 생각해야 한다. 완전히 새로운 발명은 (거의) 없다고 보면 된다.

이어서 ❸ **구성**을 적는다. 아이디어를 구체화하고 발전시키면 아이디어를 더 명확히 구분 지을 수 있어 핵심 구성요소도 명확해진다. 핵심 구성요소가 아닌 나머지는 부가적인 구성 요소로 구분한다. 이렇게 구분된 구성요소를 중요도에 따라 구분하여 기입하면 된다. 이어 서 선행기술의 구성요소를 기입한다.

❹ **효과**를 기입하고 비고란에 구성요소별 차이점을 기입한다. 선행기술 1과 선행기술 2를 결합하여 해당 아이디어를 쉽게 생각해낼 수 있는지 여부를 ❺ **결론**에 기입하여 목적, 구성, 효과의 차별성을 판단하면 된다. 발명의 상업적 성공 등도 진보성 판단에 보조적으로 참고할 수 있다.

셀프 차별성 판단 목적은 단순히 출원 여부 판단을 넘어, 더 효과적이고 강력한 아이디어를 만드는 데 있다. 차별화 포인트를 추가하거나 강화할 수 있는 기회를 만들기 바란다.

이왕 차별성이 언급되었으니 차별성도 살짝 살펴보자. 차별성 판단의 기본 기준은 과제의 신선함, 구현하는 구성의 상이함, 발명 제품/서비스의 특이한 효과 관점에서 보면 된다. 아이디어가 해결하는 과제의 신선함과 가치가 높다면 아이디어 발상을 추가로 진행하여 구체화한다. 전혀 다른 새로운 아이디어를 만들어내는 것보다 효과적이다.

4.4 아이디어 구현 가능성 판단하기

특허로 등록받으려면 실현할 구성 및 효과가 구체적이어야 한다. 게다가 자연법칙을 이용한 기술적 사상의 창작으로 고도한 것이어야 한다. 이러한 요건을 갖추고도 특허로 등록받기 어려운 아이디어/발명이 있다. 실시가 불가능한 발명이거나 반복 실시가 불가능한 발명이다. 때로는 특허로 등록을 받더라도 실제 사업화하기가 불가능한 경우도 있다.

아이디어의 구현 가능성은 특허 대상인지, 구현은 가능한지, 실물로 구현되어 사업화가 가능한지 관점에서 접근해야 한다.

4.4.1 특허로 등록 가능한가?

기본적인 신규성, 진보성은 선행기술조사로 판단한다[7]. 나머지 검토 항목은 짧게 정리하고 넘어가겠다.

1 수학자이자 천문학자였던 바스카라는 1150년 최초로 영구기관을 언급했다. 아이디어는 획기적이었지만 결국 무한동력 실현에 실패했다. 이를 시초로 많은 학자가 영구기관의 가능성을 믿으며 연구를 진행해왔다. 이는 자연법칙에 위배되는 것으로 자연법칙을 이용하지 않은 무한동력 장치 등은 특허 대상이 아니다.
2 정신활동을 이용한 영업 방법과 단순 정보를 제공하는 데이터베이스는 자연법칙을 이용하지 않아 특허 대상이 될 수 없다.
3 문학, 연극, 음악, 예술적 창작 자체도 특허 대상은 아니다. 단, 무대 장치 또는 예술 창작 중 움직임을 제어하는 기계 장치 등은 특허 대상이다.
4 도박에 사용되는 장치나 지폐 위조기와 같은 발명은 공공질서 또는 선량한 풍속을 문란하게 하거나 공중의 위생을 해할 염려가 있어 특허 대상이 아니다.
5 인체를 대상으로 하는 수술, 치료, 진단 방법은 특허 대상이 될 수 없다. 그러나 수술 기구, 장치나 치료 또는 진단 장비는 특허 대상이다.

4.4.2 실제로 기술적 구현이 가능한가?

초기 아이디어는 좋지만 실제 이를 구체화하다 보면 동작이 안 되는 아이디어도 적지 않다. 실제로 구현이 가능할지 판단은 직접 연구개발을 하거나 논문 등 기술 정보를 분석해 이루어진다. 핵심은 개념을 기술적으로 증명하고, 구체적으로 기술을 명시하고, 제대로 서면으로 기재할 수 있느냐다.

새로운 개념을 기술적으로 증명할 수 있는가? 새로운 개념은 기존의 알려진 기술들을 조합하여 이론만으로도 증명이 가능한 경우와 반드시 시제품을 만들어 증명하거나, 실험을 통해서만 증명이 가능한 경우로 나누어진다.

연필에 지우개를 더한 간단한 아이디어라면 간단한 도면만으로도 충분히 증명이 가능하

---

[7] 4.1절 '선행기술조사 방법'과 4.3절 '아이디어 차별성 판단'하기 참조

다. 반면 전화기 발명자인 벨과 백열전구 발명가인 에디슨은 아이디어를 구체화하여 기술적으로 증명했다.

구체적인 기술 수단을 기재할 수 있는가? 아이디어가 간단하거나, 해당 분야의 지식이 풍부하다면 아이디어를 구체화할 수 있는 기술 수단, 구성을 어렵지 않게 기재할 것이다. 전문성 부재로 현 단계에서 어렵지만 아이디어 개념 증명이 가능하다고 판단되면, 연구개발을 진행해 발명을 완성하여 구체적인 기술 수단을 작성하면 된다. 선행기술조사를 진행하면 다른 발명이 어떻게 문제점을 해결했는지를 확인할 수 있다.

구체화된 기술 수단이 서면으로 잘 기재되었는가? 실제로 발명을 완벽하게 구현했다 하더라도 특허 명세서에 기재된 내용이 해당 분야의 통상 지식을 가진 제3자가 참조하여 발명 내용을 구현할 수 없다면, 기재불비로 특허를 받을 수 없다. 따라서 특허 명세서에 구체화 방법을 충분히 상술하고, 다양한 실시예를 추가하는 것이 좋다. 기술 수단을 구체적으로 제대로 작성하는 능력은 기본이다.

4.4.3 돈 벌 수 있는가?

실제로 시장에서 돈이 되는지 판단하자. 간단하게라도 아이디어 특성, 시장 상황, 재무 상황을 검토하면 된다.

아이디어 특성 검토. 단독으로 개발 가능한지, 공동 개발해야 하는지를 고려해야 한다. 개발 방법, 개발비, 개발 기간, 개발 전략도 고려해야 한다. 발명자의 역량 대비 아이디어 특성을 비교하여 판단하면 된다. 사업화를 하지 않을 생각이면 특허 판매 전략을 고려해야 한다. 또한 시장에서 다양한 기회를 가지고 있는지, 확장성이 있는지에 따라 아이디어 개발 전략이 달라질 수 있다. 특성을 제대로 판단해 돈이 되는 특허로 등록하자.

시장 상황. 트렌드에 부합하는지를 판단해야 한다. 사업화한 결과물에 대한 실제 수요가 있는지, 수요에 대한 판매 준비가 가능한지, 기존 경쟁자와 차별화가 가능한지를 분석해야 한다. 또한 반복 구매 가능성이 있는지, 소모품 판매 가능성, 발명의 생애주기도 고려해야 한다.

시장 상황을 판단하는 첫 번째 기준은 고객 요구에 부합되는지다. 해당 아이디어가 시장에 이미 촘촘하게 엮여져 있는 가치 사슬에 어떻게 부합될지도 판단해야 한다. 고객들이 기존의 제품이나 서비스에 불편을 느끼고 새로운 것을 원하고 있다면 아이디어 제품이나 서비스는 비교적 빠르게 시장에 안착하게 된다. 반면에 소비자의 생활 습관을 변화시켜야 하는 전혀 새로운 기술이나 서비스에 대한 아이디어는 넓은 청구범위로 특허등록될 가능성은 높으나 상대적으로 고객들을 교육하고 이해시키는 데 많은 비용과 시간이 필요해 사업화가 용이하지 않다.

기술의 생애주기도 살펴봐야 한다. 수명이 너무 짧으면 아이디어를 근간으로 새로운 사업이나 아이디어가 지속적으로 나올 수 있는지도 생각해봐야 한다. 특히 첨단 기술 분야는 의외로 생애주기가 짧을 수 있다.

국가마다 규제가 다르다. 특허로 등록되었다고 하여도 실제로 사업을 못하게 되는 경우도 있으니, 아이디어가 위법하지는 않은지도 검토해야 한다. 특히 비즈니스 모델 특허는 법률적 규제나 관행으로 인하여 불용 특허가 되어버리는 경우가 많으니 주의하자.

재무 상황. 아이디어의 개발 비용, 제조 비용, 마케팅 비용 등 사업화에 필요한 자금 조달 방법을 고려하고 지속적인 자금조달 가능성 및 수익 창출 가능성, 이익 수준을 개략적으로도 살펴야 한다. 이는 일종의 간단한 기술적 타당성 조사라고도 할 수 있다.

4.5 발명 정리 및 평가하기

지금까지 착실하게 선행기술조사를 진행해 아이디어 차별성을 마련했다면 아이디어의 현 상태를 정리할 필요가 있다. 아이디어를 정리하고 평가해보자.

4.5.1 아이디어 구성요소 정리하기

아이디어 구성요소는 필수와 부가 요소로 구분할 수 있다. 해결 과제를 구현하는 데 필요한 최소한의 필수 구성요소를 정하자.

현 상태로 아이디어 개념 검증이 가능하고 기술적 구성요소를 서면으로 기재가 가능하다면 선행기술과 차별되는 특징을 추가 발굴하여 필수 구성요소에 추가한다. 아이디어 범위는 줄어들겠지만 차별화 포인트의 효용성에 따라 좋은 아이디어로 변신할 수 있는 장점이 있다. 차별화 포인트 발굴은 곧바로 도출하거나 보류할 수 있는데 이 시기는 발명자의 아이디어 가치 판단에 따른다. 선행기술과는 차이점이 있지만 가격, 편리성, 시장 요구 측면 등에서 장점이 없다면 진행을 안 하는 것이 좋다(전략적인 특허출원이 필요하다면 출원을 할 수도 있다).

추가적인 개념 검증이 필요한가? 비교적 간단한 실험실 수준의 연구로 증명이 가능하다면 구현 가능성 테스트feasibility test를 진행하여 개념을 증명하고 이를 근거로 필수 구성요소를 정하면 된다. 이때 테스트 결과는 반복 가능해야 한다.

현 단계에서도 개념 검증이 안 되고, 어떻게 개념 검증을 해야 할지도 모르겠는가? 그렇다면 구체화에 필요한 자료를 수집하고 선행 연구도 필요한 단순 아이디어 상태다. 처음부터 검토를 다시 하자.

4.5.2 돈 되는 아이디어 기준

아이디어를 평가하는 궁극적인 평가 기준은 '돈을 얼마나 벌어오는가'다. 그렇다면 어떤 아이디어가 돈을 부를까?

- 특정 제품에만 사용되는 기술보다는 여러 제품, 다양한 제품에 공통적으로 사용되는 발명(용도)
- 해결 수단의 구성요소가 모두 외부에서 판단할 수 있도록 드러나 있는 발명(침해 증명 용이)
- 동일 과제를 해결한 여러 해결책 중 내 해결책을 택할 정도로 장점이 많은 발명(간단한 구조, 비용 절감, 편리성 증대 등)
- 해결 과제(목적)를 모든 사람이 원하는 발명

이 중에서 하나에만 해당되어도 돈 되는 아이디어다.

간단히 돈 되는 아이디어를 판단하는 기준으로 알아봤으니, 사업 주체의 규모별로 세부 평가 항목을 살펴보자.

4.5.3 개인, 중소기업의 자가 아이디어/발명 평가

평가표를 이용하면 비교적 객관적인 평가를 진행할 수 있다. 항목별로 가점을 정하여 점수화할 수도 있다. 추가적으로 무엇을 더 검토해야 하는지 파악하는 기회로 삼기 바란다.

가능한 모든 국가에 출원하는 A급은 95~100점, 주요 전략 해외 국가에 출원하는 B급은 85~94점, 미국 출원만하는 C급은 75~84점, 국내 출원만 진행하는 D급은 65점 이상으로 정할 수 있다. 물론 발명 주최의 사정에 따라 정책을 조정할 수 있다.

▶ 아이디어/발명 평가표-

분류		평가 내용	평가
특허성		☐ 특허성 높음 ☐ 진보성 주장 가능 ☐ 특허성 없음	
기술성/ 경제성/ 기술 구현성	아이디어/ 발명 종류	☐ 세계 최초 선행 제품, 기술로 신규 사업 창출 ☐ 타사와 경쟁 중인 제품, 기술로 경쟁 우위 확보 확실 ☐ 기존 기술의 부분 개량 ☐ 개량된 내용 없이 타사 특허의 단순 회피 설계	
	아이디어/ 발명 효과	☐ 성능 및 특성 개선 정도 매우 획기적 ☐ 성능 및 특성 개선 정도 탁월함 ☐ 성능 및 특성 개선 정도 양호함 ☐ 성능 및 특성 개선 정도 미미함	
		☐ 생산성 증대, 원가절감 정도가 매우 획기적 ☐ 생산성 증대, 원가절감 정도가 탁월 ☐ 생산성 증대, 원가절감 정도가 양호 ☐ 생산성 증대, 원가절감 정도가 미미	
	제품 적용 시기	☐ 즉시 양산 적용 가능 상태 ☐ 연구/개발 결과 양호, 양산 이전을 위한 추가 확인 필요 ☐ 현재 연구/개발 수행 중으로 결과 미확보 ☐ 3년 내에 연구/개발 착수 예정 ☐ 3년 내에 연구/개발 착수 예정 없음	
	제품 적용 범위	☐ 하나 이상의 제품에 적용 가능 ☐ 하나의 제품군에 적용 가능 ☐ 단일 제품에 적용 가능	

타사 채용 가능성	☐ 기본 기술로 관련 제품 생산을 위한 필수 기술(표준화 기술) ☐ 타사 기술보다 월등한 특성을 보유(타사 채용 가능성이 매우 큼) ☐ 타사 기술보다 양호한 특성을 보유(타사 채용 가능성 있음) ☐ 현재 기술과 동등한 수준의 기술로 대체 기술이 많음	
예상 수명	☐ 10~20년 ☐ 5~10년 ☐ 5년 미만	
침해 판단 용이성	☐ 외관 또는 공개 자료를 통한 확인 가능 ☐ 제품/공정 분석 쉬움 ☐ 제품/공정 분석 어려움	

4.5.4 글로벌 기업의 아이디어/발명 평가표

글로벌 기업은 별도 기준에 따라 발명의 등급을 규정하고 이에 따라 출원 전략을 수립한다. 자체 발명 평가 심의위원회의 심의를 거쳐 등급에 따라 해외 출원, 출원 국가, 심사청구 여부 등을 결정한다. 글로벌 기업이 아니더라도 글로벌 기업 기준을 보면서 내 아이디어/발명이 어디에 해당되는지 가늠해보자(사내 전문가 구성이 어렵다면 사외 전문가를 포함해 심의위원회를 구축하는 방법도 있다).

A, B급 아이디어 평가 기준은 제품/서비스 기술 관련 아이디어인지 또는 선행 아이디어 관련 아이디어인지로 구분하여 평가할 수 있다. A급의 특허는 표준화 과제 등을 포함한 전략 특허로 구분하여 특별 관리 대상이며, B급 아이디어는 국내 및 해외 출원 대상으로 구분된다. C급은 기술이 선행기술 대비 우위에 있는 발명으로 국내 출원만 진행한다. 특허를 보유하기도 뭐하고 타사가 권리를 가지는 것도 원하지 않는 D급은 국내 출원을 하면서 심사청구를 하지 않는 단순 공개용 출원에 해당된다. F급은 심의위원회의 심사 결과 출원을 안 하는 포기 대상이다.

▶ 글로벌 기업의 아이디어/발명 평가표

등급	평가 기준	
	현재 또는 신규 제품/기술 관련	미래 아이디어
A급	1. 타사가 채용하지 않으면 안 되는 기본 발명 2. 최첨단 기술보다 상당히 우수한 기술. 실험에 의해 기술적 실현 가능성이 확실히 입증된 발명 3. 대규모 채용이 확실한 발명	1. 중요한 과제로서 기존 기술로 실현이 가능한 발명 2. 기본 특허가 가능한 획기적 아이디어 3. 중요 연구 테마로 채택 예정인 발명 4. 장래 당사의 중요 제품이 될 수 있는 발명
B급	1. 기술적인 우수성이 타사의 기술에 비해서 상당히 우위에 있고, 특허 권리화하면 타사의 회피가 상당히 곤란한 발명 2. 당사의 전략과 밀착된 발명. 기술적 실현 가능성이 거의 확실하거나 연구개발 계획과 연계된 기술로써 실현 가능성이 상당히 높은 발명	1. 중요 과제 • 새로운 과제 발견, 업계의 유력한 발명 • 장래의 필연적 과제의 선취 2. 기본 아이디어 • 단순하고 필연적인 규격 선점 • 재료(기술)의 교묘한 전용 • 기술의 돌파구를 제공 • 새로운 현상과 신기술 이용, 기발한 발상
C급	타사가 회피 곤란하거나, 기술적 우수성이 타사의 기술보다 비교 우위에 있는 발명	
D급	타사가 회피하기 약간 곤란하거나, 기술적 우수성이 그다지 월등하지 않음. 자사가 권리화할 필요는 없지만 타사가 권리화하는 것을 방지할 필요가 있는 발명	
F급	1. 기술성이 종래 기술과 동등하여 회피가 용이하거나, 타사의 채용 가능성이 극히 낮은 발명 2. 특허성이 없는 발명	

특히 A급에 대해서는 구체적인 핵심 관리지표를 만들어 선정 기준으로 삼고 있다. 예를 들면 아래와 같다.

1 해당 기술 분야에 있어서 해당 발명이 그 분야의 혁신적인 기술 발전에 확실한 기여를 하는 새로운 발명. 이전에 전혀 실행된 적이 없는 기능을 포함하고 있는 발명(복사기, 트랜지스터, 전화기 등)

2 회사 경영 전략과 동일 선상에 있는 신사업 분야 발명으로서 향후 새로운 트렌드를 이끌 확률이 크고 해당 기술이 적용된 제품의 경제적 수명이 최소한 10년 이상 예상되는 발명

3 동등 성능의 대체 기술이 존재하지 않는 핵심 애로 기술로서 관련 사업부 또는 경쟁사가 반드시 채용해야 하는 발명

4 원가절감, 매출액 증대 관점에서 현격한 효과가 있음을 사업부 자료를 근거로 정량적으로 제시할 수 있는 발명

5 해당 표준화 기구의 단계상 표준화 채택이 거의 확실시되는 단계에 진입한 발명으로서 향후 예상되는 특허료 수입이 어느 정도 정량적으로 예견되며 발명자에 의해 제시되는 발명

6 기술 융합을 통해 창출되는 성능이 해당 전문가가 판단하기에 유추 곤란할 정도로 현저하며, 막대한 수익창출 자료를 정량적으로 제시함으로써 그 효과를 입증할 수 있는 발명

7 신규 물질로서 적용 시 시뮬레이션을 통해 그 효과의 현격함이 입증되는 발명

학습 마무리

대부분 아이디어는 구체화되지 못하고 아이디어 제안자의 머릿속에, 노트 안에 영구히 봉인된다. 구체화 방법을 몰라서, 관심이 없어서, 시간이 없어서 등 다양한 이유가 있겠지만 해당 아이디어가 돈이 된다는 확신이 없어서가 가장 큰 원인이 아닐까? 돈이 된다는 확신을 얻으려면 근거가 있어야 하는데, 이번 장에서는 근거를 만들고 판단하는 일련의 과정을 알아봤다.

아이디어가 있다면 구체화하고 최대한 객관적인 평가를 해보기 바란다. 사업 계획서를 반이상 쓴 효과를 얻을 수 있을 것이다.

돈이 없다면 다양한 정부 지원사업의 도움을 받아 진행해보기 바란다. 자기 자본만으로 처음부터 시작하면 개발 중도에 자금 고갈로 어려움을 겪을 것이다.

발명 명세서가 완성되었고 시제품을 만들지 않는다면 6장 '드디어 특허출원하기'로 건너뛰자.

에피소드

스마트 전동칫솔에 대한 아이디어를 2006년 12월에 가출원식으로 직접 출원을 해놓았지만 해당 발명이 해결하고자 하는 과제에 대해서는 유사한 선행기술을 찾지 못했다. 주력 사업 아이템인 스마트 수동칫솔 및 원격 비대면 서비스 관련 아이디어 규모가 커서 주력 아이템만 개발하기로 계획을 세우고 2007년 1월에 창업을 했다. 전동칫솔 특허의 PCT 출원, 해외 특허출원 여부에 대한 결정은 1년 안에만 하면 되니까 출원 후 10개월 뒤에 의사결정 일자를 일정표에 저장했다. 일단 큰 개념은 출원해놓았고, 경쟁사들도 당장 이 아이디어를 채용할 기미도 없었기에 보류하기로 마음을 먹었다.

주력 사업 아이템인 스마트 칫솔의 사업계획서 및 상세 개발 계획을 세우면서 자연스럽게 스마트 전동칫솔에 대한 시장조사도 이루어졌고 개발 계획도 개략적으로 수립했다. 사업계획서를 작성하면서 한 번 더 특허를 평가했다.

선행기술을 찾지 못했고 아이디어도 생소했으니 특허등록 가능성은 매우 높았고, 발명의 성격은 세계 최초로 동작 센서를 전동칫솔에 넣어 위치를 측정했으니 최초의 선행 제품이라 판단했다. 전동칫솔의 모순을 해결한 발명의 효과는 일반인에게 설득력 있게 다가갈 것이다. 그러나 가격 문제에 민감한 시장에서 고가의 동작 센서(이 시절의 동작 센서는 고가였음) 채용으로 증가되는 제조 비용 대비 고객의 욕구가 얼마나 부합되는지가 관건이었다. 시제품 개발까지 1년이 예상되었고, 양산비는 어떻게든 마련할 수 있을 것 같았다. 기술의 확장성은 전동칫솔에만 해당되어 낮게 판단했다.

물론 시장에서 기술 흐름도 고려했다. 이 시기에 오랄비 제조사인 P&G에서 칫솔질 안내 화면을 제시하는 가이드와 무선으로 연결되는 전동칫솔이 론칭되어 고가에 출시되었다. 기술 발전 방향이 진동수를 높여 프라그 제거 효율을 높이는 방향에서 드디어 사용자들의 순응도를 높이는 방향으로 변화된 것이다. 전동칫솔의 위치를 측정하여 순응도를 높이는 기능 역시 P&G 차기 제품에 적용될 가능성이 높아보였다. 전동칫솔 양대 산맥인 P&G가 채용했으니 타사도 따라할 것이다. 기술 수명은 20년 정도 갈 것이고, 5~10년이 지나면 센서 가격도 합당하게 떨어질 것이다.

2007년 1월 창업 후, 그간 준비해온 주력 사업 아이템인 스마트 칫솔 및 이를 이용한 원격 구강교육 서비스를 2007년 2월에 연구개발 지원사업으로 신청했다. 예비창업자 시절에 신청했다가 떨어진 아이템을 다시 보완한 신청이다. 이때 시간이 남아 그간 모은 데이터로 개략적으로 만든 스마트 전동칫솔 사업 계획서를 보완하여 신청했다. 신청한 결과는 다음 장에서!

Q&A

Q 선행기술조사를 해주는 곳도 있나요? 대략적인 조사 비용은 얼마인가요?

정부 산하기관 및 전문 조사 기관 등에서 무상 또는 유상으로 진행한다. 선행기술조사 금액은 적게는 몇 십만 원에서부터 몇 천만 원까지 조사 목적에 따라 다르다. 단순히 출원 목적 조사라면 출원비에 포함되어 무료로 진행되는 경우도 있으나 일반적으로 몇 십만 원에서 백만 원대까지 조사 범위에 따라 달라진다. 소송금액이 큰 특허의 무효 소송용 선행기술조사라면 더욱 큰 비용이 든다.

Q 아이디어의 필수 구성요소란 무엇인가요?

의자의 일반적인 목적이 '휴식을 취하면서도 바닥에 눕거나 앉아 있을 때보다 쉽게 일어나게 해주는 도구'라고 가정해보자. 이러한 목적을 충족시키려면 엉덩이를 지지하는 좌판이 있고, 좌판을 땅바닥에서 일정 거리 이격시켜 지지해주는 다리만 있으면 충분하다. 이렇게 목적을 충족시킬 만한 최소한의 구성요소를 필수 구성요소라고 한다. 팔걸이와 등판은 보조 구성요소다.

Q 머릿속 아이디어를 시제품이나 실험 없이 바로 발명 명세서로 쓸 수 있나요?

기존의 공지된 기술들의 조합으로 아이디어의 개념을 증명할 수 있다면 시제품이나 실험 없이도 명세서를 쓸 수 있다. 단 명세서에 발명의 동작 설명이 해당 기술 분야의 통상 지식을 가진 전문가가 보고 만들 수 있을 정도로 기재되어야 한다.

Q 선행기술조사에 필요한 키워드 선택 시 특별히 유의할 점이 있나요?

기업별, 시기별, 발명자별 상이한 표현(동의어) 사용 가능성을 고려해야 한다. 개념의 종속관계 표현도 고려하자. 예비 조사로 입수한 중요 특허를 숙독한 후에 키워드를 결정하면 된다. 사이트별/국가별 특성을 고려해 검색하고, 검색 연산자도 활용한다. 키워드 정확성이 특허 분석 작업의 성패와 비용을 좌우한다.

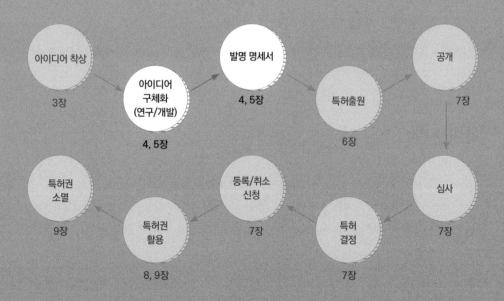

☐ 학습 목표	시제품 혹은 시작품이란 아이디어 개념이나 과정을 테스트할 목적으로 제작된 초기 제품이다. 품질을 높일 목적으로 사용된다. 이 장에서는 시제품을 제작하는 일련의 과정과 평가 방법 및 정부 지원 제도를 알아본다.
☐ 학습 순서	**1** 목적에 따른 시제품 제작하기 **2** 개발 계획서 작성하기 **3** 특허 가능한 발명 찾기 **4** 아이디어 목록과 요약서 작성하기 **5** 발명 정리 및 평가하기

Notice 발명 명세서가 완성되었고 시제품을 만들지 않는다면 5장 '시제품 제작하기'를 스킵하세요.

5.1 목적에 따른 시제품 제작하기

시제품 제작 목적은 크게 두 가지다. 첫 번째 발명 개념 증명이다. 두 번째는 제품 완성도 높이기다.

5.1.1 발명 개념 증명 목적의 시제품 제작

발명의 신규 기능을 객관적으로 증명할 필요가 있을 때 실험실 규모의 시제품을 개발한다. 발명이 적용될 최종 개발 제품이나 서비스 일부만 개발/제작하면 된다. 증명이 목적이므로 완성도 높은 시제품은 필요 없다.

긍정 효과

- 시제품을 만들어 의도한 방향으로 결과가 나오면 완성도 높은 발명 명세서 작성이 가능하다. 발명 명세가 구체적이면 특허등록 가능성도 높아진다.
- 최종 개발 제품을 개발하는 방법보다 개발비가 상대적으로 저렴하고 개발 기간도 짧다.
- 개념 오류 및 보완점을 조기에 발견할 수 있어, 더 빠른 피드백을 통해 더 나은 결과를 얻을 수 있다.

- 해당 실험 근거와 특허출원만으로도 기술 판매가 가능하다. 판매 성공 확률 또한 높아진다.
- 정부 개발지원사업을 신청할 때 실제로 기술성 및 차별성을 인정받기 용이하다(해당 아이디어에 대한 사업의 의지를 높게 평가받을 수 있다).
- 해당 실험물로 각종 공모에 응모할 때 선정 가능성이 높아진다.

부정 효과
- 아이디어가 비교적 간단하거나 아이디어가 적용될 제품이 간단하고 제작이 용이하다면 굳이 이 단계를 거칠 필요가 없다.
- 구현된 시제품의 질이 떨어지면 결과가 왜곡될 수 있다.

5.1.2 완성도를 높일 목적의 시제품 제작

설계 단계에서 발견하지 못한 문제점들을 발견하거나, 소비자 니즈에 부합되는 최종 제품을 개발할 목적으로 시제품을 개발할 수 있다.

긍정 효과
- 핵심 아이디어뿐만 아니라 주변 기술도 확보해 특허망을 형성하는 부수 발명이 도출될 수 있다.
- 최종 양산 단계와 동일한 부품을 구현하여 제작하기 때문에 조립성 테스트가 가능하다. 따라서 원가를 절감하는 구조 설계 변경, 조립성 향상을 꾀할 수 있다. 또한 사용자의 실제 사용성이나 느낌도 테스트할 수 있다.
- 고객 요구조사를 실시할 때 정확도를 높일 수 있다.
- 현 단계에서 기술과 시제품을 턴키[1]로 판매할 수 있다(개념 증명용 시제품 단계보다는 판매 가능성이 높다).

부정 효과
- 시제품 개발에 시간과 자본이 든다.

시제품 제작은 본격적인 개발과 사업화에서 필수다. 발명자 능력 범위를 넘어선다면 투자를 받거나 정부 지원사업을 활용하자.

---

[1] Turn-Key. 일괄입찰 계약

5.2 개발 계획서 작성하기

개발 계획서 없이 개발한다는 건, 맨 몸으로 전쟁터 최전방에 서 있겠다는 얘기다. 그러니 사업을 하려면 사업 계획서, 개발하려면 개발 계획서를 꼭 작성하자. 작성해두면 투자를 받거나 정부 지원사업에 재활용할 수 있다.

개발 계획서를 잘 작성해도 자금이 부족하면 못 만든다. 현실적인 돌파구는 연구개발 지원사업을 활용하는 방안이다. 그래서 나는 사업 계획서와 개발 계획서를 각각 만드는 방법 대신 연구개발 지원사업 계획서 작성을 추천한다. 연구개발 지원사업 계획서는 개발 계획서보다는 간단하다. 개발에 필요한 필수 항목과 사업화 방안을 포함하면서도 연구개발 지원사업에도 응모할 수도 있어, 여러모로 활용도가 높다(꼭 정부 과제에 신청하라는 의미는 아니다).

정부 지원 연구개발 사업에 선정되면 개발 자금의 일부를 지원받고 개발 성공 시에는 일정액을 정부에 기술료로 납부하게 된다. 다양한 기술 개발 지원사업이 있어서 사업 계획서도 각양각색이다. 그중 규모가 크고 다양한 지원사업을 하는 중소기업벤처부 사업 계획서 양식을 기준으로 작성 방법과 유의점을 간략하게 살펴본다.[2]

사업 계획서는 기본 정보, 사업비 등으로 구성된 PART I과 실질적인 개발 목표 및 사업성으로 구성된 PART II(본문 1)로 이루어져 있다.

5.2.1 사업 계획서 PART I 작성 방법

기본 정보, 사업비 등으로 구성된 PART I 작성법을 알아보자. 이 부분은 주로 시스템에 직접 입력하게 된다. 중요 항목만 살펴보자.

❶ 과제명

되도록 차별성이 드러날 수 있도록 구체적으로 써야 한다.

---

2 중소기업 기술 개발 사업 종합관리시스템인 SMTECH에 로그인하여 '정보마당 → 자료 마당 → 규정 및 서식'을 참조하면 관리지침 및 사업 계획서 서식 및 작성 요령을 참조할 수 있다.

❷ 과제의 개요

쉽고 차별성 있게 요약하여 기술한다. 기존에 관련 연구를 수행했거나 해당 아이디어로 수상 이력이 있으면 기입하는 것이 유리하다.

❸ 주관기관

개발 과제를 신청 회사(주관기관)가 잘 수행할지를 검토할 수 있게 과거 개발 이력 및 참여 연구원들의 현황을 기술한다. 기술 개발에 필요한 인력을 회사 내외로 확보하여 성공리에 개발을 완료할 수 있다는 신뢰를 주어야 한다.

❹ 연차별 사업비

사업비 구성을 타당성 있게 합리적으로 계획해야 한다. 사업비 소요 명세를 작성할 때 규정에서 벗어나지 않는지 주의해야 한다. 사업비는 지원사업의 종류에 따라 주관기관, 참여기관, 수요처 등 참여하는 기관별로 작성한다. 총 사업비는 정부 지원금 및 민간출연 현금 및 현물을 포함한다.

사업비는 직접비와 간접비로 나뉜다.

- 직접비 : 인건비, 연구시설. 장비비, 재료비, 연구 활동비, 연구수당 및 위탁 연구개발비, 전문가 활용비 등
- 간접비 : 인력 지원비, 특허출원비 등(단 특허 중간 사건 비용 및 연차료 등은 일반적으로 지원되지 않는다)

양산 금형비, 과도한 재료비 계상, 해당 비목에 맞지 않는 항목들은 심사 시에 좋지 않은 인상을 주며, 선정되더라도 정부 지원금이 삭감되는 불이익을 받을 수 있다.

5.2.2 사업 계획서 PART II 작성 방법

주로 개발계획 관련 내용 및 사업성을 기술한다.

❶ 개발 기술 개요 및 필요성

개요는 발명 명세서 요약에 사업 관련 내용을 추가해 작성한다. 차별화 포인트를 위주로 요

약 작성하되 붉은색으로 주요 내용을 강조하면 좋다. 개발 제품이나 서비스의 핵심을 설명하는 이미지를 삽입하자. 그림은 단순 명료해야 하고, 개발 내용을 쉽게 전달할 수 있어야 한다. 그림 하단부에는 간단한 설명 내용을 삽입하고 차별성과 독창성을 기재하면 된다.

❷ 필요성(기술 개발의 배경)

초기 아이디어를 메모하는 방법인 NABC[3] 양식 N(요구)에 해당한다. 이를 근거로 살을 더 붙이면 된다. 아이디어 착상부터 작성해둔 메모 및 조사 자료를 활용해 3~4가지 기술하자. 개발하려는 대상의 기술 트렌드와 시장 규모를 가능하면 수치화해 제공하자. 근거를 각주로 넣으면 신뢰도가 높아진다. 관련된 최신 기사 또는 정부 정책 방향과 부합되는 근거를 찾아 추가하면 필요성에 대한 공감대를 높일 수 있다. 시장이 기존에 없었다면 새로운 시장을 창출한다는 필요성을 강조하고, 국산화의 필요성 등을 강조하자.

❸ 개발 기술의 독창성 및 차별성

NABC 양식 C(경쟁)에 해당한다. 선행기술조사 중 검색된 (개선이 필요한) 문제 특허 및 경쟁사 제품 내용을 적는다. 문제 특허 및 경쟁 제품과 비교해 개발하려는 제품의 독창성(신규성), 차별성(진보성)을 수치로 정량화하여 서술하면 된다. 차별화 요소를 잘 끌어내고 대비를 선명하게 작성하는 것이 중요하다. 작성하다 보면 사업화하려는 기술의 가치를 스스로 인지하게 될 것이다.

❹ 기술 개발 준비 현황

선행 연구 결과 및 애로사항, 지식재산권 확보·회피 방안을 적는다. 선행 연구 결과 및 애로사항에는 개발 대상물 관련 개념 증명, 연구 내용, 애로사항을 적는다. 선행 연구 실적이 있다면 심사를 받을 때나 투자를 받을 때 긍정적인 포인트가 된다. '지식재산권 확보·회피 방안'에는 선행기술조사에서 발굴한 문제 특허를 기재하고 키워드를 기재하면 된다. 또한 향후 특허 확보 계획도 적자. 물론 이미 특허로 출원했다면 유리하다. 문제 특허가 있으면 회피 방안을 제시해야 하며, 키프리스 검색식과 검색 결과도 제시하면 된다(유사도 60% 이상인 등록된 특허 10개 내외).

---

3 3.4.3절 '체계적으로 기록하는 NABC 접근 방식' 참조

❺ 기술 개발 목표 및 내용

기술 개발 최종 목표, 기술 유출 방지 대책 수립, 기술 개발 내용, 수행기관별 업무분장, 세부 추진 일정, 연구시설·장비 보유 및 구입 현황을 적는다.

기술 개발 최종 목표. 개발 목표는 개발의 성공과 실패를 판단하는 중요한 기준이다. 목표는 제품의 성능을 의미한다. 고객 니즈를 만족시키고 경쟁 제품과 차별화할 수 있어야 사업의 성공 가능성이 높다. 그러나 정부 지원사업을 신청할 경우에는 상황이 약간 다르다. 의욕을 앞세워 개발 최종 목표를 높게 잡으면 기술이 고도하여 심사에서 평가를 좋게 받을 수 있으나, 열심히 개발하고도 실패하는 낭패를 볼 수 있다.

목표 달성 평가 관련. 정밀도, 회수율, 열효율, 인장강도, 내충격성, 작동 전압, 응답 시간 등 기술 개발 결과물의 성능 판단 기준을 적는다.

- 최종 개발 목표는 '특정 목푯값 이상' 또는 '특정 목푯값 이하'로 적는다.
- 목표를 평가하는 기관으로 공인 시험 인증기관, 외부 기관 의뢰, 수요기업을 지정할 수 있다. 세 곳이 모두 불가한 경우에만 수행기관 자체 평가로 기재하고 사유를 명시한다.
- 성능 평가 기관에는 미리 연락하여 성능 평가 가능 여부 및 예상 견적을 받아놓아야 한다. 측정 방법은 가능하면 공인된 시험 검사 방법을 적는다(예 : KS).
- 공인시험이 불가하다면 객관적인 평가 방법을 제시해야 한다. 측정 규격(표준, 규정, 매뉴얼 등), 측정 환경 등을 기재하고, 평가 로직과 도구를 만들어 제공해야 한다.
- 수행기관 자체 평가로 진행할 때는 시험 결과 보고서에 시험 참여자(과제 책임자 포함), 시험 목적, 시험 대상품 및 시험 장비 구성, 시험 방법 및 절차, 시험 결과를 적는다.
- 평가 시료 개수는 신뢰성 확보 차원에서 최소 5개 이상이어야 한다.
- 서비스 분야 연구개발 등 성능 목표 제시가 곤란한 과제라면 시장평가(최종소비자단 평가, 사용자 수, 고객만족도)로 대체할 수 있다.

기술 개발 내용. 개발할 주요 핵심 기술 구현 및 목표 달성 방법을 구체적으로 기술한다. 기술 개발의 필요성 및 목표에 기술된 내용을 구현하는 총체적인 방법론을 기술해야 해서 분량이 많다.

수행기관별 업무분장. 전체 개발 과제에서 일부분을 위탁받아 개발하는 업체가 있으면 참여 기업(위탁 연구기관), 외주 용역 기관, 자신의 회사를 구분하여 개발 내용을 작성한다. 주관 기관, 참여 기업, 수요처 위탁 연구기관, 외주용역 처리 등으로 담당업무를 명기한다.[4]

또한 핵심 기술은 주관기업에서 개발해야 하며 전체 개발에서 주관기업이 차지하는 비율 도 적지 않게 잡아야 지적받지 않는다. 외주 기업의 개발 범위가 더 많다면 합당한 이유를 기술해야 한다.

세부 추진 일정. 전체 개발을 세부 사항으로 나누고 각 세부 개발 내용마다의 일정을 기술 한다.

조기 달성할 수 있는 규모의 발명이 사업화에 여러모로 유리하다. 정부 지원사업도 1년 단 위 개발 지원사업이 가장 많기 때문이다(2년, 3년짜리 다년도 과제도 있다). 다년도 개발 과제도 통상 1년 단위로 일정을 수립한다.

▶ 개발 추진 일정 예(스마트 전동칫솔)

세부 개발 내용	수행기관 (주관/참여/수요처/위탁 등)	기술 개발 기간												비고
		1	2	3	4	5	6	7	8	9	10	11	12	
1. 계획 수립 및 자료 조사														
2. 디자인 및 기구 설계														
3. 워킹 목업 제작														
4. 회로 개발 및 구현														
5. 알고리즘 개발 및 테스트														
6. 시작품 제작 및 테스트														

연구시설·장비 보유 및 구입 현황. 필요한 연구시설이나 장비를 적는다. 시중에 필요한 장비 가 없다면 별도의 장비를 개발해야 한다. 이렇게 개발에 필요한 장비는 미리 목록을 작성하

---

4 통상 1년 개발에 1억 전후의 정부 지원금이라면 단독 개발, 2년 이상에 더 큰 금액은 공동 개발하는 경우가 많다. 공동 개발을 추 진할 때는 참여하는 업체나 대표가 신뢰할 만한지, 역량 및 재무 상태도 고려하자.

여 단가까지 조사해야 한다.

정부 지원사업에서는 기보유시설 또는 장비 사용 시에 현물로 계상이 가능하나 구입가 대비 극소 금액만 인정해준다. 신규 필요 장비는 구매 또는 임차비를 적으면 된다. 사업비 대비 최대 비율 제한이 있기도 하니 규정을 확인하자.

❻ 사업성

사업화 목표와 사업화 계획을 적는다.

사업화 목표. 목표는 사업화 성과를 객관적/체계적으로 평가/관리하는 지표로서 선정 평가, 사업화 성과 확인 및 경상 기술료 산정, 납부 시 근거 자료로 활용된다. 과제 종료 후 일정 기간 동안 예상 목표 총매출액 추정치, 예상 개발 결과물 제품 매출액 추정치, 개발 결과물 제품 점유비율을 적는다. 사업화 목표는 목표 시장의 규모 및 성장성, 주요 판매처별 판매 예상금액, 주요 경쟁사와의 차별성, 가격 경쟁력 및 시장 진입 가능성 등을 고려하여 제시 한다. 이때 목표 산정의 타당성 확인을 위해 시장조사 보고서 등 객관적 자료를 참고 자료로 제시한다.

사업화 계획. 정부에서 지원하는 연구개발 개발자금은 시제품 제작까지다. 그럼에도 양산화 및 사업화 계획을 적어야 한다. 사업화 계획에는 사업화 단계에서 추가적으로 소요될 금액과 고용 유지/창출 계획을 적는다.

5.2.3 선정 가능성 높은 연구개발 사업 계획서 작성 방법

정부 지원사업에 한 번 떨어진 과제라고 해서 다시 신청했을 때 또 떨어지는 것은 아니다. 상대 평가이기 때문에 더 좋은 과제가 있으면 떨어진다. 사업 계획서 작성이 부실하거나, 심사관 설득을 못해도 떨어진다. 상대 평가와 심사 기준과 심사하는 심사관 입장을 고려하여 사업 계획서를 작성하는 방법을 알아보자.

이해하기 쉽게. 서면 심사에서는 심사관 한 명이 하루에 사업 계획서 수십 개를 검토한다. 대면 심사에서는 하루에 심사하는 과제 수가 열 개에 육박한다. 심사관이 쉽게 파악할 수 있게 쉽게 쓰자. 복잡한 내용에 이미지를 보태자. 읽기 쉬운 계획서에 눈길이 머문다.

차별화 포인트가 돋보이게. 경쟁사, 경쟁 기술을 정확히 구분하고 개발 과제의 차별성을 두드러지게 작성해야 한다. 특히 시장성에서 차별성을 잘 부각시켜야 한다. 잘된 차별화 포인트 설명을 예로 들어보자. '시장이 원하는 기능이 무엇인데, 해당 기술을 경쟁사 대비 성능을 50% 올렸다. 성능 개선이 성공리에 이루어지면 향후 5년간 시장 점유율이 20%까지 올라가게 되어 연간 00억 매출을 올릴 수 있다'는 어떤가? 물론 주장을 뒷받침하는 근거도 함께 기술해야 동의를 얻을 수 있다.

개발 목표는 정확하고 도전적이게. 목표치는 도전적으로 수립하자. 물론 근거는 반드시 제시해야 한다. 개발 목표는 필수 성능 위주로 정량화해야 하고 개발 내용에 들어간 항목은 목표 항목에 포함돼야 한다. 개발 목표는 심사위원이 집중 검토한다(따라서 지적을 많이 한다). 개발 목표 수립이 불성실하면 서류전형에서 고배를 맛볼 가능성이 높다.

자신감 있게, 근거에 기대어. 너무 소극적이고 현실적인 목표보다는 의욕치를 기재하는 것이 좋다. 고용을 창출할 수 있는 과제를 선호하기 때문이다(매출이 높으면 향후 고용 창출이 이루어진다는 합리적으로 기대). 의욕치라 하더라도 근거에 기대야 한다. 시장 규모 추이를 조사하고, 다양한 판매처 및 판매처별 판매 방법과 물품이나 구체적인 서비스를 근거로 매출액을 제시하면 신뢰도가 높아진다.

대면 심사 예상 질문을 뽑아라. 가장 좋은 방법은 사업 계획서를 제3자에게 보여주는 것이다. 논리적인 인과관계가 떨어지는 부분이 발견되면 질문할 것이다. 질문을 잘 적어두고 위기를 기회로 삼을 답변을 준비하자.

돈이 된다는 것을 보여주어라. 개발 능력과 상용화 능력은 다르다. 과거에는 선정 기준으로 기술성 비중이 높았다. 최근에는 기술성뿐만 아니라 사업성 비중도 높다. 따라서 기술 개발이 완료되면 이를 구매하겠다는 계약서 또는 MOU 등이 있으면 시장성에서 높은 평가를 얻는다. 심사관의 입장에서 제품이 출시되면 사고 싶다 생각이 들게 만들어라. 심사관이 '정말 필요한 기술이네요. 나 같으면 바로 살 겁니다'라고 말한다면 그다음은 볼 것도 없다(내 이야기다. 신청했던 과제는 선정되었다).

심사위원을 경험해보라. 심사를 해보면 사업 계획서를 더 잘 작성할 수 있다. 평가 위원은 정부과제를 시행하는 기관의 홈페이지에서 신청할 수 있다. 예를 들어 중소기업 기술 개발 사업 종합관리시스템인 SMTECH(smtech.go.kr)에 로그인 후에 '평가 위원 신청' 항목에서 신청할 수 있다. 산업계는 박사학위 소지자, 석사(학사)학위소지자는 해당분야 5년(7년) 이상 경력자 또는 연구소장 및 이사급 이상의 임원이 자격 기준이다. 창업기업 대표 또는 임원은 학력에 무관하게 신청이 가능하다. 학계, 연구계, 경영회계 전문가도 신청이 가능하다.

5.3 특허 가능한 발명 찾기 : 아이디어 발상회

시제품이 나오면 외부에 공개하기 전에 방어하고 싶은 주요 기능을 특허로 출원해놓아야 한다. 누군가 내 시제품을 보고 모방품을 제조 판매하려고 하여도 특허망을 형성해놓으면 적극적인 방어가 가능하다. 특허망을 형성하려면 특허거리를 찾아야 한다. 아이디어 발상 회는 시제품에서 특허가 될 수 있는 발명을 골라내는 효과적인 방법이다.

시제품을 준비하거나 시연을 준비하고 개발에 관여한 사람들을 참석시킨다. 참석 대상 인원이 많으면 각 분야별로 회의를 진행하면 된다. 특허 전담 요원이나 부서가 있으면 해당 부서에서 주관하여 진행한다. 여건이 안 되면 특허 관련 지식이 조금이라도 있는 사람이 발상회를 주관하는 것이 효과적이다. 대기업에서는 프로젝트가 끝나면 시제품을 대상으로 아이디어 발상회를 진행하여 특허가 될 수 있는 발명을 수십 개 발굴하여 특허망을 형성하기도 한다(혼자서도 가능하다).

시제품에서 특허가 가능한 발명의 대상을 찾는 9가지 방법을 알아보자. 아참, 아이디어 발상회에는 필기도구를 들고 참가하자.

❶ **더해진 것 찾기**. '더하기 발명'은 가장 기본이다. 이미 있는 물건에 더해 발명하는 기법이다. "그것도 발명이냐"고 할 사람이 있겠지만, 작고 사소한 아이디어도 발명이 될 수 있다. 기술적 난이도와 결합했을 때 예상치 못했던 효과가 있는지를 고려해야겠지만, 더해진 것이 있으면 목록에 추가하고 NABC 양식에 의거해 간단하게 설명한다.

❷ **빠진 것 찾기**. 기존 장치에서 사라진 구성이나 빠진 장치가 있는지 찾아본다. 손잡이에 구멍을 내어 재료비를 절감하고 무게를 가볍게 한 머리빗, 4칸 회전 도어에서 한 칸을 뺀 3칸 회전문, 시계 추를 없앤 시계 등 사례는 무수히 많다.

❸ **달라진 크기 찾기**. 기존 것보다 크기가 커지거나 작아진 것이 있는지를 찾아본다. 크기에는 시간, 횟수도 포함된다. 접이식 자전거, 접는 우산, 인스턴트 식품을 들 수 있다.

❹ **달라진 모양 찾기**. 기존 제품과 의도가 다른 기능이 있는 외관, 모양이 있는지 찾아본다. 외관을 특허화할 수 있다면 타인의 침해를 금방 파악할 수 있고 자사의 상용품을 보호할 수 있는 중요한 특허가 될 수 있다. 의장등록도 모방품으로부터 제품을 보호할 수는 있지만 특허가 훨씬 더 효과적으로 장기간 보호한다.

상용화를 목표로 한다면 디자인등록[5] 출원은 기본이다. 잘 팔리는 물건 중에 디자인등록이 안 된 물건은 거의 없다. 스마트폰, 가전제품은 물론 소소한 물컵, 주전자 하나까지도 메이커들은 독점 생산을 하려고 디자인등록을 해놓는다.

❺ **달라진 용도 찾기**. 용도가 다르면 특허 대상이 될 수 있다. 바뀐 용도가 있는지 확인해보자. 예를 들어 얼음 위에서 사용하는 스케이트를 땅에서도 탈 수 있게 변경한 롤러스케이트, 천막 천을 바지로 변경한 청바지, 전등 파장을 바꾼 살균램프 등이 있다.

❻ **바뀐 재료 찾기**. 기존 물건에서 재료가 바뀌어 성능 향상 등 장점이 생겼는지 찾아보자. 배드민턴은 과거에 고급 스포츠였다. 셔틀콕배드민턴 공은 오리나 거위 깃털로 만든다. 셔틀콕 한 개 당 깃털 16개가 사용되는데, 마리당 최대 깃털 14개를 사용할 수가 있다. 그래서 초창기에는 매우 비쌌다. 오리나 새의 깃털을 값싼 플라스틱 깃털로 바꾼 사람이 있다. 결과는? 플라스틱 셔틀콕을 만든 윌슨 칼튼은 스포츠용품 대부가 되었다. 재료만 바꾼다고 특허가 되는 것은 아니다. 재료를 바꿈으로써 유용성이 높아야 한다.

❼ **새롭게 적용된 주요 기능 찾기**. 제품 차별화로 강조되는 핵심 기술을 어떻게 구현했는지 찾아보자. 이미 개념 특허를 출원했다면 해당 출원에 국내 우선권출원을 진행하여 실시예를 구체화한다든지, 별도의 특허로 출원하여 특허망을 형성하자. 또한 해당 기능을 구현하기까지 시도한 다양한 방법을 별도 목록으로 작성해놓아야 한다.

❽ **가장 큰 문제와 해결 방안을 챙겨라**. 아이디어를 연구개발하다 보면 치명적인 문제부터 소소한 문제까지 다양한 문제가 발생한다. 이러한 문제점들은 동일 아이디어를 구현하는 누구나 거쳐가야 하는 단계다. 따라서 극복 방법도 특허가 될 수 있다.

---

5 앱 아이콘부터 물품의 외관 디자인을 보호하는 제도. 과거에는 '의장등록'으로 불렀다.

❾ **소모품 개념의 장치를 찾아라.** 토너 또는 잉크가 필요한 프린터, 스트립이 필요한 혈당 측정기, 칫솔모 교환이 가능한 전동칫솔 등 소모품은 주 수익원이다. 소모품 자체에 관련된 발명, 소모품과 장치의 결합 구조, 결합 시 사용자 편의성을 증대하는 기능을 리스트업한다.

5.4 아이디어 목록과 요약서 작성하기

특허가 될 가능성이 있는 발명을 취합한 후에 이를 리스트업해야 한다. 그리고 각 발명별로 주 발명자를 지정하여 NABC 방식으로 발명을 요약한다. 이때 관련된 연구노트가 있으면 복사하여 첨부하면 된다. 작성할 리스트 샘플 양식을 살펴보자.

▶ 아이디어 발상 결과 리스트

OO Project 시제품 대상 아이디어 발상 결과 리스트

❶ 프로젝트명 :　　　　　(❷ 모델명 :　　　)

No.	❸ 발명 요약	❹ 발명자	❺ 기술 분야	❻ 적용 여부	❼ 적용 모델	❽ 비고
1						
2						
3						

❶ 프로젝트명 ❷ 모델명을 기입한다. ❸ 발명 요약에는 발명의 대상 키워드를 한 줄 요약으로 기입한다. 발굴 건수가 많으면 타 발명과 혼동이 될 수 있으므로 특징을 정확히 기입하자. ❹ 직무발명 및 이에 대한 보상에도 관심이 높은 추세이므로 해당 발명의 주 발명자와 보조 발명자를 정확히 기입해야 한다. ❺ 기술 분야는 기구, 회로, 소프트웨어로 크게 나누면 된다. ❻ 발명이 제품에 적용되었는지도 기입하고 ❼ 적용되었다면 어느 모델에 적용되었는지도 기입한다. ❽ 비고란에는 추후 평가 시에 참고할 수 있도록 예상 등급을 기입하거나 유사한 타 발명을 기입하여 분리, 병합하여 출원할지 등을 기입한다.

위 리스트의 작성이 완료되면 해당 발명의 요약서를 주 발명자에게 NABC 방식으로 제출하게 한다. NABC 양식 및 작성 방법은 3.4.3절 '체계적으로 기록하는 NABC 접근 방식'을 참조하기 바란다.

5.5 발명 정리 및 평가하기

아이디어 발상회에서 발굴된 발명들을 이전에 도출된 아이디어 리스트 또는 출원된 특허와 비교하여 중복된 발명인지, 유사 발명인지를 구분하여 정리한다. 추가로 초기 아이디어가 출원되었는지 확인하고 비교하여 포기, 개별 출원, 분할 출원, 병합 출원하면 된다. 발명을 문제제기와 구현의 상이함 여부에 따라 총 5가지 경우로 분류해 정리한다.

▶ 발명 정리 방법

선행 아이디어/ 발명출원 여부 / 시작품 적용 발명 내용	선행 아이디어 출원 중	선행 아이디어 미 출원 중
1. 발명의 문제가 동일하고 구현 내용이 동일하나 구체화됨	국내 우선권출원 진행(병합) or 개별 출원 진행	구체화된 하나의 발명으로 출원 진행
2. 발명의 문제가 동일하고 구현 내용이 유사 및 구체화됨	국내 우선권출원 진행(병합) or 개별 출원 진행	병합 출원 or 개별 출원
3. 발명의 문제가 동일하나 구현 내용이 상이함	국내 우선권출원 진행(병합) or 개별 출원 진행	병합 출원 or 개별 출원
4. 발명의 문제가 유사하고 구현 내용이 상이함	국내 우선권출원 진행(병합) or 개별 출원 진행	병합 출원 or 개별 출원
5. 발명의 문제가 상이하고 구현 내용이 상이함	개별 출원	개별 출원

발명의 정리는 평가 전에 이루어져 평가받는 것이 순서이나, 여력이 부족하면 정리와 평가를 병행할 수도 있다.

발명 평가는 별도의 평가 회의를 거쳐 진행한다(여력이 없으면 스스로 평가 진행). 3.7절 '아이디어 간이 평가하기'에 따라 평가하면 된다. 평가는 발굴된 아이디어가 정리된 내용대로 주 발명자가 NABC 양식으로 만든 자료를 근거로 진행한다.

시제품 개발 전후 단계 모두에서 평가해보면 같은 발명인데도 다른 평가 결과를 얻을 수 있다. 이는 개발 기간 중에 개발자(발명자)나 발명 평가자의 지식도 성장했기 때문이다. 아이디어/발명/특허 평가는 시기와 상황에 따라 달라질 수 있다.

학습 마무리

머릿속 아이디어를 아무리 잘 설명해도 눈앞에 실물을 보여주는 것만큼 설득력이 있지 못하다. 그런데 실물을 만드는 데 많은 자원이 필요하고 위험성도 높아 아이디어나 발명은 흔히 사장된다. 자금이 부족하다면 정부에서 지원하는 다양한 지원 제도를 활용하자. 지원사업은 잘 쓰면 약이요, 못 쓰면 독이다. 개발 후에는 양산과 판매라는 더 큰 산이 기다린다. 초기에 보유 자원을 최대한 절약하여 자원을 비축하기 바란다.

에피소드

시작품을 만들기로 했다. 정부 개발지원사업 중 스마트 전동칫솔 개발에 적합한 지원사업을 찾아봤다. 한국발명진흥회가 전담기관으로 진행하는 중소기업 기술혁신 개발 사업 전략 과제 중 우수특허 과제가 적합한 듯하여 사업 계획서를 작성했다. 과제명은 '칫솔위치 검지를 통한 칫솔이동알람 및 자동진동조절기능 전동칫솔 개발'로 정했다.

1. 사업 계획서 작성하기
아이디어는 매우 간단했고, 이미 아이디어의 개념을 증명할 시제품도 만들어 테스트도 마쳤다. 특허 가출원도 완료한 상태인지라 위치 검지 시험용으로 제작한 시제품 사진, 파형도, 플로차트 등 특허에 들어간 도면을 적극 활용했다.

▶ 알고리즘 개발용 프로토타입

▶ 치아 위치 특허 도면

▶ 위치별 2축 센서 파형

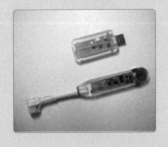

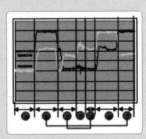

국내외 관련 기술 현황은 구글 검색한 내용을 인용하여 차별화를 강조했는데 인건비, 장비, 재료비 및 시제품 제작에 관한 소요 경비는 규정에 맞추어 작성하기가 쉽지 않아서 지인의 도움을 받아 작성했다. 마케팅 및 판매 계획은 실전 경험이 없었으니 교과서에서 배운 대로 기술했다.

2. 2007년 개발지원사업에 신청한 사업 계획서의 과제 요약서
창업 전 예비 창업자 신분으로 작성한 사업계획서의 요약 부분을 공개한다.

개발 배경, 목표

'기존 전동칫솔은 양치 효율을 높이려고 진동 강도를 높이는 경향이 있다. 그러나 회전력이 강한 전동칫솔을 자주 오래 쓰면 잇몸이 상하게 되어 치주염, 치은염을 유발할 수 있다. 당사 제품은 잇몸 부위와 닿아 있는 치아면을 칫솔질할 때 자동으로 진동 강도를 조절해주고, 또한 치아별 칫솔 잔류 시간을 검지하여 자동으로 칫솔 이동시간을 알려주는 기능을 채용해 치아를 골고루 닦게 해준다. 기존 전동칫솔의 단점을 해결하여 전동칫솔의 시장 저변 확대에 기여함과 아울러, 양치를 골고루 닦아 사용자의 구강보건에 크게 기여할 것이다.

개발 내용

제안 기술은 진동 강도에 따라 영향을 많이 받는 잇몸과 닿아 있는 칫솔의 위치를 최소한의 저가 동작 센서만으로 파악하는 회로와 알고리즘을 개발하는 데 있다.

주요 개발 스펙

- 위치 검지 : 치아 6부위 검지 알고리즘
- 2모드 진동 강도 시 위치 검지 알고리즘
- 2축 동작 센서를 이용한 소형 칫솔 내장형 회로 개발
- 각 위치별 칫솔 체류 시간 검지 알고리즘(6부위)

기술의 중요성

1 시장 규모가 큼 : 전 세계 사람이 하루에 한 번 이상 사용하는 소모품이다.

2 시장 성장 가능성 큼 : 국내에서는 전체 인구의 6%만 사용하고 있다. 2002년에서 2003년에는 55.1%에 이르는 초고속 성장세를 보였다. 지속적 성장 중이다.

3 기술 발전 방향과 부합성이 큼 : 제품 기술 발전 트렌드상 1년 안에 고급형 전동칫솔에 기본적으로 채택될 가능성이 높다. 최근 칫솔 시장의 동향은 기능의 다양화를 들 수 있다. 첨단 기술을 적용한 고가의 전동칫솔들이 등장하고 있으며 수동칫솔도 고기능의 프리미엄급 제품들이 출시되고 있다.

3. 대면 심사 체험기

서류 심사 합격 후에 대면심사 평가를 받았다. 이 시절 대면 심사는 별도의 발표 자료를 만들어 진행했다(PPT 자료). 때마침 신문에 나온 기사를 인용하여 기술의 배경, 필요성을 설명했다. 기사의 제목은 '전동칫솔 알고 쓰시나요?', '회전력 강해 자주, 오래하면 잇몸 상해'였다. 기술 내용이 명확하고 차별화 포인트가 명확해서 기술성, 차별성에 대한 평가 위원들의 공감이 중요했다. 기술의 차별성에 대한 신선함으로 주로 사업화 관련 질문이 이어졌다.

4. 선정 및 개발 결과, 모두 행복했다

'기존 진동칫솔과의 차별성 및 기술 개발 목표가 우수하며 보유 인력 및 총괄 책임자의 기술 개발 능력이 적절함. 향후 사업화 가능성이 높음' 의견으로 평가점수 82점을 받아 선정되었다. 미흡했던 사업비 항목을 보완해 수정 사업 계획서를 제출하고 선정 절차를 마무리했다. 총 7,300만 원을 지원받아 자부담 포함하여 1억 원의 경비를 들여 개발을 진행했다.

▶ 개발된 시제품

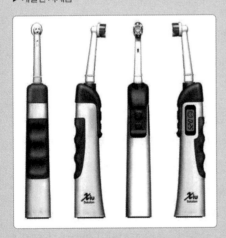

과제 중간에 개발 목표를 위치 검지 6부위에서 4부위로 축소하는 것으로 변경 신청하여 승인을 받았다. 개발 목표는 무사히 달성했고, 미국 P사와 NDA 체결 및 샘플 판매 제의를 접수하고 일본 바이어 2차 미팅을 진행한 덕인지 우수 성공 판정을 받았다. 그러나 상대적으로 약한 모터 선정으로 인해 양산하려면 기구 설계를 다시 해야 하는 상황이었다.

시제품 개발했으니 그다음은 특허가 될 발명 정리 및 평가를 할 차례다. 사업화 진행과는 별도로 시제품을 놓고 아이디어 발상회를 진행해보니, 중요한 발명을 추릴 수 있었다. 중요성이 떨어진 발명을 포기하고 기출원되었던 특허에 국내 우선권으로 소소한 기능을 추가하여 출원하기로 결정했다.

Q&A

Q 창업 초보에게 맞는 개발지원사업은 어떻게 선택할 수 있나요?

기술 창업을 처음 하다 보면 모든 것이 생소하다. 문서로 인터넷으로 혼자 검토하기보다는 창업을 지원해주는 기관의 도움을 받자. 통상의 지원 과제는 예비창업자, 창업 3년 이내, 창업 7년 이내로 구분된다. 연구소 보유 여부, 인력 5인 이상, 특허 보유 여부 등 과제별로 조건이 상이하다.

초기 창업 기업이라면 1년 개발에 총 1억 전후의 과제를 지원하는 것이 유리하다. 일반적으로 창업성장기술 개발 사업 중 디딤돌 과제가 적합하다. 창업 기업에 특별한 특징이 있다면 해당 특징에 적합한 사업을 신청해 선정 가능성을 높이자.

Q 사업 계획서 작성 샘플은 어디서 볼 수 있나요?

주위의 가까운 지인에게 부탁하여 사업 계획서 샘플을 구하는 경우도 종종 있지만 사업 계획서는 발명가 또는 기업의 노하우가 총집합이 된 자료라서 쉽게 얻을 수 없다.

대신 구글에서 '사업 계획서 예시', '사업 계획서 샘플', '잘 만든 사업 계획서' 등의 키워드로 검색하면 다양한 사업 계획서 무료 샘플을 볼 수 있다. 타인의 자료를 참조하는 것도 중요하지만 스스로 자신의 발명에 대해 많은 연구를 해야지만 알찬 사업 계획서를 작성할 수 있다. '연구개발 사업 계획서 작성법'으로 검색하면 중소벤처기업부에서 제작한 상세한 자료를 얻을 수 있으니 이를 참조하여 샘플 사업 계획서를 비교한 후에 자신의 사업 계획서를 작성하자.

Q 외부의 중고차 매물정보 서버로부터 중고차 매물정보를 수집하고, 이를 가공하여 사용자에게 더 편리한 형태로 정보를 제공하는 중고차 가격 비교 사이트를 개발했어요. 이중 가격과 상태를 그래프로 만들고 관련 매물정보를 아래와 같이 표시하여 사용자 편의를 높인 부분이 특허가 될 수 있나요?

▶ 가격 비교 사이트

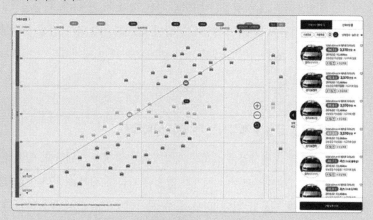

특허가 될 수 있다. 특허등록번호 제10-1829741로 실제 등록된 사례다. 키프리스로 검색하면 상세 내용을 참조할 수 있다.

▶ 특허 도면

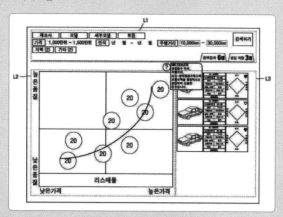

Q&A

Q **개발지원사업의 평가 기준은 무엇인가요?**

정부 지원사업 관련 평가는 서면 평가 및 대면 평가로 이루어진 선정 평가, 개발 기간 중 중간 평가, 최종 평가로 나뉜다. 평가 기준은 부처별, 사업별로 다소 상이하나 기본적인 평가 방법과 항목은 유사하다. 지원사업의 목적, 취지와의 부합성, 재무상태를 기본 점검한다. 이후 서면 평가, 대면 평가, 현장실사를 진행한다. 기존 과제와 유사성/중복성에 이상이 없으면 기술성/사업성 위주로 검토한다. 일부 기술 개발 사업에 대한 서면 평가표와 대면 평가표는 인터넷을 검색하면 찾을 수 있다.

Q **개발 지원금을 금형을 제작하는 데 써도 되나요?**

정부 연구개발 지원사업은 시제품 제작까지 범위에서 지원한다. 양산 금형 제작은 지원하지 않는다. 그러나 근거가 있으면 가금형 제작 등의 시제품 제작비 항목으로 가능한 경우도 있다. 반드시 사업을 진행하는 간사에게 문의 후에 경비 집행하는 것이 후에 문제의 소지를 없앨 수 있다. 과제 종료 후에 최종 평가 시 개발 책임자는 가금형으로 경비 처리를 했는데, 심사위원이 금형 제작이라고 판단하여 개발비를 반납하게 되는 경우도 있으니 주의해야 한다.

드디어 특허출원하기

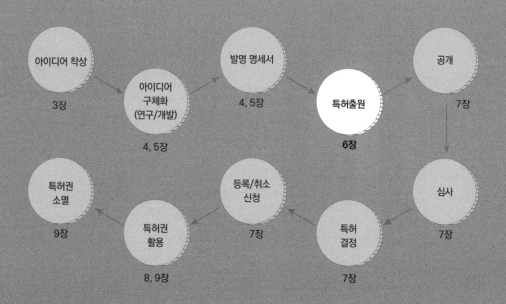

☐ 학습 목표	드디어 특허출원을 할 차례다. 하루라도 빨리 출원하는 것이 중요하다. 사람 생각이 거의 비슷비슷하기 때문이다. 전반적인 특허출원 과정을 알아보고, 출원 전략을 수립 후, 특허 명세서를 작성해 출원하는 방법을 알아본다.
☐ 학습 순서	1 특허출원 과정 살펴보기 2 출원 제도와 경비 엿보기 3 출원 전략 수립하기 4 출원명세서 직접 작성하기 5 청구항 직접 작성하기 6 변리사와 협업하기

6.1 특허출원 과정 살펴보기

출원 과정의 시작은 출원 전략 수립이다. 그 후 출원명세서를 작성하고 나서 특허출원에 이른다. 특허출원은 직접 출원하거나 대리인(변리사)을 선임해 진행할 수 있다. 경우에 따라 일부 과정이 생략될 수도 있다(예를 들어 직접 출원하면 대리인 선임 단계가 필요 없어진다).

▶ 출원 과정

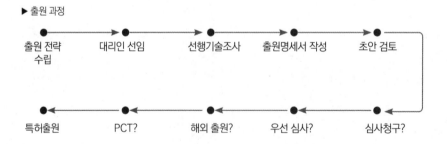

이제부터 직접 출원하는 과정과 대리인 위임 출원 과정을 알아보자.

6.1.1 직접 출원

직접 출원 방법을 알아보자. 참고로 특허 관련 충분한 지식이나 경험이 없는 일반인의 직접 출원은 권하고 싶지 않다. 직접 출원해서 등록받은 특허가 무용지물이 되어 버린 사례를 많이 보았기 때문이다. 그럼에도 참고삼아 전자출원과 서면출원을 간략히 소개한다.

특허고객번호[1]를 부여받은 개인 또는 단체가 특허로 홈페이지 또는 서면으로 특허출원을 신청할 수 있다. 전자출원은 언제 어디서든 인터넷으로 가능하고 서면출원보다 저렴하다. 전자출원은 제출하는 순간 출원번호가 발행된다.

▶ 직접 출원 과정

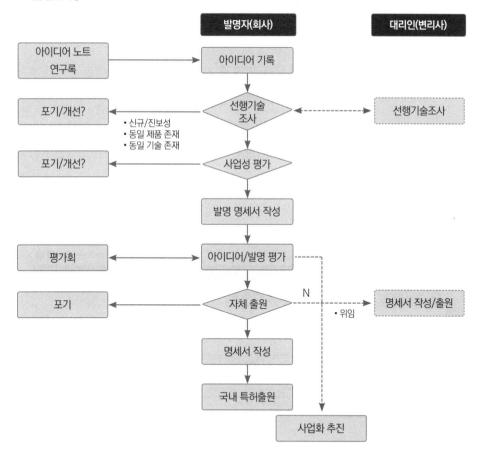

---

1 특허청에서 부여하는 특허인 고유 번호. 출원인코드라고도 부른다. '특허로' 홈페이지에서 발급받을 수 있다.

아이디어 착상 단계부터 작성했던 모든 문서를 참조하여 발명 명세서를 작성한다. 회사에서 사용하는 직무발명 신고서가 있으면 이 양식에 맞추어 작성한다. 작성이 끝나면 개인 발명가라면 평가표로 작성해 점검하고, 출원 심의회 제도가 운용되는 회사라면 심의회에서 발명 등급을 정하고 출원을 진행한다. 출원 여부, 심사청구 여부, 우선심사 여부, 분할, 병합 출원 여부, 해외 출원 여부, PCT 출원 여부 등을 결정해야 하는데 이는 6.3절 '출원 전략 수립하기'에서 상세히 다룬다. 발명 명세서 및 직무발명 신고서에 작성할 항목은 출원명세서에 있는 항목과 동일하다.

전자출원 엿보기

전자출원은 특허로에서 신청한다. 크게 특허고객번호부여 신청, 인증서 등록, 전자출원 SW다운로드 과정을 거친다.

특허고객번호 부여 신청. 특허청은 특허고객번호를 기초로 출원인(개인, 기업 모두) 정보와 제출된 출원서 및 중간 서류를 관리한다. 고유 식별 번호라고 생각하면 된다.

전자출원SW다운로드. 전문가용과 초보자용 통합설치를 제공한다. 초보자용 통합설치를 진행하자. 그러면 서식작성기(KEAPS), 통합명세서작성기, 첨부서류입력기가 설치된다(전문가라면 전문가용으로 설치한다).

▶ 전자출원SW다운로드

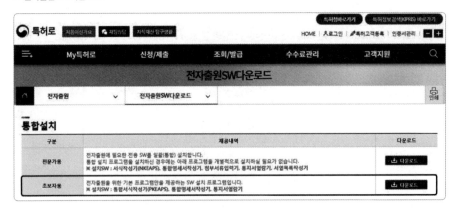

소프트웨어별 역할은 다음 그림에서 확인할 수 있다.

▶ 전자출원용 역할별 소프트웨어

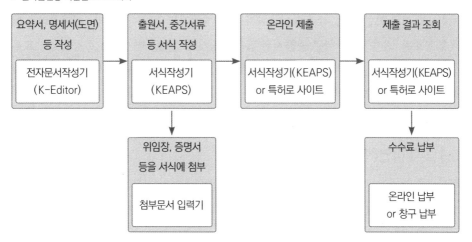

소프트웨어를 설치하고 나서 로그인하여 국내출원 신청을 클릭해 안내에 따라 특허출원을 진행한다. 전자출원을 신청하다 모르는 것이 있으면 상담센터로 문의하면 된다.

서면출원 엿보기

특허출원은 우편 또는 방문으로 가능하다. 특허출원서를 제출하면 접수증과 출원번호를 교부받게 된다.

다음과 같은 서류를 마련하자. 서류 양식은 특허청 특허고객서비스센터 등에 비치되어 있으며 '특허청 홈페이지(www.kipo.go.kr) → 민원서식'에서 내려받을 수 있다.

- 특허 명세서(「특허법 시행규칙」 별지 제15호서식) 1통
- 요약서(「특허법 시행규칙」 별지 제16호서식) 1통
- 도면(「특허법 시행규칙」 별지 제17호서식) 1통
- 대리인에 의하여 절차를 밟는 경우에는 그 대리권을 증명하는 서류 1통
- 그 밖에 법령의 규정에 따른 증명서류 1통

특허청 특허고객서비스센터(대전) 또는 서울사무소에 직접 제출 가능하며, 우편으로 접수하려면 소정의 수수료를 통상환으로 교환한 후 출원서류에 첨부하여 특허청에 제출하면 된다.

그러나 특허로를 이용하면 시간·거리에 상관없이 저렴한 비용으로 출원할 수 있고, 출원서 제출부터 결과 확인, 조회, 수수료 납부까지 한 번에 해결할 수 있다. 그러니 전자출원을 적극 활용하자. 전자출원을 하면 출원 서류 접수와 동시에 접수증 및 출원번호 통지서가 교부되며, 통지서에는 고유의 접수번호와 출원번호가 기재된다. 다만 출원 이후에 제출하는 중간 서류에는 접수증만 발급된다.

6.1.2 대리인(변리사) 위임 출원

변리사를 선임하면 변리사가 특허 명세서를 작성한다.[2] 선임한 이후에 출원까지는 이상적으로 총 3단계에 거친다. 이때 의뢰자로서 3계명을 잊지 마라.

  1 변리사에게 충분한 자료를 제공하고 설명하라.
  2 될 때까지 출원명세서를 검토하라.
  3 충실도 좋지만 스피드를 놓치지 마라.

3계명을 명심하고 출원 위임 3단계를 살펴보자.

1단계 : 출원 위임 및 출원 여부 확정

발명 명세서 또는 출원명세서를 작성할 근거가 될 자료를 특허사무소에 제출하거나 인터뷰를 진행해 특허 대상이 되는지 확인한 후에 견적을 받고 출원 위임을 결정한다. 위임이 결정되면 특허사무소에서는 파악된 발명을 근거로 선행기술 및 특허성을 검토하고 등록 가능성 여부를 발명자에게 통보한다. 특허사무소의 의견을 검토하여 출원 진행 여부를 알려주자. 선행기술은 특허 사무소에서 직접 조사하거나, 발명자가 제공한다. 출원 수수료 등 경비를 1단계에서 확정하면 된다. 소프트웨어 발명을 출원한다면 어느 정도의 권리범위를 가지고 싶은지를 출원명세서를 작성하기 전에 변리사와 의논해야 한다.

2단계 : 출원명세서 작성

출원명세서 초안이 완성되면 발명자에게 초안을 송부하여 검토를 요청한다. 전문가의 손

---

2 특허 사무소에서 특허 명세서를 작성하는 특허명세사라는 직업도 있다.

을 거친 출원명세서 초안은 초기에 발명자가 만들었던 발명 명세서보다 분량도 많고, 표현 방식과 형식도 다소 상이하다. 그럼에도 발명자는 명세서 초안을 면밀히 검토해야 한다. 검토 후 보완 및 수정 사항을 전달한다. 수정과 검토는 이상이 없을 때까지다. 더는 수정 사항이 없으면 출원 진행을 요청하자.

3단계 : 출원

출원명세서가 발명자의 동의를 받아 확정되면 특허사무소는 출원을 진행한다. 출원을 진행하고 나면 특허출원번호 및 관련 서류를 발명자에게 송부한다.

▶ 대리인 위임 출원 과정

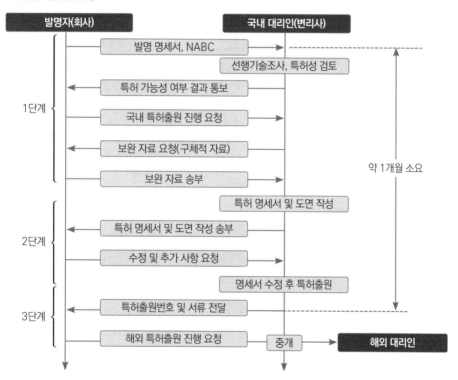

해당 특허의 해외 출원을 진행할 의사가 있으면 발명자는 국내출원을 진행한 특허 사무소 또는 타 사무소에 해당 특허의 해외 출원 진행을 요청할 수 있다. 국내 출원을 위임할 때 동시에 해외 출원을 위임할 수 있다. 해외 출원을 요청받은 국내 특허사무소는 출원하려는 국가의 해외 대리인에게 해외 출원을 요청한다.

6.1.3 특허출원 후 등록까지 과정

출원 전 단계도 알아보았으니 출원 후 절차도 간단히 알아보자.

▶ 특허출원 후 흐름도[3]

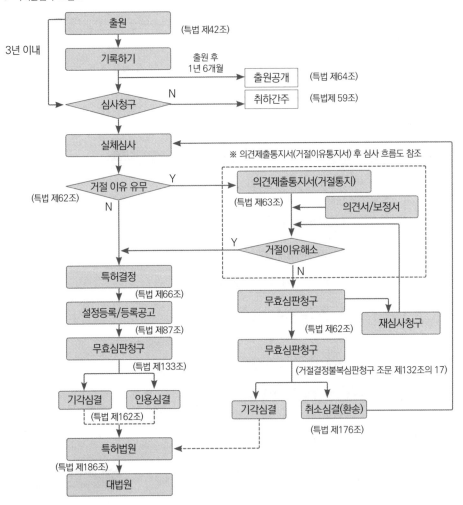

전자출원이나 서면출원으로 특허청에 접수가 되면 출원 서류가 특허청이 정한 방식에 부합되는지를 검토하는 방식 심사가 이루어진다. 이후 출원일로부터 1년 6개월이 지나면 발

---

3 출처 : 특허청

명 명세서 전체가 일반인들이 열람 가능하도록 공개된다. 3년 안에 심사청구를 진행하지 않으면 해당 특허는 취하로 간주되어 누구나 사용할 수 있다(누구도 동일한 발명으로 특허를 등록받을 수 없다).

심사청구를 신청하면 실체 심사가 진행된다. 심사는 신규성, 진보성 및 기타 내용을 검토한다. 거절 이유가 없으면 특허 결정된다. 등록료를 납부하여 설정등록이 되면 이때부터 권리가 발생된다. 등록공고일 이후 3개월 이내 무효심판을 신청할 수 있다.

반면에 실체 심사 중에 의견제출통지서가 나오면 이에 대한 의견서를 제출한다. 필요하면 보정서도 제출한다. 거절 이유가 해소가 되면 특허출원이 결정된다. 이후 등록료를 납부하면 설정등록된다.

6.2 특허 제도와 경비 엿보기

전략도 알아야 세운다. 따라서 특허 전략을 수립하기에 앞서 전략을 세우며 고려해야 하는 특허 타임라인, 제도, 비용을 알아보자.

6.2.1 특허 타임라인 알아보기

현 상황에 적합한 출원 전략을 수립하려면 국내 특허 타임라인과 연계된 해외 특허 타임라인을 알아두어야 한다.

▶ 특허 타임라인

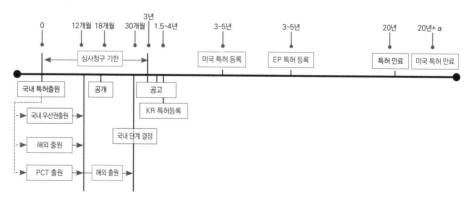

국내에 최초로 특허를 출원하고 나면 18개월 후에 특허가 공개된다. 출원된 특허를 등록받고 싶다면 3년 안에 심사청구를 진행해야 한다. 심사청구는 출원 시 동시에 신청할 수 있다.

일반적인 심사청구 시 심사 결과가 나올 때까지는 평균 18개월이 걸린다. 등록이 된 특허는 최초 출원일로부터 20년까지 유지되고 나서 소멸된다. 의약품과 농약 관련 특허는 존속 기간이 5년 더 길다. 연장 등록 출원 시 매 건마다 30만 원의 출원료가 청구된다.[4]

일반 심사로 심사청구를 진행하면 의견제출통지서(거절이유통지서)라는 첫 번째 심사 결과까지 통상 18개월이 소요되나 빠르면 8개월 안에도 나온다. 첫 번째 심사 결과가 나오고 나서 등록까지 걸리는 시간도 사건마다 편차가 크며, 2 ~ 5개월 정도 걸린다.

최초 출원한 국내 특허출원일자로부터 1년 이내에 국내 우선권출원을 진행할 수 있다. 국내 우선권 제도란 한국에 먼저 출원된 선출원을 기초로 한 개량 발명에 대해 특정 기간 내에 우선권을 주장해 다시 출원한 경우 그 출원일을 선출원일로 소급해주는 제도다. 예를 들어 선출원일을 확보할 목적으로 아이디어 개념으로 출원한 후, 1년 이내에 구현 내용을 보강하는 전략을 사용할 수 있다. 기억하라, 특허는 시간 전쟁이다.

해외출원은 국내 우선권과 동일하게 최초 특허출원된 국내 특허를 근거로 1년 이내에 해외 개별 국가마다 특허를 출원할 수도 있다. 마찬가지로 PCT 국제출원[5]도 최초 국내 출원일로부터 1년 이내에 출원이 가능하다. 한마디로 PCT 출원은 일종의 해외 특허출원 기한 연장 제도다.

6.2.2 특허 제도 알아보기

특허 전략을 수립하기에 앞서 출원 전략에 활용 가능한 10가지 제도를 살펴보자. 개념, 장단점, 활용 방안을 적어두었다. 특허 전략을 세울 때 출원인 사정에 맞게 활용하기 바란다.

❶ 임시 명세서
국내 기업이 특허를 빠르게 출원할 수 있도록 기존 명세서 서식에 따르지 않고 발명 설명을

---

[4] 6.2.3절 '예상 소요 경비 알아보기' 참조
[5] 6.2.2절 '특허 제도 알아보기' 참조

기재한 논문, 연구노트, 기술서를 원본 그대로 제출할 수 있게 한 제도.[6] 단, 임시 명세서를 제출한 상태로는 특허 심사를 받지 못한다. 출원일로부터 1년 이내에 우선권을 주장하며 해당 발명을 다시 출원해야 임시 명세서를 제출한 날짜로 출원일을 인정받을 수 있다. 또한 임시 명세서를 제출한 날부터 1년 2개월 내에 정식 명세서를 다시 제출해야 특허 심사를 받을 수 있다.

▶ 임시 명세서 요약

장점	• 빠른 특허출원이 가능하다. • 우선권 주장하여 개량 발명 출원일도 앞당길 수 있다.
단점	• 분초를 다툴 필요가 없는 간단한 발명에는 이중 작업이 될 수 있다.
활용 방안	• 조기 출원이 중요한 전자 통신 기술 분야 등에 유용하다.

❷ 특허청구범위 제출 유예 제도 : 가출원 제도

출원 시 청구범위를 기재하지 않은 명세서를 제출하고, 출원일로부터 1년 6개월 안에 최초 출원서에 명시된 발명의 상세 설명 범위에서 청구범위를 기재한 보정서를 제출하는 제도. 특허청구범위 기재를 유예하여 출원인이 빠르게 출원할 수 있다. 청구범위를 기재하지 않았기 때문에 기본 출원료만 내면 되나 심사청구는 할 수 없다. 청구범위를 기재한 보정서를 제출한 후에야 심사청구를 할 수 있다.

▶ 특허청구범위 제출 유예 제도 요약

장점	• 빠른 특허출원이 가능하다. • 적은 비용으로 특허 유지 여부를 결정할 수 있다. • 먼저 출원한 후에 출원된 발명의 효용 등에 대해 검토할 시간을 가질 수 있다.
단점	• 간단한 발명에는 이중 작업이 될 수 있다.
활용 방안	• 인터넷 관련 방법, 영업 방법(BM) 특허 등 청구범위 작성에 시간이 많이 들어가는 특허출원에 유용하다. 현재 아이디어 상태로도 보호받으면서, 개량 발명을 국내 우선권출원으로 진행할 때 경비 절감이 되어 유용하다.

---

6 2020년 3월 30일부터 시행

❸ 심사청구 제도

특허출원일로부터 3년 이내에 심사청구가 있는 특허출원에 대하여만 심사청구 순서에 따라 심사하는 제도. 출원 후 5년 이내였지만, 2017년부터 3년 이내로 단축됐다.

▶ 심사청구 제도 요약

장점	• 심사청구가 있는 출원에 대해서만 선택적으로 심사하여 심사 촉진을 도모할 수 있다. 권리화가 필요하지 않은 특허출원이라면 생략해 심사 비용을 절감할 수 있다.
단점	• 권리 미확정 기간(최대 3년)은 득이면서 독이다.
활용 방안	• 발명의 등록 여부가 불분명하지만 타인이 등록을 받으면 피곤해지는 발명이라면 심사청구를 하지 않고 특허출원만 진행해 타인의 특허등록 방지용으로 활용한다. • 타인이 서비스나 제품을 모방하지 못하게 할 목적이라면 등록되기 어렵더라도 심사청구 없이 출원한다. 심사청구 기간인 최대 3년 동안 예비 모방 업체를 견제할 수 있다.

❹ 우선심사 제도

특허 심사는 심사청구 순서에 따라 행해지는 것이 원칙이나, 출원된 발명을 실시하고 있거나, 직접 선행기술을 조사하고 그 결과를 특허청장에게 제출하거나, 특허청장이 지정한 선행기술조사 전문기관에 선행기술조사를 의뢰한 경우 등 일정 요건을 만족하는 출원에 대해서 심사청구 순위와 관계없이 다른 출원보다 먼저 심사할 수 있도록 한 제도다.

▶ 우선심사 제도 요약

장점	• 빠르면 6개월 만에도 심사 결과를 알 수 있다. • 이를 활용하여 해외 출원 여부 결정 시 참조할 수 있다. • 독점권을 일찍부터 행사할 수 있다.
단점	• 만약 특허등록이 안 된다면, 출원 중 상태가 종료되어, 경쟁 사업자에게 경고장을 날려 얻을 수 있는 시장 선점 효과 및 경쟁자 사업 진입 지연 효과를 조기에 상실할 수 있다.
활용 방안	• 특허 발명이 적용된 제품을 시장에 판매하고 있을 때 특허로 빠르게 보호할 목적으로 활용한다. • 타인이 내 특허를 침해하고 있을 때 강력한 조치를 취할 수 있다. • PCT 출원 후에 해외 개별 국가에 출원할 때의 참고 자료로 활용한다.

❺ 분할 출원

'일출원 일발명' 주의에 위배되면 의견제출통지서가 나온다. 이때 출원인은 여러 특허로 분할하여 출원할 수 있다.

▶ 분할 출원 요약

장점	• 특허 포트폴리오를 강화할 수 있다. • 기술 하나를 특허 여럿으로 나눠 출원하면 단일성 위반 거절에 대응할 수 있으며, 경쟁사 진입을 막는 효과가 있다.
단점	• 출원 건수가 많아짐에 따라 출원 관리가 어려워지고 출원 비용 및 유지 비용이 증가한다.
활용 방안	• 특허 포트폴리오의 규모와 질을 높이는 데 활용된다. • 최초 특허출원된 건의 심사 결과, 일부 청구항은 등록 가능하고 나머지 항은 거절되었을 경우에 등록 가능한 청구항만 분할하여 안전하게 등록받고, 거절된 청구항에 대한 진보성 여부 등을 다투고자 할 때 활용한다.

❻ 변경 출원

특허를 실용신안으로, 실용신안을 특허로 변경할 수 있다. 변경 출원은 최초 출원일이 소급 적용되며 최초 출원은 변경 출원 시 취하되는 것으로 간주한다.

▶ 변경 출원 요약

장점	• 실용신안으로 방법 발명을 출원했을 때 특허로 변경 출원이 가능하다.
단점	• 불필요한 경비가 소요된다.
활용 방안	• 원출원보다는 유리한 형식으로 변경할 때 활용된다. 진보성 문제로 특허출원이 거절되면 다소 진보성 판단이 완화되는 실용신안으로 출원하여 다투어볼 수 있다.

❼ 명세서 보정

특허출원 시 최초로 작성한 특허 명세서는 출원 접수 후에도 수정이 가능한데, 이를 특허 명세서의 '보정'이라고 한다. 출원일로부터 특허를 거절하거나 등록 결정한다는 특허결정 등본을 송달받기 전까지 출원인은 명세서 내용을 자진 보정할 수 있다. 단 의견제출통지서 (거절이유통지서)가 발행된 경우에는 의견서 제출과 동시에 보정서를 제출할 수 있다. 의견서 또는 보정서 제출 기한은 통지서를 송달받은 날부터 2개월 내이며 2회에 거쳐 2달 더 연장할 수 있다.

▶ 명세서 보정 요약

장점	• 명세서 내용 요지를 변경하지 않는 범위에서 수정이 가능하며, 오류도 수정할 수 있다.
단점	• 보정 내용에 신규 사항을 추가할 수 없다.
활용 방안	• 최초 출원된 명세서가 부실할 경우 명세서 및 청구항을 미리 보정하거나, 경쟁사의 유사 발명 또는 상품이 본 특허의 권리범위에 들어올 수 있게 하는 목적으로 사용된다. • 출원되어 심사를 받는 특허출원 건의 90% 정도가 의견제출통지서를 받는다. 심사관의 의견 제출통지서에 대응하면서 최대한 청구범위를 줄이지 않는 방향으로 출원명세서 및 청구항을 수정하자. 의견서와 보정서를 마감일 전에 일찍 제출하고 지정기간 단축 신청을 하면 다음 심사 결과를 빨리 받아볼 수 있어서 등록까지 시간을 단축할 수 있다.

❽ 국내 우선권 제도

국내 우선권 제도는 한국에 먼저 출원된 선출원을 기초로 한 개량 발명에 대해 선출원일로 부터 1년 안에 우선권을 주장하면서 다시 출원할 경우 그 출원일을 선출원일로 소급해주 는 제도다. 선출원 출원인과 동일인이어야 하고, 선출원이 적법하게 계속 중이며, 선출원의 최초 명세서 또는 도면에 기재된 발명과 동일해야 한다. 국내 우선권이 인정된 경우 특허 요건, 출원 공개시점을 계산하거나, 선사용권 요건을 판단할 때 선출원일이 기준이 된다. 우선권 주장의 기초가 된 선출원은 그 출원일로부터 1년 3개월이 경과하면 취하된 것으로 간주된다.

▶ 국내 우선권 제도 요약

장점	• 개량 발명한 특허출원일을 최초 특허출원한 일자로 소급받을 수 있다.
단점	• 처음에 명세서를 잘 써서 출원했다면 발생치 않았을 추가 경비가 발생한다.
활용 방안	• 빠른 출원일을 확보할 목적으로 선출원한 후에 구체적인 실시예를 추가하여 특허를 충실하게 만들 수 있다. • 기출원된 특허 발명에 관한 다양한 발명(실시예)이 추가되었다면 여러 개량 발명을 병합하여 특허 하나로 만든다. 중간 사건비 또는 유지비 등 추후 경비 절감 효과가 있다. • 개량 발명이 예상되면 '청구범위 제출 유예 출원' 후 국내 우선권 주장 출원을 이용하자. 저렴한 비용으로 우선권을 조기에 확보할 수 있다.

❾ 조약 우선권 제도(해외 출원)

국내에 출원하면 출원일로부터 1년 이내에 해외 출원(국제출원)을 진행할 수 있다. 해외 출원의 출원일은 최초 국내 출원일로 소급을 받을 수 있다. 이는 최초 출원일로부터 1년이 지나면 출원일 소급받지 못하게 된다는 의미다(파리조약에 의한 조약우선권 주장).

▶ 조약 우선권 제도 요약

장점	• PCT 국제출원 없이 직접 해외 출원을 진행하기 때문에 상대적으로 비용이 저렴하다. 출원할 국가가 적을 때 사용하며 절차가 간편하다.
단점	• 최초 출원 후 1년 이내에 해외에 특허를 출원해야 한다. 1년 안에 해당 특허의 해외 출원 대상 국가를 정해야 한다. 대상 국가가 많으면 초기에 일시로 많은 비용이 필요하다. • 국내 특허의 심사 결과를 참조하여 해외 출원 여부를 결정할 수 없다. 우선심사를 하기 전에는 1년 안에 국내 심사 결과가 나올 가능성이 높지 않다.
활용 방안	• 돈을 벌 수 있는 확률을 높이려면 해외 출원을 진행하라. • 해외 출원 대상 국가가 명확한 경우에 활용한다.

❿ PCT 국제출원 제도

PCT^{Patent Cooperation Treaty} 출원을 하면 모든 회원국에 출원한 것과 동일한 효과를 부여한 후, 최초 특허출원일로부터 30개월 내에 회원국에 출원할 수 있다. 해외에 특허를 출원하는 시점을 1년에서 30개월로 연장해주어 해외 출원 여부를 30개월까지 고민하고 출원할 수 있도록 출원인에게 시간을 벌어주는 제도다.

▶ PCT 국제출원 제도 요약

장점	• 12개월에서 30개월로 해외 개별국 출원 기한이 늘어난다. • 해외에서 특허를 받을 수 있는지 미리 확인해볼 수 있고, PCT를 통해 개별 국가로 출원하면 경미하지만 수수료 일부를 감면받을 수 있다. • 30개월 이내에 국내 심사 결과가 나올 확률이 높기 때문에 국내 특허의 심사 결과를 보고 해외 출원 여부를 판단할 수 있다.
단점	• 직접 해외에 개별 특허출원하는 때보다 PCT 출원 비용이 추가로 든다. • PCT 국제예비심사를 받았음에도 불구하고 국내 단계 진입 시 개별 국가마다 별도의 심사를 받게 된다.
활용 방안	• 자금과 시간을 버는 데 활용한다.

참고로 정부 지원사업 중에 PCT 국제출원 비용을 지원해주는 제도가 있다. 실제 지원을 받아 PCT 국제출원을 하고 30개월 이내에 해외 특허출원을 2개국 이상 진행하는 사례가 많지 않다. 아예 개별 특허출원(국내 단계)을 진행하지 않는 사례도 많다. 금전적인 부담이 가장 큰 원인이고, 출원 시점에서 발명의 가치가 발명 시점보다 높지 않아서다.

출원 전략은 발명 명세서 혹은 발명 신고서를 근거로 평가하거나 발명 심의회를 거쳐 발명 등급을 정한 후에 최적 비용으로 출원해 최대 효과를 얻는 방법을 수립하는 일이다. 전략을 실행해주는 제도를 상황에 따라 적절히 활용해야 한다.

6.2.3 예상 소요 경비 알아보기

한 건의 특허를 출원하는 데 비용이 얼마나 들까? 출원 경비는 크게 특허청 수수료와 변리사 수임료가 있다. 출원 시 변리사 수임료는 100만 원에서 200만 원 정도 발생한다. 중간 사건 발생 시 30만 원 내지 50만 원, 등록 시 성공 보상금 50만 원을 받거나 중간 사건 비용을 받지 않고 성공 보상금을 100만 원에서 200만 원으로 높이는 경우도 있다. 발명의 기술 내용이 간단하다면 가격이 상대적으로 저렴하지만, 발명자들이 발명 내용을 정확히 표현하지 못하는 비즈니스 모델이나 미완성 발명이라면 보완하면서 명세서를 작성해야 하

▶ 개략적인 출원, 등록, 유지 비용

	임시 명세서 (청구범위 제출유예)	전자출원	심사청구 비용	우선심사 신청료
특허청 관납료	• 전자출원 시 5.6만 원 • 후출원 및 우선권 주장 (4.6만+1.8만 원)	• 국어 4.6만 원, • 외국어 6.6만 원	• 기본 14.3만 원, • 항마다 4.4만 원	20만 원
대리인 수수료		• 관납료 포함 150~250만 원		
해외 출원	• 미국 가출원 비교 32만 원(280달러) • 정규출원 : 200만 원+ 항당 가산료	• 국가별 500~800만 원	• 명세서 분량 및 번역 유무에 편차 발생	
PCT		350~450만 원		

* 표가 오른쪽과 이어짐

기 때문에 수임료가 더 높다.

그러나 출원에서부터 등록까지 그리고 권리가 소멸될 때까지 매년 납부해야 하는 연차 등록료까지 합하면 출원에서 소멸까지 비용은 생각보다 훨씬 크다.

앞의 표는 개략적인 출원 및 등록 유지 비용을 정리한 것이다. 관납료 중 심사청구 비용, 등록료, 연차료는 청구항 수에 따라 요금이 달라지고, 대리인 수수료 부분은 출원 발명 분야, 난이도 및 변리사 경륜에 따라 유동적이다. 단가표가 아니다. 변리사 사무소에 가서 이 가격대로 해달라고 하는 일이 절대 없길 바란다. 참고만 하자.

국내 출원 경비

일반적으로 대리인에게 위임하여 특허출원하는 데 소요 비용은 150~250만 원 정도다.

예를 들어 청구항이 20개인 특허를 직접 전자출원으로 국내 출원하면 특허청 관납료인 출원료 46,000원만 소요된다. 만약 출원인이 소기업이라면 위 금액의 70%를 감면받아 13,800원만 내면 된다.

특허출원료 및 실용신안 출원료는 출원인의 조건에 따라 감면을 받을 수 있다. 심사청구료 또한 감면 대상이나 우선심사 신청료는 감면 대상이 아니다. 등록료 또한 기본료 및 가산료

보정서 제출	등록료 (1~3년)	연차료 (4~6년)	연차료 (7~9년)	연차료 (10~12년)	연차료 (13~25년)
건당 4000원	• 기본 4.5만 원 • 청구항마다 2.2만 원 (확인 필요)	• 기본 4만 원 • 가산료 2.2만 원	• 기본 10만 원 • 가산료 3.8만 원	• 기본 2.4만 원 • 가산료 5.5만 원	• 기본 3.6만 원 • 가산료 5.5만 원
	성공수수료 150~250만 원				
수수료	성공수수료 150~250만 원				

를 감면받을 수 있다. 감면 관련 상세 내용은 특허로의 '출원료 등의 감면 안내'에 상세하게 설명되어 있다.

출원 시에 심사청구를 동시에 신청했다면 심사청구료 기본료 143,000원 × 1개 + 44,000원 × 19개 = 979,000원의 심사청구료와 출원료 46,000원을 합하여 1,025,000 원이 소요된다.

만일 여기에 우선심사를 신청하게 되면, 우선심사 비용 200,000원이 추가되어 1,225,000원이 소요된다.

우선심사 대상 조건에 해당이 안 될 때는 선행기술조사 전문기관에 소정의 비용을(60만 원) 지불하여 선행기술조사를 의뢰하고 우선심사를 진행할 수 있다. 위 절차를 대리인에게 의뢰해 진행하면 수수료가 200,000원에서 300,000원 추가된다.

해외 출원 경비
해외 출원은 국내 출원보다는 더 비싸다. 통상 국내 대리인을 통하여 해외 대리인에게 출원을 위임하게 된다.

PCT 국제출원 시 예상 관납 비용은 송달료(45,000원) + 국제출원료(1,330스위스 프랑, 약 1,683,130원(환율 1,265.51원 기준)) + 조사료(450,000원) = 2,178,130원이 소요된다. 이는 대리인 수수료가 포함되지 않은 금액이다.

특허로 출원 경비 안내
특허로에서는 특허, 실용신안의 출원 및 등록 과정에서 요구되는 출원 관련 수수료, 특허(등록)료, 관납료를 안내한다. 출원 관련 수수료, 우선권 주장 신청료, 우선권 주장 추가료, 심사청구료 및 특허등록료 등 주요 내용을 정리하면 다음 표와 같다.

▶ 출원료, 심사청구료, 우선권 주장 신청료

구분/권리		특허	실용신안
전자출원 (온라인)	기본료	국어 46,000원	국어 20,000원
		외국어 73,000원	외국어 32,000원
서면출원	기본료	국어 66,000원	국어 30,000원
		외국어 93,000원	외국어 42,000원
	가산료	명세서·도면·요약서의 합이 20면을 초과하는 1면마다 1,000원 가산	명세서·도면·요약서의 합이 20면을 초과하는 1면마다 1,000원 가산
우선권 주장	신청료(전자)	18,000원(1우선권 주장마다)	18,000원(1우선권 주장마다)
	신청료(서면)	20,000원(1우선권 주장마다)	20,000원(1우선권 주장마다)
	추가료(전자)	18,000원(1우선권 주장마다)	18,000원(1우선권 주장마다)
	추가료(서면)	20,000원(1우선권 주장마다)	20,000원(1우선권 주장마다)
심사	기본료	143,000원	71,000원
청구료	가산료	44,000원 가산(청구범위 1항마다)	19,000원 가산(청구범위 1항마다)
재심사	기본료	100,000원	50,000원
청구료	가산료	10,000원 가산(청구범위 1항마다)	5,000원 가산(청구범위 1항마다)
우선심사 신청료		200,000원	100,000원

▶ 특허(등록)료

권리		설정등록료	연차등록료				
		(1~3년분)	4~6년	7~9년	10~12년	13~15년	16~25년
특허	기본료	매년 15,000 원씩	매년	매년	매년	매년 360,000원	
		45,000원	40,000원	100,000원	240,000원		
	가산료	매년 13,000 원씩	매년	매년	매년	매년 55,000원	
	(청구범위 1항마다)	39,000원	22,000원	38,000원	55,000원		

		매년 12,000 원씩	매년	매년	매년	매년	
실용 신안	기본료	36,000원	25,000원	60,000원	160,000원	240,000원	
	가산료	매년 4,000원씩	매년	매년	매년	매년	
	(청구범위 1항마다)	12,000원	9,000원	14,000원	20,000원	20,000원	

특허를 출원하고 등록하고 유지하는 데 생각보다 많은 비용이 소요되지만, 그래도 발명이 우수하거나 정부가 지원하는 감면, 면제 혜택을 받으면 부담이 어느 정도 상쇄된다. 정부 지원 제도를 잘 파악하고, 출원 및 등록에 필요한 경비를 고려하여 출원 전략을 수립하기 바란다.

미국 출원 경비

국내 기업의 해외 출원 중 많은 비중을 차지하는 국가인 미국 관납료는 아래와 같다. 2020년 말에 금액이 인상되었다. 출원 시 기본 관납료는 단일 청구항 20개까지, 독립 청구항 3개까지, 명세서 100면까지 금액이다. 추가되는 청구항, 독립 청구항 수, 다중 종속항 추가에 따라 관납료가 올라간다.

▶ 미국특허출원 관납료

출원기준(Entity Type)	대규모	소규모	마이크로
기본 출원료(basic filing fee), 검색료(search fee), 심사비용(examination fee) 포함. 기본 출원 관납료(Non-PCT 출원)	$1,820	$830*	$455
기본 출원료, 검색료, 심사비용 포함. PCT 미국 관납료	$1,720 or $1,660** with ISR	$860 or $830** with ISR	$455 or $415** with ISR
3개 넘는 추가 독립항(개당)	$480	$240	$120
20개 넘는 총 청구항(개당)	$100	$50	$25
다중종속항 관납료	$860	$430	$215

기본 출원료, 검색료, 심사비용 포함 디자인 출원 관납료	$1,020	$510	$255

* 전자출원 할인액 $80 적용된 금액, 대규모 단체/기업(large entity)과 마이크로 단체/기업에는 전자출원 할인이 적용되지 않는다.

** PCT 국제출원 후 국제조사 보고서가 나온 경우, 검색료가 일부 할인된다.

소규모 단체/기업small entity은 마이크로 단체/기업micro entity 자격이 되지 않는 개인 출원인 또는 직원 500인 미만의 기업이 출원인일 경우, 비영리 단체, 대학 또는 대학원 재단일 경우 적용되는 관납료다. 마이크로 단체/기업은 2021년 기준으로 발명인/출원인(회사 또는 개인) 각 전년도 소득이 US$206,109 이내이고, 미국 출원 누적 건수가 4건 이하인 경우에 해당된다. 해당되는 경우에는 미국 대리인에게 알려주어 혜택을 받도록 하자. 또한 PCT 국제출원이 공개되어 국제조사보고서가 나온 경우 출원 관납료 중의 검색료 $160/$80/$40(대규모/소규모/마이크로)가 출원인 규모에 따라 할인된다.

미국 특허등록일로부터 3년차, 7년차, 11년차 3번에 걸쳐 특허 유지료를 납부해야 한다. 2차의 유예기간이 있으며 할증이 있다. 다중종속항은 관납료만 추가될 뿐 장점이 없어 청구항에 넣지 않는 것을 권장한다.

▶ 미국특허등록 연차료

	대규모	소규모	마이크로
특허등록료	$1,200($1,000)	$600($500)	$300($250)
연차료(1차)	$2,000($1,600)	$1,000($800)	$500($400)
연차료(2차)	$3,760($3,600)	$1,880($1,800)	$940($900)
연차료(3차)	$7,700($7,400)	$3,850($3,700)	$1,925($1,850)
디자인등록료	$740($700)	$370($350)	$185($175)

상세한 사항은 미국 특허청 관납료 사이트[7]를 참조하면 된다. 미국 등록 연차료는 fees.

---

7 www.uspto.gov/learning-and-resources/fees-and-payment/uspto-fee-schedule

uspto.gov/MaintenanceFees/에서 납부 금액 확인이 가능하고 카드로 직접 납부도 가능하다.

6.3 출원 전략 수립하기

특허출원 전략의 창끝은 출원 목적을 향해야 한다. 출원 목적에 따라 전략을 수립하는 방법을 알아보자.

연구개발을 할 때는 개발 방향 및 구체적인 내용 수립 외에도 기존 특허 회피 개발 방법, 특허출원 전략도 수립해야 한다. 과거에는 유효한 특허를 확보하여 사업의 독점성을 가져 시장 우위를 가지는 것이 주목적이었다. 사업이 복잡하게 얽히고설킨 현대에는 특허출원의 목적이 다양해졌다. 다양한 목적을 구분하고 목적별 적절한 출원 전략을 알아본다.

목적별 취할 수 있는 10가지 경우를 ❶부터 ❿까지 다음 표에 적어두었다. 본인에게 맞는 상황을 확인하고 해당 전략 설명을 확인하기 바란다.

▶ 출원 목표 분류

	유효특허권 확보(공격용)	유효특허권 확보(방어용)	빠른 등록 지향	늦은 등록 지향	저렴한 출원 경비 지향	출원/등록 건수 지향
유효특허권 확보 (공격용)		❶	❷	❹	❻	
유효특허권 확보 (방어용)	❶		❷	❹	❻	
빠른 등록 지향	❷	❷	❸			❽
늦은 등록 지향	❹	❹		❺	❺	
저렴한 출원 경비 지향	❻	❻		❺	❼	❾
출원건/등록 건수 필요			❽		❾	❿

❶ **공격용, 방어용 유효 특허권 확보**. 일상적인 특허 활동이다. 발명을 실사업에 적용했다면 적용된 기술이 보호받을 특허 권리범위를 확보하여 타인이 동일한 모방품을 제조하지 못하도록 방어하고, 모방품을 제지하는 특허 권리범위 확보가 목적이다. 발명의 독점성을 일

정 기간 유지하여 사업에서 우위를 얻는 데 활용한다.

출원과 동시에 심사청구를 진행한다. 평가 기준에 해당되면 해외 출원도 동시에 진행한다. 명세서 질을 높여 필요 없는 거절이 나오지 않게 하고 주기적으로 경쟁사 조사를 진행하여 침해 여부를 확인하고 보정한다.

자금 여력이 풍부하지 않고 급하게 등록받을 필요가 없으면 심사청구는 3년 안에 적정한 시점에 진행하고, 해외 출원도 최초 출원일로부터 1년 한도에서 출원하는 것도 전략이다.

❷ **공격용 및 방어용 유효 특허권의 빠른 확보**. 개발 및 사업화가 단기간에 가능하거나, 발명 기술의 생애주기가 짧거나 유행을 탄다면 빠르게 특허를 등록받자. 그래야 모방품 제조를 억제하고, 모방품에 적극적인 권리행사를 할 수 있다. 단기간 동안 독점적으로 사업을 진행해 매출 극대화 및 기업 이미지 향상을 목적으로 한다.

생애주기가 짧은 제품은 특허가 등록될 시점에 이미 차세대 제품이 출시되거나 완전히 다른 제품이 출시될 수 있기에 보조 기능보다는 핵심 기술을 강력하게 보호할 수 있는 방향으로 출원을 진행해야 한다.

빠르게 등록하려면 출원명세서 작성을 충실히 하여 불필요한 의견제출통지서가 나오지 않게 신경 써야 한다. 출원과 동시에 우선심사청구를 하고, 의견제출통지서가 송달되면 빠르게 답변을 진행하면서 지정기간 단축 신청도 해야 한다.

예를 들어 2020년 코로나19가 한창 유행할 때 코로나19 진단 기술은 우선심사를 활용해 신속하게 특허를 받았다. 등온증폭법이라고 불리는 이 발명은 상대적으로 적은 시료를 사용하고 진단 시간도 줄일 수 있어 유용한 발명이었다. 3인 심사관 협의를 거쳐 단 두 달 만에 등록되었다.

❸ **무조건 빠른 특허등록**. 정부 발주 사업에 참여하거나 연구개발 지원사업 신청 시 가점을 얻으려면 특허등록 건수가 필요하다. 이 경우 특허의 질을 떠나 청구범위를 최대한 작게 하여 신규성 및 진보성 문제로 의견제출통지서가 나오지 않게 하여 우선심사를 신청하면 된다.

❹ **공격용 및 방어용 유효 특허등록을 최대한 지연하기**. 특허출원 및 등록 과정은 기한이 어느 정도 예측 가능한 반면에 연구개발 활동이나 마케팅 활동은 계획대로 진행되는 경우가 많

지 않다. 극단적인 사례로는 특허가 등록되고 존속 기간 만료 시점에 제품 상용화가 이루어지는 경우도 발생할 수 있다.

또한 기술 구현은 가능하나 단기간에 사업화가 어려운 발명은 추가 경비가 들지 않는 선에서 최대한 등록 시점을 늦출 수 있는 방안을 모색하는 것이 유리하다. 자본이 열악한 환경에서 여러 특허를 출원할 때 더욱 유용한 전략이다.

심사청구를 최대한 늦게 하고, 의견제출통지서가 나올 때 답변 기한을 최대한으로 활용하고 분할 출원도 이용하자. 비교적 특허 심사가 빠른 미국 특허등록 과정을 살펴보며 국내 특허출원 방법을 수정해나가도 좋다. PCT 출원을 진행하여 해외 출원 기한을 연기시키는 방안도 있다.

❺ **저렴한 출원 경비를 투입하고 특허등록 지연시키기.** 저렴하게 출원을 진행하고 특허등록도 천천히 받으려고 하는 예가 있을까 싶을 거다. 예를 들어 사업화가 장기간으로 예상되고 여러 특허를 출원해야 하는 상황이라면 여러 발명을 병합하여 하나로 출원하고, 심사청구 및 의견제출통지서 답변을 지연하자. 그러면 자금 지출 시점을 늦추어 동일한 자금으로 여러 발명을 출원할 수 있다. 질보다는 출원 건수가 필요할 때 유용하다.

❻ **공격용 또는 방어용 유효 특허권 저렴하게 확보하기.** 여러 발명을 특허출원하기에는 자금이 부족하나 특허를 활용하여 수익을 창출하려 할 때 유용하다. 발명의 실시예가 여러 개 있다면 병합하여 특허 하나에 넣어 출원할 수 있다. 추후 '일출원 일발명' 주의에 위배되지 않게 주의해야 한다. 조속한 등록이 필요하지 않다면 출원 과정을 지연시키는 것도 방법이다.

❼ **무조건 저렴한 출원.** 특허출원 여부가 가점이 되는 지원 제도에 응모하거나 정부조달사업에 낙찰을 받거나 정부기관에 납품할 때 유용한 전략이다. 또한 발명이 특허등록될 가능성도 불확실하며 등록이 되어도 활용 가치가 크지 않을 때 타인도 해당 발명으로 특허를 받지 못하게 공개시킬 목적으로 활용한다. 등록 여부를 신경 쓸 필요가 없어 명세서를 직접 작성할 수 있다면 직접 출원으로 진행하는 것도 방법이다. 가치 있는 특허라고 판단되면 1년 안에 국내 우선권을 활용해 보완하면 된다.

❽ **빠른 출원 건수 / 등록 건수 확보.** ❼번과 유사하며, 특허출원 건수 및 등록 건수가 가점이 되는 사업에 응모할 때, 특허 매각으로 수익을 창출할 때 적절하다. 특허 하나에 청구항을 많이 추가하여 출원/등록받는 것보다는 청구항을 나누어 여러 특허로 출원/등록받으면 된

다. 자금이 많이 드는 단점이 있다. 청구범위를 최대한 줄여서 의견제출통지서가 나올 가능성을 낮추어 우선심사로 진행하자.

❾ **저렴하게 출원 건수 / 등록 건수 확보.** 연구개발 과제를 수행할 때 목표 특허출원 건수가 있다. 이 경우 주된 발명에 특허출원 비용을 많이 투자하고, 목표 건수를 채우는 용도의 특허출원에는 간단한 소발명을 적용해 저렴하게 대리인에게 위임하거나 직접 작성하면 된다.

❿ **출원 건수 / 등록 건수 확보.** 주된 발명 관련 특허 포트폴리오를 구성하는 데 있어 주된 발명의 유효 특허권 확보뿐 아니라 주변 기술의 특허출원 건수 및 등록 건수도 중요하다. 이 경우에는 처음부터 또는 출원 중이더라도 다양한 실시예를 분리하여 개별 특허로 분리 출원해 출원 건수 및 등록 건수를 확보하면 된다.

6.4 출원명세서 직접 작성하기 : TIP

출원명세서는 변리사와 함께 작업하는 걸 추천하지만, 어떤 이유에서든 직접 출원하게 되는 경우가 있다. 추천하는 방식은 아니지만 직접 출원명세서를 작성해보면 급하게 선출원 일자나 출원 건수를 확보할 때 유용하다. 스스로 한 번 써본 경험이 있으면 특허 명세서를 보는 안목도 키울 수 있다(사업화 아이디어나 중요한 발명을 출원 비용 절감 목적으로 직접 출원하는 일은 없길 바란다).

명세서 작성이 고되기는 하지만 흥미진진한 일이기도 하다. 많은 수고와 노력을 들인 당신의 발명에 부가가치를 더할 수 있는 최고의 방안을 정리하는 시간이기 때문이다.

출원명세서 작성법은 다른 책을 참고하거나 유튜브에서 '출원명세서 작성'으로 검색하면 유용한 자료가 많다. 동일 키워드로 인터넷 검색을 해도 많은 작성법을 쉽게 얻을 수 있어, 본 장에서는 간단하게 좋은 출원명세서를 만드는 7가지 유용한 팁만 설명한다.

1 **체크리스트를 활용하여 간단하게 설명을 기입하라.** 작성한 NABC 양식이 있으면 참조하자. 설명을 작성할 때 설명 내용에 필요한 모든 핵심 요소를 확인한다.
   ❏ 표제
   ❏ 기술 분야

□ 배경 세부 정보 및 선행기술

□ 발명이 해결하는 문제에 대한 설명

□ 포함된 도면 목록

□ 발명에 대한 상세한 설명

□ 발명 사용의 예

2 발명 용도를 광범위하게 잡아라. 발명자가 발명을 기술하는 내용은 '해결 목적을 구현하는 바람직한 실시예'다. 여기서 그치지 말고 모든 잠재적인 응용예(또 다른 실시예)도 포함하라. 해결하고자 하는 목적을 염두에 두고 다양한 해결 방법을 더 넓게 생각하고 기술해야 한다. 구현 성능이 주 목적 대비 떨어지더라도 말이다.

예를 들어 발명 목적은 책장이나 의도치 않게 테이블 용도로 사용될 수도 있다면 이를 명세서에 기술해야 한다. 발명 용도는 넓고 광범위하게 숙고해야 한다!

3 도구와 전문가를 활용하라. 기술 내용뿐 아니라 글 자체가 제대로 작성되었는지도 확인하라. 글쓰기는 평생에 고착된 거라 명세서 쓰겠다고 공부하는 건 효과적인 방법이 아니다. '구글 문서', '네이버 맞춤법 띄어쓰기 검사기' 등을 활용하라. 또한 검색으로 주요 키워드를 찾고, 관련 커뮤니티에서 교류하며 전문가 의견을 들어라.

4 발명을 제대로 설명했는지 확인하고 또 확인하라. 특허법에서 요구하는 사항을 충족할 수 있도록 충실하고 완전하게 작성해야 한다. 제3자가 보고 발명을 구현할 수 있어야 한다(다만 노하우까지 밝힐 필요는 없다).

5 그림(도면)을 적극 활용하라. 글과 그림으로 설명하라. 가능하면 전문가를 선임하여 발명의 특허 도면을 제작하고 특허의 중요한 특성을 설명한다. 추후 심사 과정 및 심판 과정에서 답변할 때도 유용하다. 발명을 지지할 도면이 명세서에 있다면 혹시 설명이 누락되었거나 잘못 되었을 때 보정/복구가 가능하다. 내 경우에는 파워포인트를 사용하여 그림을 그렸다. 자신이 잘 사용하는 도구를 사용하면 된다.

6 모든 세부 구성을 상상하고 비전문가 의견을 참조하라. 출원 목표는 이전에 완전히 존재한 적이 없는 발명에 대한 특허를 요청하는 것이다. 발명 설명에 모든 세부 사항, 모든 변형, 이에 대한 모든 옵션 및 대안 사용을 매우 자세하게 포함해야 한다. 설명이 모호하면 심사 과정에서 심사관의 거절 이유를 극복하기 힘들다. 따라서 발명 분야에 대한 지식이 전혀 없는 사람에게 발명을 설명하면서 어떻게 작동하는지 이해시켜보아라. 비전문가 시각에서 놀라운 아이디어를 줄 수도 있다.

7 청구항 작성에 전문가의 도움을 받아라. 청구항이 실질적인 발명의 권리범위다. 명세서에 없는 내용을 청구항에 적을 수 없다. 청구항의 중요성은 아무리 강조해도 모자람이 없다. 타인(경쟁사)은 어떻게 하면 청구항 권리범위에서 벗어날까만 생각한다(청구항 범위를 벗어나 유사 제품을 만들려는 의도에서). 전문가 도움을 받는 것이 제일 좋다. 그렇더라도 청구항 관련 기초 공부를 해두는 것이 좋다.[8]

명세서는 향후 심사 시 또는 분쟁 발생 시에 문제 해결의 근간을 제공한다. 그러니 충실하고 완전하게 만들자.

6.5 청구항 직접 작성하기

특허에서 실질적인 권리범위를 정의하는 것은 청구항이다. 그러나 출원 전에 작성된 청구항, 공개공보에 실린 청구항, 최종 등록 후에 등록공보에 실린 청구항은 대부분 다르다. 심사를 거쳐 최종 확정된 등록공보에 있는 청구항이 확정된 권리범위이자 특허 핵심이다. 발명자 또는 출원인은 권리범위를 최대한 넓혀서 등록받으려고 하고, 경쟁자는 상대 특허의 권리범위를 적게 해석되거나 아예 등록되지 않기를 바란다.

심사관은 청구범위가 일반인에게 무엇을 권리로 청구하고 있는지, 법원에서는 어떻게 해석될 수 있는지, 경쟁자는 무엇을 피해야 하는지가 정확하게 기재됐는지를 확인한다. 청구항을 바라보는 관점이 입장마다 상이하다. 상이한 입장 속에서 내 발명을 보호하고, 내 발명을 모방하는 제품이 특허를 침해하게 만들고, 무효 공격에도 살아 남으면 강력한 청구항이다.

출원명세서를 대리인에게 의뢰하더라도 청구항 초안은 발명자가 대리인에게 전달해야 한다. 그러면 대리인이 전문식견으로 탈바꿈시켜준다. 대리인과 명세서를 만든다고 가정하고 간단한 청구항 작성 방법을 알아보겠다. 더 강력한 청구항을 만드는 방법은 7.4절 '강력한 청구항 작성하기'를 참고하면 된다.

아래와 같은 순서를 참조해서 청구항을 만드는 기본 지식을 알아보자.

---

8 6.5절 '청구항 직접 작성하기', 7.4절 '강력한 청구항 작성하기' 참조

6.5.1 청구항 기초 상식

국내 공개공보나 등록공보 및 미국 USPTO에서는 서지 정보와 요약 및 도면 뒤에 청구범위를 적는다. 청구범위는 여러 청구항으로 정할 수 있다. 오래된 국내 공보나 PDF 등 인쇄물 형태의 미국 공보에서는 후반부에 청구항이 나온다. '명세서 → 청구범위 → 청구항 1' 순서로 청구항을 표기한다.

청구항을 작성하려면 무엇을 어떻게 작성해야 하는지 알아야 한다. 7가지 기초 상식을 간단히 살펴보자.

1 청구항은 독립청구항(독립항)과 독립항을 한정하거나 부가하여 구체화하는 종속항으로 구분된다. 독립항은 일반적으로 넓은 권리범위를 가지고 있으며 종속항은 독립항을 인용하면서 요소를 추가하는 등 독립항보다 권리범위가 작다.

2 특허출원 하나에 여러 청구항을 작성할 수 있다. 우리나라 규정에서는 '적정한 수'로, 미국은 추가 비용 없이 최대 20개까지 청구할 수 있다(그런데 청구항이 100개가 넘는 특허도 있다).

3 한 청구항은 한 문장으로 이루어진다. 마침표로 문장 끝을 표시한다. 영문 청구항은 대문자로 시작해 마침표로 끝난다. 대부분은 청구항을 쉽게 읽을 수 있도록 개요만 작성하지만, 한 쪽 분량 청구항도 적지 않다.

4 순서에 입각해 청구항에 번호를 매긴다. 일반적으로 '청구항 1'이 특허에서 가장 광범위한 청구항이다.[9]

5 각 청구항은 발명 목적을 달성하는 필수 구성요소 또는 방법으로 구성된다.

6 청구항의 맨 앞에 '제 몇 항에 있어서,'라는 말이 있으면 종속항이고 이런 문구가 없

---

9 전략상으로 가장 넓은 권리범위의 청구항을 제일 마지막으로 숨기는 경우도 있다.

으면 독립항이다. '제 1 항에 있어서,'라는 말이 있으면 청구항 1의 구성요소에 해당 종속항을 더한 것이 해당 청구항의 권리범위가 된다.

7 독립항, 종속항 구분 없이 모든 청구항은 침해 및 유효성을 논할 때 독립적이다. 예를 들어 청구항이 10개이고 독립항이 1개일 때 해당 특허를 무효화시키려면 청구항 10 개 모두에 대해 각각 무효성을 주장해야 한다. 침해 주장은 10개 청구항 중 하나만 해당되어도 된다(물론 침해 주장도 한 번에 여러 조항을 들어 제기할 수 있다).

6.5.2 사례로 배우는 독립항

다른 청구항에 종속되지 않은 청구항이 독립항이다. 예를 들면 다음과 같다.

청구항 1

ⓐ 칫솔모에 대면하는 치아 면이 세척되도록 칫솔모를 동작시키는 칫솔모 동작부;

ⓑ 구강 내에 칫솔모 위치를 판단하는 칫솔모 방향 검출부;

ⓒ 상기 방향 검출부에 의해 판단된 칫솔모 위치에 따라 칫솔모 동작부의 진동강도를 조절하는 제어부로

ⓓ 구성되어진 것을 특징으로 하는 전동칫솔.

이 독립항은 주제어('전동칫솔'), 연결어(구성되어진 것을 특징으로 하는), 구성요소(칫솔모 동작부, 칫솔모 방향 검출부, 칫솔모 동작부의 진동 강도를 조절하는 제어부)로 구성되었다.

주제어에는 제품 이름과 용도를 명시한다. 구성요소에는 청구하고자 하는 발명 요소를 정의하거나 지원하는 데 반드시 필요한 모든 항목을 나열한다.

청구항의 각 요소는 앞의 구성요소와 연결되어 있어야 한다. 각 구성요소는 이전 요소를 기반으로 한다. 위의 독립항 예에서 제어부를 설명할 때 '상기 방향 검출부'의 '상기'(영문에서는 said를 사용한다)는 '앞에서 언급한'이라는 의미로 해석하면 된다.

청구항 1에 특허 침해가 되려면 구성요소 ⓐ, ⓑ, ⓒ, ⓓ를 모두 가진 전동칫솔이어야만 한다.

방법 청구항[10](방법항)은 위 장치 청구항과 동일한 방식으로 작성된다. 단, 각 단계(요소)는 일반적으로 '~하는 단계'로 기술한다.

청구항 1을 방법항으로 기술하면 다음과 같다.

> ⓐ 칫솔모 동작부가 칫솔모를 동작시키는 단계;
> ⓑ 칫솔모의 위치를 판단하는 단계;
> ⓒ 판단된 칫솔모의 위치에 따라 상기 칫솔모 동작부의 칫솔모 진동강도를 조절하는 단계
> 를 포함하는 전동칫솔의 진동강도 조절방법.

사례를 든 특허에 방법항을 추가하지 않았다. 꼭 필요하지 않다면 청구를 하지 않는 것이 경비를 아끼는 길이다.

6.5.3 사례로 배우는 종속항

종속항은 다른 청구항에 종속된 항목이다. 종속항은 독립항과 결합될 때만 의미가 있다. 다음은 바로 앞에서 언급한 청구항 1을 인용하는 종속항이다.

> **청구항 4**
> 제1항에 있어서, 상기 칫솔모 방향 검출부는 적어도 네 개의 방향을 구분하는 것을 특징으로 하는 전동칫솔
> **청구항 5**
> 제4항에 있어서, 상기 네 개의 방향은 상부 교합면, 하부 교합면, 좌측 협면(또는 우측 설면[11]) 및 우측 협면(또는 좌측 설면)의 네 부위로 구분하여 검출하는 것을 특징으로 하는 전동칫솔.

청구항 4는 청구항 1을 인용(포함)하고, 청구항 5는 청구항 4를 인용한다. 즉 청구항 4는 청구항 1의 모든 구성요소 등 모든 한정 사항을 포함하여 해석하고, 청구항 5는 청구항 1 및 청구항 4의 구성요소 등 모든 한정 사항을 포함하여 해석해야 한다는 것이다. 다시 말하자면 실질적으로 청구항 5의 권리범위는 아래와 같은 구성요소를 모두 가지는 전동칫솔인 것이다.

---

10 청구항에는 장치 청구항, 방법 청구항, 공정 청구항 등이 있다. 방법항이란 어떤 물질의 제조 방법을 청구하는 항이다. 새로운 장치를 발명했을 때 장치항에 비해 하드웨어적 한정 사항을 줄일 수 있어 권리범위가 더 넓어진다는 이유로 한때 인기를 끌며 장치항과 같이 사용되었다. 기능을 장치로부터 분리시킨 소프트웨어의 등장으로 방법항 개선에 대한 논의가 많다.

11 치아 부위 중 혀가 있는 내측면의 치아 부위를 말한다.

일반적인 구성요소는 청구항 1에 있다. 청구항 4에서는 방향 검출부가 검출할 수 있는 방향을 4가지로 한정했고, 청구항 5에서는 4가지 방향을 구체적으로 한정했다. 이렇듯 종속항의 구성요소는 인용하는 항의 구성요소를 인용해야 한다. 즉 4항은 1항의 방향 검출부를 인용했고, 5항은 4항의 '네 개의 방향을 구분하는 방향 검출부'를 인용했다.

청구항 4 및 5는 방향검출부의 방향 개수 및 구체적인 위치를 제한함으로써 청구항 1의 권리범위를 좁혔다. 즉 청구항 5에 특허 침해가 되려면 구성요소 ⓐ, ⓑ, ⓒ, ⓓ, ⓔ, ⓕ를 모두 가진 전동칫솔이어야만 한다. 최소 6개 항목을 모두 가지고 있어야 한다.

즉 청구항 5에 침해되려면 청구항 5가 인용한 청구항 1과 청구항 4의 구성요소를 포함한 최소 6개 요소가 있어야 한다.

부적절한 사례 : 종속항에서 인용항의 구성요소를 제거할 때

종속항은 이와 같이 인용하는 독립항보다 권리범위가 작은데 이를 위반하는 부적절한 사례를 예를 들면 다음과 같다.

제 1 항에 있어서, 칫솔모 방향 검출부가 없는 것을 특징으로 하는 전동칫솔.

청구항 1에는 방향 검출부가 필요 구성요소로 들어가 있는데, 이를 인용하는 종속항에서 방향 검출부가 없다고 하면 부적절한 형식이다. 종속항의 권리범위가 더 넓어지는 경우다. 청구항 1에서는 방향 검출부가 있어야 저촉이 되는데, 이를 인용한 항에서는 방향 검출부가 없어도 특허에 저촉되기 때문이다.

부적절한 사례 : 다중 종속 청구할 때

> '제 1 항 내지 제 5 항 중 어느 한 항에 있어서,

2개 이상 항을 인용하는 항은 부적절하다. '어느 한 항에 있어서'와 같이 택일적으로 기재해야 인정이 된다. 또한 다중 종속 청구항을 인용한 청구항은 다른 다중 종속 청구항을 인용할 수 없다. 다중 종속 청구항을 잘못 사용하면 수수료 폭탄을 맞을 수 있으니 초보라면 더더욱이 다중 종속 청구항을 사용하지 않는 것이 좋다.

6.5.4 청구항 작성 형태

자주 사용되는 청구항 작성 형태(구성요소, 젭슨, 마쿠쉬)를 알아본다.

구성요소 형태 : 나열하기

전제부 없이 발명의 구성요소를 병렬로 나열하여 기재하는 방식이다. 최근 일반적으로 사용된다. 독립항에서 인용한 전동칫솔 청구항이 여기에 해당된다.

> 구성 1;
> 구성 2; 및
> 구성 3
> 을 포함하는 장치.

젭슨 형태 : 개량/개선

젭슨 형태Jepson Type는 발명이 기존 제품에 대한 개선일 때 자주 사용됐다. 이미 알려진 기술을 청구항의 전제부에 기재하고, 그 알려진 기술에서 개량 부분을 명확하게 기재하는 형식이다. 요즘에는 한물간 형식으로 인식되어 사용되지 않는다. 다른 등록공보를 분석하려면 알긴 알아야 하니 살펴보자.

다음의 예는 모니터의 PC 신호 연결선이 제대로 연결이 되지 않았을 때 모니터의 화면에 케이블 연결을 확인해보라는 메시지를 나타내주는 발명 관련 특허의 청구범위 예다.

> **청구항 1**
> ⓐ 시스템의 신호케이블과 연결되는 케이블커넥터와,
> ⓑ 상기 케이블커넥터를 통하여 영상신호를 입력하는 증폭 수단과,
> ⓒ 상기 증폭수단을 통하여 입력된 영상신호를 디스플레이하는 CRT브라운관을
> 가지는 디스플레이 장치의 자기진단 방법에 있어서,
> ⓔ 상기 신호케이블이 상기 케이블커넥터에 연결되지 않은 경우에 소정의 주파수를 가지는 내부 수평 및 수직동기 신호를 발생하는 제 1 과정과,
> ⓕ 상기 디스플레이장치의 내부에서 설정되고 컬러 및 화면 상태에 관련한 적어도 둘 이상의 자기진단화면들을 발생하는 제 2 과정을
> 구비함을 특징으로 하는 자기진단방법.

출처 : 특허등록번호 특0139302

위의 청구항 1은 ⓐ 케이블 커넥터, ⓑ 증폭 수단 ⓒ 브라운관을 가지고 있는 종래의 공지 기술에, 시그널 케이블이 연결 안 되었을 때 화면에 메시지를 띄워주는 ⓔ 제1 과정과 ⓕ 자가진단 화면을 발생하는 새로운 특징요소를 나타내는 방식이다.

"~에 있어서" 기준으로 이전 문구는 선행기술이 되며, 이후 문구는 본 발명의 새로운 요소로 간주된다.

전제부 ⓐ, ⓑ, ⓒ가 본 발명의 청구범위에 필수요소인지를 판단하려면 명세서 전체의 내용과 심사 과정을 보고 판단하나 대부분은 전제부도 발명의 구성요소로 간주된다. 이로 인하여 청구항의 권리범위가 작아질 수 있으니 전제부 작성에 유의해야 한다. 자주 사용되지는 않지만 발명의 이전 부분과 새로운 부분을 분리하는 데 매우 효과적일 수 있다.

마쿠쉬 형태 : 화학 분야

마쿠쉬 형태Markush type는 화학분야에서 청구항을 기재할 때 사용되며 'A, B, C 또는 D' 혹은 'A, B, C 및 D로 구성된 군에서 선택된'처럼 표현한다. 예를 들면 다음과 같다.

> '제 1 항에 있어서, 상기 유체는 공기, 질소, 프로판, 부탄 및 불소로 구성된 그룹에서 선택된 가스.'

5가지 기체를 열거하고 있는데, 선행기술에 의해 5가지 중 하나라도 신규성이 없어지면 전체 청구항이 유효하지 않게 된다. 5가지 기체를 별도로 청구항으로 작성한다면 이중 하나의 기체가 무효가 되어도 다른 청구항에 영향을 미치지 않는다.

물건 발명 청구항 : 제조 방법

물건 발명 청구항product-by process에는 제조 방법을 적는다. 구조적 특성보다는 제조 방법에 의해 한정될 때 사용한다. 아래의 예를 보면, 청구항 1은 제조 방법에 관한 방법항으로 독립항이며, 청구항 7은 청구항 1의 방법으로 제조된 것을 특징으로 하는 물건에 관한 청구항이다.

청구항 1

… 수분을 제거하는 단계;

… 함유 용액 내에 침지하는 단계; 및

… 플라스틱 판에 지지시켜 건조하는 단계

를 포함하는 셀룰로오스의 제조 방법.

청구항 7

제1항의 방법으로 제조되고 수분에 노출 또는 접촉되어 겔화하는 바이오 셀룰로오스.

이 경우에는 청구항 1 방식으로 해외에서 제조한 물건이더라도 청구항 7로 인해 특허 침해가 될 수 있다.

6.5.5 직접 청구항 작성하기

청구항을 작성하는 것은 고도의 경험과 지식을 가진 특허 엔지니어의 영역이다. 그럼에도 중요치 않은 발명에서 명세서와 청구항을 직접 작성해보는 것은 의미가 있다. 경험으로 깨달으면 오래 남는다. 대리인과 협업해 더 좋은 청구항을 만들 안목이 생긴다. 청구항, 독립항, 종속항 순서로 작성 방법을 간단히 알아보자.

청구항 작성 방법

청구항을 작성하려면 발명을 세부적으로 이해하고 어떻게 작동하는지 알아야 한다. 총 3단계 작성하면 된다.

1단계에서는 다음 질문에 대한 답을 먼저 정한다.

1 내 발명은 무엇인가?

2 발명을 이루는 구성요소는 무엇인가?

3 구성요소들은 서로 어떤 연관 관계를 가지고 있는가?

4 하나 이상의 발명인가?

5 각 발명에는 다양한 변형(다른 실시예)이 있는가?

2단계에서는 유사한 선행기술 공보를 찾아야 한다. 유사한 선행기술의 공개 또는 등록공보 전체를 상세히 검토하고 가능한 한 관련 문서별로 발명의 차이점을 확인한다. 더불어 청구항을 어떻게 작성했는지도 참조한다.

3단계에서는 드디어 청구항을 작성한다.

1 작성자의 능력과 주관에 따라 이상적인 청구항을 작성한다.

2 이상적인 청구항을 근거로 청구범위를 최대한 넓게 작성한다.

3 청구된 주제를 선행기술과 구별하는 기능(또는 가능한 한 광범위한 기능 조합)을 찾아라.

4 이상적인 청구항을 근거로 청구범위를 최대한 좁게 작성한다.

5 명세서 내용을 참조하여 청구범위가 중간 정도의 범위로 다단계식[12]으로 작성한다.

단, 청구항을 작성할 때는 아래의 기본적인 원칙을 지켜야 한다.

1 독립항은 필수 구성요소를 전부 적는다.

2 발명의 상세 설명보다 넓지 않아야 한다.

3 기능적 기재는 피해야 한다. 발명의 핵심을 기능면으로 특정하면 범위가 너무 광범위해지기 때문이다.

청구항 작성은 넓게, 명확하게, 알기 쉽고 간결하게 기재하되 장치 발명인지 방법 발명인지 명확히 해야 한다. 청구범위가 과도하게 넓으면 권리범위대로 특허등록을 받기 힘들며, 너무 좁으면 정당한 권리행사가 어려워진다. 또한 청구범위를 해석하는 것은 까다롭고 미묘하기 때문에 용어 선택에 주의해야 한다. 넓은 의미와 좁은 의미 용어표를 만들면 청구항 작성에 도움이 된다.

청구항 세트는 일반적으로 하나 이상의 독립항으로 구성된다. 독립항은 특허등록이 가능할 정도에서 가능한 한 넓게 작성해야 한다. 경쟁사가 내 특허 권리범위를 침해하지 않고는

---

12 청구범위가 아주 넓은 것, 그다음으로 넓은 것, 또 이하로 넓은 것 등으로 다단계로 만들어주어야 강력한 특허가 될 수 있다.

내 발명의 혜택을 얻을 수 없도록 작성하면 된다. 원리를 이해하면 더 넓은 청구항을 작성할 수 있다. 전자레인지의 회전판을 처음 개발한 발명가를 예를 들어보자.

회전판은 회전하면서 판 위에 놓인 음식이 골고루 가열되게 한다. 그런데 골고루 음식을 익히려는 목적은 에너지원에서 음식을 이동시키면서 달성된다. 회전판은 이러한 장점을 얻는 한 가지 방법일 뿐이다(경쟁자는 동일한 목적을 얻기 위해 대체 구조를 개발하면 된다). 따라서 독립항을 에너지원에 대해 이동하는 지지체를 포함하는 전자레인지로 삼아야 한다. 회전판은 지지체를 이동하는 종속항으로 언급해야 권리범위가 넓어진다. 구조를 보지 말고 원리를 이해해야지 넓은 청구항을 만들 수 있는 것이다.

독립항 작성 방법

내 발명이 기존 기술 대비 가진 장점을 뽑아내고, 장점을 구현하는 필수 기술이나 단계를 판단한다. 마지막으로 다른 방법으로 동일하거나 유사한 기능을 달성할 수 있는가를 생각한다.

청구항에 기재된 모든 단어를 보고 "내 발명을 가장 넓은 의미로 설명하는 데 정말 필요한가?" 질문한다. 대답이 "아니요"라면 삭제하라. 대답이 "아니요, 그러나 본 발명이 해당 요소 때문에 더 잘 동작한다"면 종속항으로 작성하라.

어떤 제품이 특허를 침해하려면 '모든 요소 규칙'에 따라, 적어도 한 청구항에 있는 모든 요소(항목 또는 제한)를 포함해야 한다. 따라서 가장 넓은 청구항에 기입한 요소를 최대한 줄여야 한다.

청구항 작성 시 피해야 할 단어를 다음 표에 적어두었으니 참고하자.

▶ 청구항 작성 시 피해야 할 표현/단어

피해야 하는 단어	대체어	이유
상표명		상표명은 쓰지 않는다. 다른 사람이 인용한 상표와 동일한 제품을 다른 이름으로 만들 수 있다. 벨크로 같은 저명한 상표를 다른 사람이 동일한 이름으로 만들고 있다면, 다른 벨크로를 사용한다고도 주장할 수 있기 때문이다. 특허는 20년간 존속하는데, 인용한 상표가 변경되거나 폐기되면 의미가 변할 수 있다.

미리 결정된	선택적인, 계산된	기술의 발전으로 미리 결정되지 않고 계산되는 경우가 생겨나고 있어 회피할 수 있는 여지가 생길 수 있다.
정확한		모호하다. 얼마나 정확한 것인지에 대한 논쟁을 불러일으킬 수 있다.
제거	제한, 감소	예시로 든 제거를 비롯해 절대적인 표현은 사용하지 않는다.

청구범위가 넓다는 것은 동일하거나 유사한 목적(기능)을 달성할 수 있는 다른 모든 가능한 수단을 포함할 수 있을 만큼 충분히 광범위하다는 의미다. 범위를 넓히더라도 종래 기술과 차별성이 없어질 정도로 넓어지면 안 된다.

발명의 장점을 구현하는 새로운 구조가 여럿 있으면 여러 독립항을 작성하거나 여러 특허로 출원을 할 수 있다.

종속항 작성 방법

종속항은 인용하는 독립항보다 청구범위가 좁다. 경쟁자가 독립항을 침해하지 않으면 종속항도 침해하지 않는다는 의미다. 이러한 이유로 종속항은 특허의 폭보다는 유효성(강도)을 향상시키는 용도로 사용된다.

전략적 관점에서 종속항은 세 가지 주요 목표를 가지고 있다.

1 심사관이 특허 가능한 여러 기능을 검토하도록 하여 특허등록률을 향상시키는 데 사용된다. 심사관이 독립항이 너무 넓다고 판단을 내리더라도 더 좁은 종속항 중 하나는 등록이 가능하다고 판단할 수 있다. 독립항의 선행기술이 있더라도 종속항으로 인해 진보성 등 차별화를 꾀할 수 있어 특허출원 자체가 등록이 안 되는 것을 방지한다.
2 소송이나 협상에서 상대방이 독립항이 유효하지 않다는 것을 증명하는 데 성공한 경우, 종속항이 이를 방어할 수 있다. 독립항, 종속항 구분 없이 무효는 각 청구항마다 이루어진다. 권리범위가 좁은 청구항도 무효 주장을 별도로 진행해야 한다. 따라서 종속항은 소송을 대비한 도구로 사용될 수 있다.
3 발명으로 얻을 수 있는 장점을 실질적으로 구현하는 방법으로 작성하여 나와 유사한 기술을 개발해 사용하는 경쟁 업체가 실질적으로 침해할 가능성이 있게 한다.

일반적으로 독립항은 본 발명의 가장 광범위한 권리범위를, 추가 발명적 특징을 가지는 종속항은 발명의 상업적 실시예를 보호할 수 있는 권리범위를 가진다. 또한 권리범위가 넓고 강하다고 한들 침해 여부를 판단하는 데 많은 비용이 들거나 심지어 불가능하면 특허 활용이 어려워 특허 가치가 떨어진다. 가능하다면 침해 여부를 판단할 수 있게 청구항을 작성해야 한다.

젭슨 형태에서 다룬 '자기진단 기능을 가지는 디스플레이장치 및 이를 이용한 자기 진단 방법'을 다시 살펴보자. 모니터와 컴퓨터 간에 케이블 연결이 안 되었을 때는 '연결 케이블을 점검해보라'는 메시지를 화면에 출력하여 AS 요청을 줄이려는 목적이다. 특허의 청구범위를 침해했는지 판단하는 방법은 간단하다. 시그널케이블을 빼고 화면에 메시지가 뜨는지만 확인하면 된다. 전제부[13]는 CRT모니터의 필수 구성요소이므로 한정사항은 아니며, 간단하게 침해 여부를 판단할 수 있어 유효한 특허라고 할 수 있다.

6.6 변리사와 협업하기

복잡한 출원 절차를 해결하고, 효과적으로 발명 가치를 높이려면 특허와 특허법 전문지식이 필요하다. 출원 이후에도 의견서, 답변서, 보정서 작성 등 법률 행위가 지속해 일어나기 때문에 발명을 잘 보호하고 유용한 특허로 등록받기를 원한다면 변리사를 선임하자. 직접 출원한 이후에 선임도 가능하다. 해외 특허는 직접 출원을 할 수 없고 반드시 현지 대리인을 통해야 한다.

6.6.1 변리사, 선임해야 할까?

부동산을 거래할 때는 공인중개사, 법률문제는 변호사, 회계 문제는 회계사가 공인된 전문가다. 특허에서는 변리사가 전문가다. 중요한 부동산 거래와 소송과 재무 처리를 직접 할 수도 있지만 대부분은 전문가를 대동한다. 특허도 마찬가지다. 변리사를 선정했을 때 얻게 되는 장점은 다음과 같다.

1 출원인의 상황에 맞는 적절한 출원 전략을 조언받을 수 있다. 간단히 명세서에 타이핑하는

---

13 '~에 있어서' 앞단에 있는 공지된 구성요소를 의미한다. 6.5.4절 '청구항 작성 형태'에서 '젭슨 형태' 참조

업무를 하는 사람이 아니다. 출원 전략을 조언하고 실질적인 수행까지 대리해준다.

2 **충분하고 완전한 출원명세서를 작성할 수 있다.** 직접 작성하는 출원명세서보다 명세서 질이 확연하게 높고 오류가 적어 중간 사건 발생 확률이 상대적으로 적다. 발명 관련 특허출원 경험이 있는 변리사를 만나면 선행기술 및 기술 트렌드를 잘 알고 있어 신규성 및 진보성 문제를 해결할 아이디어나 추가 실시예 아이디어를 제공하기도 한다. 선행기술과 차별화되면서 청구범위를 최대한 넓게 작성할 수 있어 발명 가치를 높일 수 있다.

3 **심사 시에 적절한 대응이 가능하여 원하는 권리범위로 등록받을 확률이 높다.** 일반적으로 출원명세서를 작성한 변리사가 중간 사건도 담당한다. 따라서 심사관의 거절 이유에 대한 답변서를 작성할 때 효과적으로 대응할 수 있다. 개인이 직접 출원한 특허의 중간 사건을 수임받는 특허사무소가 일부 있지만, 개인이 출원한 명세서는 내용이 부실하여 답변서 및 보정서 작성 시에 애로사항이 많다. 따라서 개인이 직접 출원명세서를 작성한 출원의 중간 사건 수임을 꺼리는 특허사무소가 적지 않다.

4 **출원 및 등록 관련 전반적인 일정을 관리해준다.** 특허는 출원 이후 신경 써야 할 일정이 많다. 의견제출통지서를 접수한 이후에 의견서 또는 보정서를 제출한다거나, 심사청구를 진행할 때는 지정된 기한이 있다. 개인이 직접 처리하다 보면 놓쳐버리는 경우가 있는데 이를 방지할 수 있다.

5 **발명이 유효 특허로 등록되게 할 가능성이 높다.** 일반적으로 개인보다는 전문가가 작성한 명세서나 청구범위가 더 적절하다. 따라서 권리범위가 넓게 등록될 가능성이 높다.

6 **해외 출원 시 도움을 준다.** 해외 출원 시 국내 변리사가 해외 각 국가별 대리인을 중개하고 출원 관련 업무를 팔로업한다. 해외 대리인 대리인을 직접 섭외하고 직접 처리하는 경우를 상상하라. 국내 변리사를 사랑하고 존경하게 될 것이다.

6.6.2 딱맞는 변리사를 찾아라

좋은 변리사를 선임하는 데 많은 공을 들여야 한다. 지인이나 창업기관, 인터넷 검색으로 변리사를 선임할 수 있다. 선행 특허를 작성한 특허 사무소에 연락해보는 것도 하나의 방법이다. 어떠한 경우든 변리사를 선임할 때 점검해야 할 기본 사항이 있다. 기본 사항을 간단히 알아보자.

1. **인지도.** 큰 특허사무소는 주로 대기업 사건을 전담하거나, 해외 기업의 인바운드 사건 위주로 맡고 있어 소액 사건을 다루지 않거나, 다루더라도 비싸다. 특허사무소의 인지도로 대리인을 선정하는 일은 무리다. 인지도보다는 이어서 설명할 조건들에 무게를 두고 선정하자.

2. **전문성.** IT 기술, 가전 기술, 중장비, 건설, 바이오 등 기술별로 특화된 특허사무소가 있다. 내 발명에 특화된 특허사무소를 선정한다. 이를 확인하는 방법은 두 가지다. 직접 물어보거나 키프리스에서 해당 대리인이 출원 대행을 한 유사 기술의 특허가 있는지 대리인 이름으로 검색해보면 된다.

3. **명세서를 작성할 담당자.** 실질적으로 명세서를 작성할 변리사 또는 특허명세사가 누구인지 확인하고 담당자가 발명 분야와 관련이 있는지를 확인해야 한다. 내 발명은 소중하니 경력 5년 이상의 변리사나 특허명세사가 작성하는 곳에 위임하는 것이 좋다. 담당 대리인이 발명에 흥미를 보이는지, 의사소통은 원활한지도 확인하자. 출원명세서를 쓸 자료를 제출할 때 별도의 발명 관련 상담이 있는지도 확인해야 한다.

4. **경비 세목.** 경비는 선행기술조사 범위 등 세목에 따라 달라진다. 동일 세목을 근거로 타 특허사무소와 비교하여 적절한지를 판단해야 한다.[14]

5. **업무 처리 방법 및 납기.** 구체적인 업무 처리 방법과 납기를 점검한다. 명세서를 작성할 때는 발명자와 변리사와의 의사소통이 중요하기 때문이다. 모든 일에 마감이 없어서야 되겠는가? 납기를 명확히 하자.

6. **재무 건전성.** 특허는 단기간에 끝나는 작업이 아니기 때문에 위임할 특허사무소가 갑자기 폐업을 하면 본의 아니게 불이익을 받을 수 있다. 판단하기는 어렵겠지만 조만간 폐업할 것 같은 특허사무소에는 위임하지 않는 것이 좋다.

7. **기타.** 자체 선행기술조사 여부, 해외 대리인 존재 여부 등을 확인해보는 것도 필요하다.

6.6.3 변리사가 쓴 출원명세서 검토하기

기억하자. 무에서 유를 창조하는 사람은 없다. 유능한 변리사라고 하더라도 발명자의 적극적인 도움 없이는 우수한 출원명세서를 잉태할 수 없다. 변리사가 최고의 실력을 발휘해 명세서를 작성할 수 있게 돕자. 귀찮을 정도로 상세하게 자료를 전달해주자. 발명 내용과 의

---

14 6.2.3절 '예상 소요 경비 알아보기' 참조

도를 명확히 설명하고 제대로 이해했는지도 확인하자.

출원명세서 초안을 전달받았다면 성실하게 검토하자. 기술 내용의 오류나 누락을 점검하고, 추가된 부분이 있으면 주의 깊게 살펴보아야 한다. 수정사항이 너무 많으면 상담 후 재작성을 요청해도 된다.

대리인이 작성한 출원명세서를 검토할 때 집중적으로 검토해야 하는 항목은 다음과 같다.

1 **기한 및 과정 준수.** 작성 기한 준수는 기본이다. 임의로 발명자 인터뷰를 생략하는 일 또한 없어야 한다.

2 **출원명세서의 기재 형식 준수.** (장치 발명이라면) 도면이 있는지, 용어가 일치하는지, 설명이 쉬운지, 오탈자가 심각한지 확인하자. 간헐적인 단순 실수는 보정하면 되지만 검토 자체가 곤란하다면 재작성을 요청한다.

3 **발명의 포함 여부.** 상세한 설명 또는 도면에 발명이 명확하게 나타났나 확인한다.

4 **발명의 청구 여부.** 발명이 청구항에 의해 문언적으로 명확하게 보호되었나 확인한다. 대리인의 부가 설명이나 자의적 해석이 있어야만 청구항에 발명이 포함되는 것으로 판단되면 재작성을 요청해야 한다.

5 **일반적 용어 사용 여부.** 엉뚱한 용어를 사용했는지, 생소한 용어를 전체 이름 표시 없이 약자로 사용하는지 확인하자. 이러한 용어가 본 발명의 구성요소 중 하나이거나 직접 관련되었다면 재작성을 요청해야 한다(기존에 지칭하는 용어가 없어서 새로 만들기도 한다. 이때는 관련 설명을 달아두면 된다).

6 **종래 기술의 적절성.** 선행기술조사 결과를 반영하여 '종래 기술'을 기술했는지 확인한다. 문헌을 인용해 종래 기술을 언급해도 문제없다.

7 **청구항의 적정성 여부.** 널리 알려진 종래 기술을 포함하여 청구항을 작성했는지 확인한다(단 종래 기술과 차별되도록 적절히 작성되었다면 문제없다). 둘 이상으로 나뉘어 판매되거나 제조되는 제품을 청구항 하나에서 청구하는지도 확인하자.

8 **실시예 추가 여부.** 발명 신고서 및 발명자가 제공한 자료에 없는 실시예가 있는지 확인한다(발명자 면담 또는 작성자의 예측으로 추가된 경우에는 문제없다).

9 **추가 실시예의 청구 여부.** 발명 신고서 및 발명자가 제공한 자료에 없는 실시예에 대해 청구항을 작성했다면 문제없다. 상세한 설명에는 없더라도, 청구항에서 여러 형태의 발명을 청구하고 있다면 문제없다. 해당 기술 분야에서 극히 당연한 것으로 취급되는 내용을 종속항 또는 독립항에서 청구하는 경우 삭제를 요청한다.

결론. 이해하기 쉽고 명확하게 기술되어 있고, 내용의 흐름이 매우 논리적이며, 특별히 수정할 사항이 없이 적절하다고 판단되면 출원을 진행한다. 또한 침해 적발이 어려운 발명임에도 침해 적발이 용이하도록 청구항을 의도적으로 작성하는 등, 제품과 침해를 고려하여 유효적절하게 청구항을 작성했다면 금상첨화다.

거절의견통지서가 나왔을 때도 출원명세서를 검토하는 절차로 진행한다. 즉 언급된 신규성 또는 진보성 관련 거절이유에 대한 검토를 출원 시 진행했던 방식과 유사하게 진행해 대응한다. 전반적인 과정은 6.1.3절 '특허출원 후 등록까지 과정'에서 다룬 '특허출원 후 흐름도'를 참조하면 된다. 그러나 청구범위에 기재된 내용과 발명이 실질적으로 차이가 있는 경우, 상세한 설명에 발명이 포함되어 있지 않은 경우, 인용문헌이나 특별한 근거 없이 종래 기술을 임의로 기재한 경우, 청구항의 주요 용어가 상세한 설명에서 사용하는 용어와 달라서 내용을 이해하는 데 어려움이 있는 경우, 청구항의 구성요소에 3M 접착제 등의 매우 부적합한 용어를 사용하는 경우에는 상담을 통해 전반적으로 재작성을 요구해야 한다.

학습 마무리

특허출원은 아이디어나 발명의 보호 시작점이자, 돈 버는 단계로 돌입하는 매우 의미 있는 행위다. 아이디어 창출부터 지속적으로 기록해왔다면 출원명세서 작성은 비교적 쉬울 것이다. 중요하지 않은 발명을 출원할 필요가 있을 때 출원명세서를 직접 작성하여 직접 전자출원을 해보는 것도 좋다. 한 번 직접 출원을 해본 사람은 대리인에게 특허출원을 위임하더라도 내용이 충실한 우수한 출원명세서를 도출할 수 있다.

좋은 발명은 발명자로부터 나오지만, 좋은 특허의 밑바탕인 좋은 출원명세서는 발명자와 대리인의 협력 결과로 나온다. 따라서 발명자나 출원인이 반드시 특허법 전문가가 되어야지만 좋은 특허를 출원하는 건 아니다. 청구항이 만들어지는 절차와 방법 및 타인이 만든 청구항을 검토할 수 있는 능력만 있어도 충분하다. 모든 제도를 완벽히 알아야 하는 것도 아니다. 필요할 때 활용할 수 있으면 된다.

국내 출원 비용뿐 아니라 해외 출원까지 하려면 그 비용 부담이 상상외로 크다. 정부 지원 시책을 잘 활용하고 특허 지식을 쌓아 저렴한 경비로 최대한의 효과를 낼 수 있는 전략을 수립해 특허로 미래를 확실히 일궈내길 바란다.

에피소드

1. 출원 전략 수립하기

최초 출원된 특허에 실시예를 추가하기로 결정하고, 기존 동작 센서 대신에 저렴한 리니어 센서를 경사지게 장착한 다른 실시예를 추가했다. 이어서 국내 우선권출원을 진행했다. 상용화가 지연되고 해외 시장에서 본 발명을 어떻게 받아들일지 예상할 수 없어서 대리인에게 위임하여 PCT 국제특허출원을 진행하기로 했다. 이렇게 하여 해외 출원 여부를 검토할 시간을 벌었다.

더불어 PCT 출원명세서 초안이 나오면 이를 수정하여 직접 국내 우선권출원을 하여 경비를 조금이나마 절약하기로 했다. 심사청구는 상용화를 결정지을 무렵에 진행하기로 했다 (이때는 심사청구 기간이 5년이었다).

▶ 스마트 칫솔 출원 전략

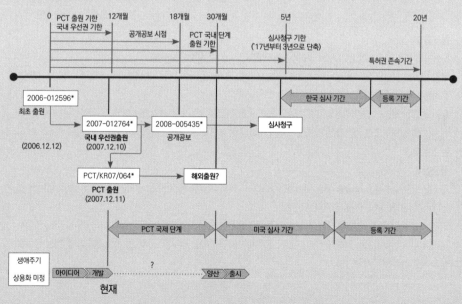

2. 출원명세서 작성하기

국내 우선권출원은 대리인이 작성한 PCT 출원명세서를 국내 출원명세서 형식에 맞추어 수정한 후에 직접 전자출원을 진행했다.

3. 변리사 선임 및 활용하기

PCT 국제특허는 경력 30년이 넘은 특허명세사가 작성했다. 내 발명을 이미 몇 번 출원해 매끄럽게 진행되었다. 출원명세서 초안에 실시예도 잘 기술되었다. 칫솔질되는 치아 위치에 머무르는 시간을 측정하는 것이 주된 발명이었던 초기의 청구항에서 칫솔질되는 치아의 위치에 따라 진동 강도를 다르게 하는 것으로 주된 발명을 바꾸었다. 청구항 1은 아래와 같이 간단하게 작성했고, 침해 증거를 쉽게 파악할 수 있도록 6항에 방법항을 추가했다. 소소한 종속항을 삭제하여 총 청구항 수 10개로 출원을 진행했다.

청구항 1

칫솔모에 대면하는 치아 면이 세척되도록 칫솔모를 동작시키는 칫솔모 동작부;

구강 내에서 칫솔모가 치아의 바깥쪽(협면) 또는 안쪽(설면)을 향하는지 아니면 씹는 면(교합면)을 향하는지를 검출하는 칫솔모 방향 검출부;

상기 검출된 칫솔모 방향에 응답하여 치아의 협면 또는 설면을 닦는 동작세기가 치아의 교합면을 닦는 동작세기에 비하여 상대적으로 약하게 상기 칫솔모 동작부를 자동적으로 제어하는 제어부를 구비하는 것을 특징으로 하는 전동칫솔.

청구항 6

칫솔모 방향 검출부를 통하여 구강 내에서 칫솔모가 치아의 바깥쪽(협면) 또는 안쪽(설면)을 향하는지 아니면 씹는 면(교합면)을 향하는지를 검출하는 단계;

및 상기 검출된 칫솔모 방향에 응답하여 치아의 협면 또는 설면을 닦는 동작세기가 치아의 교합면을 닦는 동작세기에 비하여 상대적으로 약하게 상기 칫솔모 동작세기를 제어하는 단계를 구비하는 것을 특징으로 하는 전동칫솔의 자동 동작세기 제어방법.

---

4. 정부 지원 제도 활용하기

PCT 국제출원 비용은 연구개발 지원사업의 비용으로 처리했고, 국내 우선권출원은 직접 진행하여 관납료만 소소하게 투입이 되었다.

Q&A

Q **2개 내지 3개국에 출원할 예정인데, PCT 국제출원을 해야 하나요?**

출원할 국가가 정해져 있다면 굳이 PCT 국제특허를 출원할 필요가 없다. PCT 국제출원은 여러 나라에 특허를 출원하고 싶은데, 아직 출원 대상국가가 확실하게 정해지지 않아 검토 시간을 더 쓰고 싶을 때 유용하다(최대 30개월). PCT 국제특허를 출원하여도 결국은 국가별로 개별 출원을 진행한다(비용이 이중으로 든다).

Q **해외 출원 대상 국가를 어떻게 선정하나요?**

발명이 적용된 제품/서비스가 많이 팔리고 사용되는 국가 위주로 선별하여 진행한다. 이때, 시장 규모 순서로 우선순위를 선정한다. 특허 관련 제도가 투명하고 지식재산권 보호 제도가 잘 마련된 미국에 통상 기본 출원한다. 중국도 지식재산권 보호가 활성화되고 시장이 커서 출원이 증가하는 추세다.

Q **선행기술조사나 출원 비용은 국가에서 지원을 받는다고 했는데, 신청하면 다 받을 수 있나요?**

거의 모든 정부 지원사업은 응모한 건을 평가하여 선정된 우수 건만 지원한다. 일반적으로 기술성, 시장성, 사업성을 위주로 평가한다. 따라서 출원을 안 했다 하더라도 상당한 수준의 발명 명세서를 근거로 신청서를 작성해야 선정에 유리하다.

Q **용어도 생소하고 무슨 말인지 잘 모르겠어요. 특허 관련 지식을 쌓으려면 처음에 어디부터 시작해야 하나요?**

특허 용어가 어디서부터 시작된 건지 정말 도통 모를 말 투성이다. 발명 명세서를 작성하는 특허 문체에도 좀처럼 익숙해지기 어렵다. 일단 이 책을 끝까지 읽고, 필요하면 유튜브에서 무료 특허 강의도 찾아보자. 국가지식재산교육포탈, 한국발명진흥회 IP-campus에서 제공하는 강의를 수강해보아도 좋다(온라인 강좌도 있다).

Q&A

Q 출원비 등 특허 관리 비용을 줄일 수 있는 방법은 무엇인가요?

다섯 가지만 염두에 두자. ❶ 목적 없는 특허출원을 하지 않는다. 또한 특허출원
의 소기 목적이 달성되어 더 이상 활용가치가 없는 특허는 심사청구를 하지 않거
나, 연차료를 납부하지 않는다(소극적 대응으로 소멸되게 한다). ❷ 철저한 선행
기술 검색으로 발명의 가치를 제대로 파악하고, 충실히 출원 명세서 작성해 거절
이유통지서가 나오지 않게 한다. ❸ 무의미한 종속항을 함부로 추가하지 말아야
한다(심사청구료와 연차료만 많이 나온다). ❹ 심사청구는 발명의 특징에 따라
전략적으로 시기를 조절하여 진행한다. ❺ PCT 출원이 만병통치는 아니다. 발
명 기술의 특징 및 내부 재정 상태에 따라 결정한다.

더 강력한 특허 만들기

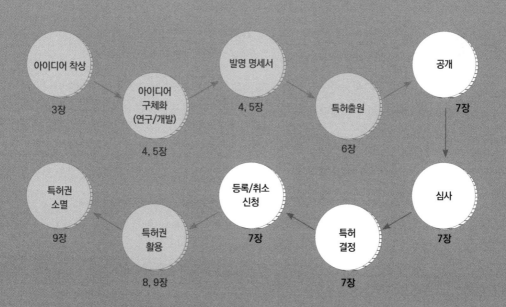

☐ 학습 목표	돈 되는 특허가 좋은 특허다. 꼭 기술적으로 뛰어날 필요도 없다. 이 장에서는 이미 출원된 특허의 가치를 높여서 더 좋은 특허를 만드는 방법을 알아본다. 단 최초 출원명세서가 충실해야 원활하게 가치를 높이는 방법을 적용할 수 있다.
☐ 학습 순서	**1** 시장 모니터링하기 **2** 특허 영역 확대하기 **3** 중간 사건 대응하기 **4** 강력한 청구항 작성하기 **5** 등록 특허 평가 및 요약하기

돈이 되려면 특정 제품보다는 여러 제품에 공통적으로 사용되는 특허, 시장이 큰 제품이나 서비스에 필수 적용되는 특허, 많은 사람이 원했던 문제를 해결한 특허, 수요가 많은 특정 기능을 구현하려면 반드시 사용되는 특허, 다른 방법보다 장점이 많은 특허, 문제 해결 수단이 외부로 드러나 침해 증명이 용이한 특허이어야 한다. 원천 특허, 기본 특허, 핵심 특허, 길목 특허, 장벽 특허, 표준 특허 등 다양하게 불린다.

특허권을 활용할 때 해당 특허의 청구범위가 선행기술 대비 과도하게 넓게 등록되어 특허가 무효될 가능성이 높으면 좋은 특허라고 할 수 없다. 특허 권리범위가 넓다고 다 좋은 특허도 아니다. 특허권을 활용하여 수익을 창출하고자 할 때 찾지 못했던 선행기술이 나타나 낭패를 보는 경우가 의외로 많다.

좋은 특허는 발명 자체의 중요성에 의해 만들어지기도 하지만, 특허 출원명세서를 작성하고 심사 중에 보강하면서 만들어지기도 한다.

더 좋은 특허를 만드는 과정은 다음 그림에서 확인할 수 있다.

▶ 더 좋은 특허 만들기 과정

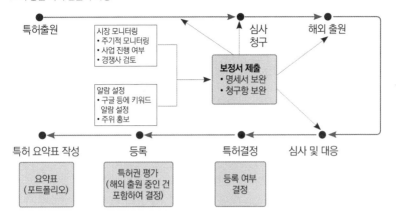

7.1 시장 모니터링하기

좋은 특허는 시장에서 사랑을 받는다. 부가가치가 높거나, 가까운 시일 내에 사용될 가능성이 높다면 좋은 특허다. 따라서 특허 관련 기술 및 사업 흐름이 어떻게 진행되는지, 어떻게 변해갈지 파악하고 최대한 출원된 특허를 트렌드에 부합되게 수정하는 작업이 필요하다.

특허 기술이 적용된 사업을 하고 있다면 당연히 시장 상황을 주시해야겠지만, 특허 자체만을 생각해도 시장 상황을 주시해야 한다. 특허가 적용된 내 제품이 시장에서 어떤 반응을 얻는지, 경쟁자가 내 특허를 사용하는지, 경쟁자 어떤 방법으로 내 특허가 해결하려는 목적을 달성했는지 말이다.

검토 결과 특허와 시장이 같은 방향으로 흘러가면 특허 청구항 범위를 좀 더 촘촘하게 수정하고 시장이 약간 다른 방향으로 흘러가면 이에 맞추어 특허청구범위를 수정해주어야 더 좋은 특허가 된다. 시장 흐름이 출원 특허와 영 다른 방향으로 흘러가면 해당 특허에 투자를 중단할지 고민해야 한다.

아이디어 창출 단계, 구체화 단계, 출원 단계에서 진행했던 선행기술조사 방법과 유사하다. 되도록 돈 안 들이고 시장을 모니터링하는 방법 몇 가지를 소개한다.

❶ 키워드 알림 서비스 활용하기

키워드 알림 서비스를 활용하면 의식적으로 시장 조사를 하지 않더라도 관련 정보를 메일로 받아볼 수 있다. 기사만 봐도 자신의 특허와 연관이 있는지, 심지어 특허를 침해했는지 판단할 수도 있다. 우리말뿐 아니라 외국어로 설정하면 해당 국가의 기사도 받아볼 수 있다.

- **구글 알리미** : 해당 발명의 키워드를 입력하고 '알림'을 만들어놓으면 'Google 알리미 ***' 제목의 메일로 관련 기사가 자동 전송된다. 예를 들어 키워드를 '전동칫솔'로 설정해놓으면 이에 관련된 기사가 모두 이메일로 전송된다. www.google.co.kr/alerts에 들어가서 키워드만 입력하면 된다.
- **네이버 카페 키워드 알림** : '네이버 카페' 앱을 설치하고, 앱 안의 카페 설정에서 푸시 알림을 ON으로 바꾼다. 발명과 관련 있는 카페에 가입한 후 '키워드 새글알림 받기'에서 키워드를 입력하면 된다. '중고나라' 같은 카페에 들어가 경쟁사 제품을 키워드로 등록하고 알림 설정을 해두면, 소비자 생각을 간접적으로 알 수 있다.
- **구글 트렌드** : 키워드로 트렌드를 파악하는 최고의 도구다. 잠재 고객의 관심사를 파악하고 잠재 고객의 기대에 맞게 마케팅 전략을 짜는 데 유용하다. trends.google.co.kr에 들어가서 키워드만 입력하면 된다. 연도별 키워드 및 실시간 인기 키워드를 제공한다.

❷ 지인 찬스 쓰기

특허가 출원되면 사업화를 안 하더라도 주위의 사람에게 알리자. 그러면 발명자가 놓친 주요 기사나 방송을 알려주는 경우가 적지 않다. 특히 TV 방송에 관련 정보가 나오면 지인 연락이 많이 온다.

❸ 전시회 참가 또는 참관하기

전시회에 가면 의외의 제품을 만나게 된다. 기술 동향도 살피고 아이디어를 얻는 데 전시회만한 곳이 없다. 특허출원이 되었고 시제품이 있으면 전시회에 참가하자. 당장 물건을 팔 수는 없지만 시장 반응도 볼 수 있고, 운이 좋으면 투자자를 만날 수도 있다. 이왕이면 무리를 해서라도 해외 유명 전시회에 참가하는 것을 추천한다. 시제품 없이 특허만 출원되어도 포스터를 만들어 참가해 시장 반응을 볼 수 있다. 나도 CES에 참가 한 적이 있는데, 한 고객이 다른 곳에서 유사한 제품으로 데모하고 있다고 알려주어 경쟁사 정보를 알게 되었다. 정보는 관심이 비슷한 사람이 많이 모인 곳에서 쉽게 얻을 수 있다.

해외 유명 전시회에 참가하려면 적어도 천만 원 이상의 비용이 들지만 여러 곳에서 국내 및 해외 전시회 참가를 지원해주니 적극 활용해보기 바란다.

글로벌전시플랫폼을 참조하면 KOTRA 단체 참가, KOTRA 개별 참가, 국내 전시 지원사 업이 있다. 또한 구글에서 '해외전시회 지원사업' 등으로 검색해 정보를 얻을 수 있다.

❹ 특허 심사 과정에서 인용된 선행기술의 출원인 모니터링하기

심사청구를 하게 되면 특허청 심사관들이 선행기술을 검색 및 분석까지 해서 송부해준다. 심사청구 제도가 없는 미국 같은 국가에서는 출원 후 자동으로 심사가 진행된다. 이때 심사 관들이 인용하는 주요 선행기술, 특허가 있다. 해당 특허의 원본을 찾아서 출원인을 보면 발명과 동일하거나 유사한 분야에서 활동하는 업체(개인 발명가)를 찾을 수 있다. 이러한 업체 목록을 기록해놓고 특허조사를 진행한다. 경쟁사의 기술 발전 방향을 엿볼 수 있고 훗날 고객이 될 수도 있다.

또한 해당 발명이 공개가 되었을 때 피인용된 바가 있는지를 키프리스에서 찾아볼 수 있다. 해당 공개공보를 검색하여 클릭하면 '인용/피인용' 항목이 상단에 있다. 클릭하면 해당 특허가 인용된 특허를 파악할 수 있다. 이는 심사관이 다른 특허를 심사하면서 본 특허를 인용했을 때 나타나기 때문에 본 발명과 유사한 특허일 가능성이 높다. 즉 경쟁자일 가능성 이 높은 특허니 지속적인 모니터링하자.

❺ 주기적인 특허 검색

특허를 출원할 때 선행기술조사를 했다고 이후에 선행기술조사를 안 하는 것이 아니다. 선 행기술조사를 충실히 했다면, 동일 키워드를 사용하여 해당 시점 이후 특허를 주기적으로 조사해보는 것이 좋다. 아무리 바빠도 최소 6개월 주기로 조사하기 바란다.

특허 조사 결과 출원한 특허보다 출원일이 늦는데 내 특허와 유사한 특허가 있으면 잠재적 인 침해자로 간주하고 관리해야 한다. 반대로 조사된 특허 중에 내 특허보다 출원 시점이 빠르다면 당신의 제품이 조사된 특허에 침해될 가능성이 있으니 대책을 세우자.

❻ 인터넷 검색

인터넷 검색은 누구에게나 친숙한 방법이다. 특허에 방점을 찍어 검색하자(3.5절 '간단 선행 기술조사' 참조).

이렇게 시장을 모니터링하여 경쟁사 사용 여부가 확인된다면 출원 중인 특허는 청구범위를 가공하고, 등록된 특허에 대해서는 경쟁사의 침해 증거를 확보해야 한다.

7.2 특허 영역 확대하기 : 미국 제도

> "당신의 특허는 여러 국가에 출원되지 않았기 때문에 전 세계를 대상으로 물건을
> 판매하는 우리 회사는 당신이 원하는 만큼의 가격을 줄 수 없다."

특허 판매 협상 중에 상대 글로벌 회사로부터 들은 말이다. 특허는 속지주의를 채택한다. 즉 독점적인 권리를 가지려면 국가별로 특허를 출원하고 등록받아야 한다. 좋은 특허는 그 권리를 행할 수 있는 영역을 확대해야 가치를 높일 수 있다. 특허 영역을 확대하는 방안으로는 출원 국가를 늘리거나, 특허 건수를 늘리거나, 청구범위를 넓히거나, 청구항 수를 늘리거나, 특허 존속 기간을 늘리는 방법이 있다.

이 중 가장 용이한 방법은 출원 국가를 늘리는 것인데 금전 부담이 상당하고 위험성도 높아진다. 선택적인 접근이 필요한 방안이다.

이미 특허를 출원한 국가에 특허 건수를 늘려 포트폴리오를 강화하는 방법도 있다. 분할 출원, 계속 출원, 일부 계속 출원 등으로 가능하다.

청구범위를 넓히거나 청구항 수를 늘리려면 전문가 도움이 절대적으로 필요하며, 발명자의 적극적인 참여도 필요하다. 청구범위를 늘려 권리범위에 포함되는 제품 종류를 늘릴 수 있고, 청구항 수를 권리범위 크기별로 다단계로 나누어 작성하면 일부 무효가 되더라도 특허 전체를 쉽게 무효화하기 어렵기 때문에 특허 영역을 강하게 지킬 수 있다.

예를 들어 동작 센서를 내장한 칫솔로 위치를 제어하는 발명에서 '동작 센서를 내장하여 자세를 검지하는 칫솔'로 청구항이 등록되면 해당 특허는 칫솔 제품에만 한정된다. 반면에 '동작 센서를 내장하여 자세를 검지하는 운동체'라고 하면 진보성이나 신규성 문제가 발생할 수는

있어도 해당 특허의 권리범위는 칫솔, 리모컨, 드론까지도 그 범위를 늘릴 수 있게 된다.

특허 존속기간은 일부 예외 사항을 제외하고는 출원일로부터 20년이다. 원칙적으로는 늘릴 수 없지만 분할 출원, 계속 출원, 일부 계속 출원 등으로 개량 발명을 특허화할 수 있다 (6.2.2절 '특허 제도 알아보기' 참조). 여기서는 미국의 특허 제도 중 영역을 넓히는 데 사용되는 유용한 제도를 살펴본다. 아래 그림은 일반적인 미국 특허출원 과정이다. 절차 및 소요 예상 기간을 참조하여 전략 수립에 참조 바란다.

▶ 미국 출원 절차 타임라인

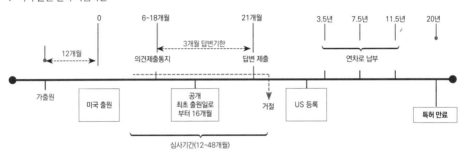

❶ 미국 분할 출원

미국 분할 출원divisional patent application 일특허출원 범위[1]가 국내와 상이하나 국내 분할 출원과 거의 같다. 심사 중에 출원 내용에 카테고리가 다른 발명이 2개 이상 포함되어 있으면 한정 요구[2] 통지를 한다. 이때 카테고리 중에 한 가지만 선택하고 선택하지 않은 카테고리에 속한 발명들을 분할하여 출원할 수 있다. 이 경우에 발명자는 분할 출원을 할지 결정해야 한다. 최초 출원명세서에 없는 신규 사항 추가는 안 된다. 애플의 밀어서 잠금 해제하는 UI/UX 특허 7657849는 분할 출원을 전략적으로 잘 활용한 사례다.

---

1 일출원 일발명의 원칙에 따른 일출원 범위

2 Restriction Requirement. 미국 출원 심사 시에 흔히 받게 되며 한국의 1특허출원의 범위, 발명의 단일성과 비슷한 개념이다. 2개 이상 그룹으로 심사관이 청구항을 분류하고 이중 한 그룹에 속하는 청구항을 선택하라는 의미다.

▶ 미국 분할 출원 요약

장점	• 특허 포트폴리오를 강화할 수 있다. • 한 기술을 여러 특허로 출원하면 경쟁사의 진입을 막는 효과가 있다. • 단일성 위반의 거절에 대응할 수 있다.
단점	• 출원 건수가 많아지면 출원 관리가 어려워지고 비용이 증가한다.
활용 방안	• 한정 요구 거절에 대응할 때 활용한다. • 특허 건수가 많아져 특허 포트폴리오 규모가 커진다.

❷ 미국 계속 출원

계속 출원continuation application은 특허 명세서 및 도면에는 기술 내용이 기재되어 있지만 청구범위에 포함되어 있지 않은 것을 발명범위에 포함되도록 청구항을 작성하여 발명범위를 확장하거나 다르게 진행하는 출원이다.

▶ 미국 계속 출원 요약

장점	최초 출원한 발명 중 등록이 가능한 권리범위의 청구항으로 먼저 등록을 받고, 청구범위를 더 넓히거나 명세서에 기재는 되었지만 청구항에 없는 발명을 추가로 심사를 받을 수 있다. 해당 발명의 등록을 먼저 받고, 더 넓은 청구범위를 심사받을 수 있어 심사관의 거절 이유에 더 공격적으로 대응할 수 있다.
단점	경비가 추가된다.
활용 방안	최초 출원 심사 중 거절을 극복할 때 활용된다. 최초 출원의 등록 청구범위와 다른 청구범위를 등록받으려고 할 때 활용한다. 시장에서 발명이 어떤 방향으로 구현될지 미정인 경우 시장 흐름에 따라 청구항을 수정할 수 있는 기간을 늘려 시장의 흐름대로 청구항을 만들 수 있다. 따라서 유효 특허로 만들 청구항을 작성할 확률이 높아진다.

❸ 미국 일부 계속 출원

최초 출원에 없던 새로운 내용을 추가하여 출원할 수 있는 제도로서, 최초 출원의 우선 출원일을 기준으로 심사를 받고, 추가 내용은 일부 계속 출원continuation in part application 일자를 기준으로 심사를 받는다.

▶ 미국 일부 계속 출원 요약

장점	시장 동향에 따라 청구항을 수정할 시간을 확보할 수 있어 유리하다. 최초 출원된 명세서에 기재된 최초 청구항은 경쟁사 등 타깃이 없으므로 후에 시중에 나오는 제품을 커버하기 어려운 경우가 발생한다. 이후에 이를 경쟁사 제품을 타깃으로 삼아 청구항을 재작성하여 경쟁사 제품이 해당 청구항을 침해하도록 만들 수 있다.
활용 방안	최초 출원에 신규 사항을 추가하여 제출할 때 활용한다. 예를 들어 최초 출원에 없던 실험 데이터가 나왔다든지 최초 출원 후에 발명을 개량했거나 변형했을 때 활용한다. 계속 출원과 마찬가지로 경쟁사 침해 방지 및 시장 동향 파악에 대한 시간 확보용으로 활용한다. 최초 출원의 우선일을 보장받으면서 지속적으로 청구항을 수정할 수 있다.

7.3 중간 사건 대응하기

특허를 출원하고 심사에서 의견제출통지서를 받지 않고 바로 등록되는 특허는 5% 전후라고 한다. 바로 등록되었다면 발명 자체가 매우 신규하여 선행기술이 없고, 명세서와 청구범위 도면이 깔끔하게 작성되었다는 의미다. 나머지 95%는 대부분 신규성, 진보성, 기재불비 요인으로 거절이유통지서가 나온다. 대리인이 없으면 거의 95% 안에 든다고 보면 된다. 특허에 가치가 있다고 생각하면 이때라도 변리사와 대응해야 한다.

7.3.1 중간 사건 대응 절차

다음의 그림은 대리인과 중간 사건에 대응하는 절차다.

▶ 중간 사건 업무 처리 절차

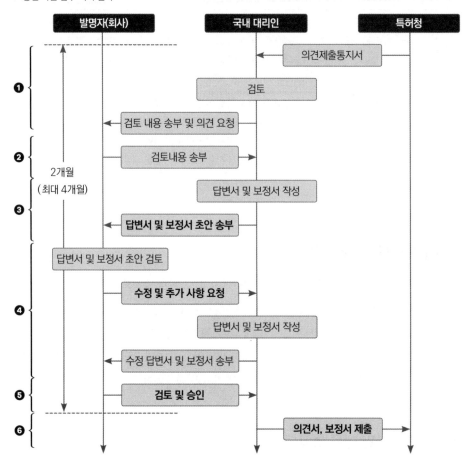

❶ 특허청에서 의견제출통지서가 발송되면 대리인이 내용을 먼저 검토하여 거절 이유가 무엇이고, 어떻게 대응하자는 의견과 함께 인용된 선행기술과의 차이점이 무엇인지를 발명자에게 요청한다.

❷ 발명자는 인용된 기술과의 차이점을 구성, 목적, 효과 세 가지 관점으로 구분하여 상세히 대리인에게 전달해야 한다.

❸ 이를 근거로 대리인은 의견서를 작성하고 명세서 보정이 필요하다면 보정서도 작성하여 다시 발명자에게 검토 요청을 한다.

❹ 의견서 및 보정서를 검토한 후 의문이 있거나, 보정서에 청구항 수정 내용이 있으면 이에 대한 설명을 대리인에게 요청하는 것이 좋다. 권리범위가 어떻게 변동되는지 최

소한 확인해보는 것이 좋다. 빠른 등록을 원한다면 청구항을 심사관이 제시한 수준까지 축소하고, 축소만으로도 극복이 어려운 거절이유라면 이에 대한 근거도 의견서에 잘 작성하여 제출해야 한다.

❺ 의견서 및 보정서에 대한 작성, 수정 요청, 재작성 단계를 거친 대리인의 최종 의견서에 동의한다면 특허청에 의견서를 제출하도록 요청한다.

❻ 대리인은 발명자의 동의가 있으면 의견서 또는 보정서를 특허청에 제출한다.

의견서 및 보정서를 제출하고도 마음이 놓이지 않는다면 직접 심사관에게 전화를 걸어 의견제출통지서에 대한 설명을 요청해도 된다. 대전 특허청에 방문하여 의견서 초안 및 보정서를 들고 심사관 인터뷰를 가져봐도 된다. 나도 발명 시제품과 대리인이 작성한 의견서 및 보정서를 들고 심사관과 인터뷰를 한 적이 두 번 있다. 한 번은 심사관의 조언을 받아 잘 처리되었고, 한 번은 그렇지 못했다.

미국에 출원하여 중간 사건이 나왔을 때 의견을 서면으로 제출하고 전화 인터뷰까지 진행했는데 심사관이 의견을 수용하지 않아, 현지 대리인에게 심사관 인터뷰를 요청했다. 참고로 미국 심사관의 성향을 알려주는 특허 심사 통계 사이트[3]가 있다. 정확도는 보장하지 못하지만 참조할 거리는 된다.

7.3.2 선행기술 대비 신규성 및 진보성 판단 방법

신규성 및 진보성을 판단하는 간단하고 기본적인 방법을 정리했다. 복잡 미묘한 사항이라면 전문가의 도움을 받자.

❶ 청구항의 구조

청구항은 전문과 구성요소로 되어 있거나, 구성요소와 이 구성요소를 특징으로 하는 주제어로 구성될 수 있다.

---

3 www.patentbots.com/stats

❷ 신규성 판단

1단계. 심사관이 인용한 선행기술(인용 문헌)과 청구항의 구성요소를 분석하여 상호 비교한다.

해당 청구항	인용 문헌 1	인용 문헌 2	인용 문헌 3
전문 1(의자)	O 의자	O 의자	X 방석
구성요소 2(지지판)	O 지지판	O 지지판	O 지지판
구성요소 3(다리)	O 다리	O 다리	X
구성요소 4(등받이)	O 등받이	X	X

2단계. 구성요소 완비 원칙all element rule 접근 방법으로 비교하자. 내 청구항과 인용문헌 1의 청구범위가 일치하면 신규성이 없다고 본다(청구항의 모든 구성요소가 한 문헌(특허)에 모두 나타나 있다면 신규성 미비다).

❸ 진보성 판단

1단계. 심사관이 인용한 선행기술(인용 문헌)과 본 발명의 청구항의 구성요소를 분석하여 상호 비교한다. 등받이 달린 의자 예로 가정해본다.

해당 청구항	인용 문헌 1	인용 문헌 2	일반적 상용 기술
전문 1(의자)	O 의자	X	X
구성요소 2(지지판)	O 지지판	X	X
구성요소 3(다리)	O 다리	X	X
구성요소 4(등받이)	X	O 등받이	O 등받이

2단계. 인용문헌 1과 인용문헌 2를 결합하거나, 인용문헌 1과 일반적인 상용 기술을 결합한다. 즉 구성요소 4인 등받이가 없는 인용문헌 1과 등받이만 있는 인용 문헌 2를 결합한

다. 이를 진보성 측면으로 판단해본다.

3단계. 인용문헌 결합에 의한 진보성 거절 시, 인용문헌에 기재된 발명이 해결하고자 하는 문제와 해결하고자 하는 수단이 청구범위에 나타나야 한다. 이에 결합되는 인용문헌 2의 문제가 본 발명의 문제와 동일하면 두 인용문헌의 결합이 용이하다고 본다. 즉 진보성이 없다고 판단한다. 이러한 방법은 진보성 판단에 대한 일반적인 방법이나 실무에서는 논리 싸움이다.

진보성은 발명자의 기술 전문성과 대리인의 전문성이 결합되어 대응해야 좋은 결과가 나올 확률이 높다.

7.4 강력한 청구항 작성하기

청구항의 기본 개념과 형식을 숙지하고, 직접 청구항을 작성하는 입장, 대리인이 작성한 청구항을 검토하는 입장, 이렇게 만들어진 청구항을 이용하여 침해 검토를 하는 입장, 역으로 해당 청구항의 권리범위를 회피 설계하는 입장 등 다양한 관점으로 청구항을 검토하다 보면 중복되는 것도 있지만 향후에 다각도로 발명을 바라볼 수 있는 눈이 생겨 입체적으로 강력한 청구항을 작성할 수 있다.

청구항 기본 개념과 작성법은 6.5절 '청구항 직접 작성하기'에서 다뤘다. 여기서는 더 강력한 청구항을 작성하는 방법을 알아보자.

1 청구항에서 발생하는 흔한 실수 바로잡기
2 대리인이 작성한 청구항 검토하기
3 경쟁 제품의 침해 여부 판단하기
4 청구범위 회피 설계하기
5 움직이는 표적에 대응하기

7.4.1 청구항, 흔한 실수 바로 잡기

청구항은 나름의 규칙과 원칙이 있어서 초보뿐 아니라 전문가도 실수할 수 있다. 흔한 작성 실수를 알면 직접 청구항을 작성하지 않더라도 검토할 때 유용하다. 10가지로 추려서 유형별로 알아보자.

❶ 회피 설계를 고려하지 못한 경우

발명자는 청구항에 실시예를 구체적으로 기재하는 것을 선호하는 경향이 있다. 청구항을 작성할 때는 개선이 아닌 회피 설계 관점에서 생각해야 한다. "어떻게 변경할 수 있을까, 변경이 되면 여전히 내 권리범위에 포함될까"를 생각해야 한다. 경쟁자들은 특허를 회피할 수 있다면 기능이 떨어지는 변형된 방식을 사용할 것이다. 구체적인 것도 중요하지만 변형까지 권리범위에 속하도록 청구항을 작성하는 데 신경 써야 한다.

❷ 청구범위를 너무 넓게 작성하여 알려진 선행기술과 권리범위가 동일해진 경우

청구범위를 넓게 할 의도로 청구항에서 필수 구성요소를 줄이거나, 필수 기능을 줄이는 방법을 사용한다. 그러다 보면 종래 기술과 차별성이 없어지게 된다.

예를 들어 다이얼 신발끈 조임기를 활용하여 특정 기능을 조정하는 개선된 조깅화의 청구범위를 넓게 작성하다 보면 개선된 조깅화 대신에 '다이얼 신발끈 조임기' 자체를 주장하게 되는 오류가 생기는 것이다.

❸ 명확하고 알기 쉽게 기재하지 못한 경우

타인이 읽었을 때 이해하기 쉽고 오해의 소지가 없도록 청구범위를 기재해야 한다. 구성요소를 필요 이상으로 기능적으로 기재하면 발명의 구성 요건이 불명확해져서 구성요소를 기재하지 않은 결과를 초래하게 된다.

❹ 종속항 권리범위가 독립항보다 넓거나 모순된 경우

종속항 기능은 청구항 범위를 좁히는 것이다. 따라서 모든 종속항은 추가 제한을 더하거나 요소를 추가해서 독립항 권리범위를 좁혀 작성해야 한다. 예를 들어 독립항에서 '적어도 3개의 다리...'라고 하고, 이를 인용하는 종속항에서 '제1항에 있어서, 2개의 다리...'라고 했을 때 '2개의 다리'는 '적어도 3개의 다리'보다 권리범위가 넓어 모순된다.

❺ 과도한 세부 사항, 구체적인 구성요소, 형용사 남용 등 용어 선정에서 실수한 경우

발명 외의 요소를 추가한 경우. 추가 요소가, 발명보다는 장치가 동작되는 데 필요해 포함되었다면 주의해야 한다. 예를 들어 발명품이 자동차 서스펜션용으로 개선된 스프링이라고 하고 발명 핵심이 스프링의 재질이 특수합금강으로 만들어진 것이라고 가정하자. 그러면 청구항은 개선된 스프링 위주로 작성하면 된다. 이때 스프링이 장착된 프레임과 타이어까지 포함할 필요는 없다.

	작성 예
잘못된 사례	차 축 2개, 각 축에 바퀴 2개, 각 바퀴에 타이어 1개, 프레임 및 특수합금강으로 만들어진 스프링 4개와 상기 스프링 4개는 상기 프레임과 상기 축에 장착되는 것으로 구성된 자동차 서스펜션.
올바른 사례	특수합금강으로 만든 자동차 서스펜션용 스프링. 주의 사항 : 케이스, 커버, 프레임, 전원 공급 장치, 켜짐/꺼짐 스위치 등 표준 환경 부품 등은 청구항에서 생략한다.

너무 많은 세부 사항을 기술한 경우. '기술 분야의 통상의 지식을 가진 사람'이 본능적으로 떠올릴 수 있는 요소를 삭제하라. 예를 들어 힌지, 래치, 너트, 볼트, 나사, 접착제 등을 청구항에 추가하지 마라. 대신에 구성요소 사이를 연결할 수 있는 단어를 사용하라.

	작성 예
잘못된 사례	상자, 거울 및 거울과 상자를 연결된 두 경첩으로 구성된 핸드폰 케이스.
올바른 사례	상자와 상자에 회전식으로 연결된 거울로 구성된 핸드폰 케이스.

형용사, 상대적 개념, 구체적인 용어 사용. 형용사는 상대적인 의미를 담는다. 그렇다고 구체적인 용어를 사용해야 하는 것도 아니다. 특허용 표현법을 알아보자.

- 형용사를 한 번 더 검토해야 한다. 샤프트는 꼭 '원통형'이어야 하는가? 아니면 정사각형 또는 직사각형도 동작되는지 확인해야 하고 가능하다면 '원통형'을 삭제해야 한다.
- 청구항에서 사용한 용어 대신에 이를 대체할 일반적인 용어가 있는지 확인해야 한다. 예를 들어 '알루미늄' 대신 '금속', '나사' 대신 '패스너'처럼 일반적인 용어로 사용하자.
- 속성 측면으로 구성요소를 변환할 수 있는지 확인해야 한다. 예를 들어 '고무' 대신 '탄력 있는 재료', '플라스틱 막대기' 대신 '비전도성 스페이서'처럼 속성으로 변환해야 한다.

- 가능하면 청구항에 특정 숫자를 사용하지 않아야 한다. 특정 숫자 대신 범위나 최소/최대 형식으로 작성하라. '10%'보다는 '5~30%'를 독립항에, 바람직한 실시예의 주장으로 '10%'를 종속항에 작성하라(단 명세서에는 정확하게 기입되어 있어야 한다). 0~5%처럼 미비하다면 종속항에 작성하라.
- 절대적으로 필요한 경우가 아니면 상대 용어를 사용하지 마라. 상대적인 용어는 청구항에 불확실성 요소를 더한다. 예를 들어 '크다/작다, 많다/적다, 가깝다/멀다'는 상대적인 용어다.
- 상하좌우 등 절대 위치 용어 역시 피하는 것이 좋다. 대부분은 '인접하다'면 충분하다. 위치보다 구성요소가 어떻게 관련되어 있는지 기술하라.

❻ 발명 목적을 달성하는 필수 구성요소에 대한 설명이 부족한 경우

청구항을 선행기술과 구별하는 데 필요한 요소들은 제외하지 말아야 한다. 따라서 종래 기술과 비교했을 때 내 발명을 새롭게 만드는 발명의 필수 요소를 가장 광범위한 주장에 포함시켜야 한다.

❼ 발명 결과를 기술한 경우

발명 결과는 청구할 수 없고, 결과를 달성하는 장치 또는 방법만 청구할 수 있다. 예를 들어 '운동화를 표백할 수 있는 치약'은 특허 대상이 안 되지만 과정을 방법항으로 청구하거나, A와 B로 구성된 운동화 표백용 치약 등으로 청구하는 것이 좋다.

❽ 일관성 없는 용어

명세서에 있는 용어와 청구항에 있는 용어는 일관되어야 한다.

❾ 연결 단어 선택을 실수한 경우

- 구성하는comprising, 구성된consisting of, 갖는having : '연결 단어' 또는 '전환 단어'는 요소와 요소를 구성하는 요소를 이동할 때 사용한다. (특히 미국 청구항에서는) 각각 고유한 의미가 있다. 단어를 잘못 선택하면 청구항의 범위를 심각하게 제한할 수 있다.
- 포함, 구성comprising, 구성하다comprises : 미국 청구항에서 "장치 A comprising b; c; d"라고 되어 있을 때는 장치 B가 b, d, c의 구성요소 또는 b, c, d, e, f를 가지고 있

어도 장치 A의 청구범위에 포함이 된다. 이렇게 comprising은 구성요소 외에 추가로 다른 구성요소가 부가되어도 해당 청구범위에 속하게 된다.

- 구성된consisting of : 미국 청구항에서 "용액 A consisting of b; c; d"라고 되어 있을 때는 어떤 용액이 b, d, c의 구성요소를 가졌을 때만 해당 청구범위에 포함된다. 어떤 용액이 b, c, d 외에 추가로 e를 더 포함하고 있다면 위 청구범위에는 속하지 않아 침해되지 않는다.

❿ 청구항 구조 및 문법을 위반한 경우

청구항은 한 문장이다. 마침표로 끝나야 한다. 영문의 경우에는 대문자로 시작해서 마침표로 끝낸다. 정확한 철자, 단수 복수형을 일치시켜 작성해야 한다. 가능하면 청구항을 구성요소별로 나누는 것이 좋다. 각 구성요소들은 문자 또는 숫자로 식별할 수 있고 일반적으로 세미콜론으로 구분된다. 마지막 구성요소의 끝에는 일반적으로 '그리고' 또는 '및'을 사용한다.

7.4.2 대리인이 작성한 청구항 검토하기

전문가인 변리사가 작성한 내 출원명세서 및 청구항을 검토하는 일은 쉽지 않다. 직접 발명한 내용인데도 불구하고 무슨 말인지 모를 때도 있다. 검토할 시간도 없고 전문가가 알아서 잘해주었겠지 하고 출원 진행 요청을 내리는 경우가 많다. 전문가도 사람이다. 혼자보다 둘이 더 좋은 청구항을 만들 수 있다. 직접 작성은 못하더라도 검토하는 방법은 알아두자.

❶ 내 발명이 제대로 반영되었는가?

청구범위가 제대로 기재되었는지 확인하자. 예를 들어 '자동차 엔진을 위한 개선된 연료 분사 시스템'은 '연료 분사 시스템', '연료 분사 시스템이 있는 내연 기관', '연료 분사 시스템이 있는 엔진이 있는 자동차', '특정 방법에 따라 만들어진 연료 분사 시스템', '내연 기관에 연료를 분사하는 방법'으로 청구항을 작성할 수 있다.

'장치' 청구항과 '제조 방법이 기재된 물건 발명' 청구항(즉, 특정 방법에 따라 만들어진 제품에 대한 청구항)이 있다면 실제 과정대로 제품을 생산하는지 한 번 더 확인한다.

기존에 있는 어떤 제품을 만드는 개선된 방법을 발명했다면 제품 자체에 대한 청구항은 없어야 하고 제품을 만드는 방법에 대한 청구항이 적절하다. 방법의 결과인 제품에 새로운 기능이 없으면 제품(장치) 청구항은 적절하지 않다.

알려진 장치를 새로운 방식으로 사용하더라도 특허를 받을 수 없다. 공지된 장치에 대한 새로운 사용은 방법 청구항으로만 가능하다. 기존 장치가 이미 알려졌고, 새로운 사용 방법에 관한 방법항만 작성했는지 확인하라.

❷ 언급된 모든 요소가 정말로 필요한가?

가장 광범위한 독립항에 구성요소를 구체적으로 언급할 필요는 없다. 예를 들어 구성요소가 단순히 발명의 주변 구성의 일부(예를 들어 케이스 또는 프레임)이거나, 기존 기술의 일부라면 해당 기술 분야의 기술을 가진 사람은 당연히 그것이 장치의 일부라고 인식할 것이다(예를 들어 모든 사람은 전자기기에 전기 공급원이 필요하다는 것을 알고 있다). 이렇게 되면 굳이 독립항의 구성요소로 넣지 않아도 된다.

구성요소를 설명할 때 필요하지만 실제로는 발명의 일부가 아닐 때가 있다. 발명 구조를 설명하는 데 필수적이지만 발명의 신규 구성요소가 아니므로 전제부에 넣을 수도 있다. 이럴 때는 젭슨 형태 청구항으로 작성하는 것이 적합하다.

방법 청구에서 실제 발명 방법을 준비하는 단계가 있는지 확인하자! 예를 들어 어떤 시료를 가공하기 전에 세척하는 전 단계가 있다면 해당 단계를 종속항으로 넣는 것도 방법이다.

또한 발명 공정이 끝나고 후처리 단계가 있는지도 확인해야 한다. 이러한 후처리 단계를 포함하면 비침해 주장을 할 수 있는 근거를 제공할 수 있다.

❸ 내 발명의 필수 요소가 누락되었는가?

청구항에 기재되지 않은 장치의 조작에 필요한 발명의 일부가 있는지 확인해야 한다. 발명품이 기존 제품의 일부를 개선한 경우 특히 놓치기 쉽다. 예를 들어 모든 자동차에는 엔진, 구동계, 타이어 및 연료 공급원이 필요하지만 만약에 본 발명이 개선된 방향 지시등이라면 앞서 언급한 요소는 독립항에 포함될 필요는 없다. 대신에 전원, 방향 지시등 스위치, 방향 지시등을 깜박이는 방법 등을 포함해야 한다.

❹ 너무 제한적인 단어가 있는가?

제한적인 단어 사용을 지양하자. 예를 들어 '육각나사' 대신 '연결구' 같이 포괄적인 용어를 사용해야 한다. 또한 'A는 B에 접착식으로 고정' 대신 '고정됨'이 적합하다. 예를 하나만 더 들자. '벨크로' 대신 '후크 및 루프 패스너 재료'라고 기술해야 한다(만일 후크 앤 루프 유형이 아니라면 '분리형 패스너'라는 용어가 더 적절하다).

❺ 다른 실시예도 충분히 포괄하는가?

공정상의 문제로 바람직한 실시예가 특별한 방식으로 작성되었을 수 있다. 예를 들어 특별한 방식으로 구멍을 만들도록 공정에 적용했거나, 경제적인 이유로 특정 물질을 사용했을 수 있다. 이와 같이 발명의 목적을 수행할 다른 방법이 있다면, 최소한 가장 넓은 청구항에서 다른 방법도 청구범위에 포함되는지 확인해야 한다.

❻ 장치의 부품은 특별한 방식으로 배치되어야 하는가?

위/아래, 외부/내부처럼 배치 위치를 꼭 설명해야 하는지 재고한다. 순서도 정확하게 이루어져야 하는지 생각해봐야 한다. 무의미하다면 구체적인 지칭을 피한다.

❼ 종속항이 올바르게 작성되었는가?

종속항은 종속항이 인용한 모든 청구항과 함께 읽어야 한다. 각 종속항이 제대로 독립항을 인용했는가? 초안을 작성하며 청구항이 첨삭되면서 실수가 잦은 곳이다.

종속항에 사용된 용어가 인용하는 청구항의 용어보다 실제로도 더 좁은지도 확인한다. 예를 들어 인용되는 상위 청구항의 구성요소가 '구두'이면 종속항에서는 '신발'이라고 주장할 수 없다. 이는 신발이 구두보다 더 넓은 의미를 갖기 때문이다.

끝으로 종속항이 정말 필요한가도 확인한다. 종속항이 관습적인 내용을 담는다면 종속항을 생략할 수도 있다.

❽ 청구항은 명세서에 의해 적절하게 지지되는가?

청구항의 모든 요소가 명세서에 적절히 설명되고 도면에 나와 있는지 확인하라. 또한 청구항에 사용된 모든 단어가 명세서에 정의되었거나 적어도 설명이 되어 있는지 확인하라.

용어가 일관적인지 확인하라. '나사'가 명세서의 상세 설명에서 '니사'로 표기되었다면, 청구항에서는 '연결구'가 아니어야 한다(명세서 설명에서 '나사'를 '연결구'로 변경하는 것이 좋다).

완전히 일반인들에게 통용되거나 표준이 아닌 단어를 청구항에 쓸 때는 해당 단어에 대한 명확한 정의가 명세서에 있는지 반드시 확인하라. 예를 들어 청구항에 사용된 '원통형'의 정의를 명세서에 다음과 같이 추가로 삽입하는 것이 좋다.

> "여기서 사용된 '원통형'은 둥근 단면을 가진 모든 구조를 의미한다. 모서리가 둥근 원, 타원형 및 직사각형을 포함한다."

❾ 방법항! 누가 방법을 수행할 것인가?

방법항의 각 단계를 살펴보고 각 단계를 누가 수행하는지 확인하라. 방법항을 검토하는 첫 번째 단계는 '이 특허를 침해한 어떤 사람에게 책임을 물을 것인가?'를 스스로 물어보는 것이다. 두 번째는 청구항을 보고 '당신이 침해의 책임을 물으려는 사람이 실제로 이 방법항의 단계를 모두 수행하는 사람인가?'를 확인하는 것이다.

침해자를 명확하게 정의할 수 없거나 엉뚱한 사람이 침해할 수 있도록 청구항이 작성되면 불용 특허가 된다.

예를 들어 모바일 티켓 구매자가 정상적으로 모바일 티켓을 사용한 경우에만 판매자에게 판매 대금을 입금해주는 '거래 안정에 기여하기 위한 티켓 거래 중개 방법'을 발명했고 이를 청구항으로 다음과 같이 작성했다고 가정하자.

> ⓐ 실물 티켓을 구매하는 단계;
> ⓑ 티켓 거래 중개 서버가 제1회원의 이동 단말기로부터 기 구입된 실물 티켓에 대응하는 모바일 티켓 정보를 수신하는 단계;
> ⓒ 상기 티켓 거래 중개 서버가 상기 수신한 모바일 티켓 정보를 제2회원의 단말기로 전송하는 단계;
> ⓓ 상기 제2회원의 단말기를 통해 상기 모바일 티켓의 구매가 완료된 경우, 상기 티켓 거래 중개 서버가 상기 제2회원의 단말기로 상기 모바일 티켓을 전송하는 단계; 및
> ⓔ 상기 티켓 거래 중개 서버가 상기 모바일 티켓에 관한 정상 사용 확인 메시지를 수신한 경우, 상기 티켓 거래 중개 서버가 상기 모바일 티켓의 판매 대금을 상기 제1회원에게 정산 처리하는 단계를 포함하는 것을 특징으로 하는 티켓 거래 중개방법.

위 청구항에서 누가 각 단계를 이용(침해)할 것인지를 살펴보면 ⓐ 단계는 티켓을 구매하는 수만 명의 고객이 될 것이다. ⓐ를 제외한 모든 단계는 본 청구범위를 침해하려는 하나의 주체, 컴퓨터 서버를 이용하여 중개하는 주체에 의해 이루어진다. 행위 주체가 둘이다. 방법항으로 직접 침해를 당하려면 청구항에 기술된 모든 단계를 수행해야 할 뿐만 아니라 법원에 따르면 모든 단계를 한 명의 행위자가 수행해야 한다.

기본적으로 동일한 방법을 다른 방식으로 작성하여 다른 예상 침해자를 대상으로 청구항을 작성할 수 있다. 따라서 서버 측 클레임, 클라이언트 측 클레임, 심지어 사용자 관점의 클레임까지 각각 다른 관점에서 방법항을 작성해야 한다.

대리인이 이러한 차이점을 이해하고 어떻게 작성했는지 확인하라. 대리인이 당신만큼 방법을 알고 있다고 가정하지 말고 적극 참여하여 불용 특허를 만들지 말아야 한다.

❿ 빠진 것이 있는가?

검토를 하더라도 일관성이나 완벽함을 위해 마지막에는 양측에서 항상 이중 검토를 진행하는 것이 좋다.

- 명세서에는 기재되어 있지만 청구범위에는 기재되지 않은 새로운 것이 있는가?
- 상세한 설명이나 청구범위에 기재되지 않은 도면이 있는가?
- 필요하거나 바람직한 것을 설명했는가?
- 발명자는 발명의 '최상의 실시예'를 공개할 의무가 있다. 제대로 공개했는가?
- 심사관이 내 발명을 심사할 때 고려할 만한 선행기술을 알고 있는가?

출원하고 나면 새로운 내용을 추가할 수 없다. 마지막으로 출원하기 전에 반드시 위의 항목들을 반드시 검토해보자. 마지막 기회다!

7.4.3 경쟁 제품의 침해 여부 판단하기

침해 여부를 판단할 목적으로 청구항을 해석하는 일은 고도의 기술적 지식과 최신 판례 지식을 가진 변리사가 수행해야 한다. 그 이유는 변리사로부터 공식적인 비침해 관련 서면 의견이 있으면 '고의적 침해'[4]로 인한 추가 손해배상을 피할 수 있기 때문이다.

그러나 매 건마다 변리사에게 문의하면 시간적 금전적으로 부담이 간다. 발명자가 개략적인 분석을 할 줄 알아야 한다. 변리사가 특허 침해 제품을 분석할 때 사용하는 일련의 과정을 참조하여 경쟁자의 제품/서비스가 당신의 특허를 침해하고 있는지를 판단하는 방법을 알아보자. 법적 대응이 필요하다 판단되면 그전에 변리사에게 판단을 구하고 움직이자.

침해 여부는 다음 절차로 수행할 수 있다.

1단계 : 청구항 검토하기

청구항은 독립항을 먼저 분석한다. 독립항을 침해하지 않으면 독립항을 인용하는 종속항도 침해하지 않는다. 청구항에서 구성요소 분석이 쉽지 않을 수 있다. 따라서 청구항을 분석하기 좋게 구성요소나 단계별로 분리한다. 청구항의 모든 요소를 별도로 나열한다. 청구항에 설명된 각 부분과 제한 사항을 구분할 수 있는지 확인하라. 분리는 매우 중요한 작업이다. 청구항에 있는 모든 단어가 중요하다. 예를 들어 독립항(청구항)에 아래와 같이 서술되어 있다고 가정하자.

---

1. 몸체의 길이를 따라 일직선으로 배열된 센서 3개를 갖는 내부가 빈 원통형 칫솔 손잡이.

이 청구항을 침해하려면 다음 요소들이 다 있어야 한다.

 1 칫솔 손잡이
 2 내부가 빈
 3 원통형
 4 길이를 따라
 5 일직선으로 배열
 6 센서 3개

간단한 한 문장의 청구항에서 요소 6개가 한정(제한) 사항으로 나온다. 그러므로 청구항에

---

4 지식재산 분야에 '징벌적 손해배상 제도'가 2019년부터 시행되었다. 이 제도는 타인이 가진 특허권 또는 영업비밀을 고의적으로 침해했을 때 손해액의 최대 3배를 배상하는 내용을 근간으로 한다.

들어간 단어 하나하나가 중요하다. 경쟁사 제품이 청구항의 구성요소와 비슷하다거나 거의 다 가지고 있다는 말은 중요하지 않다. 손잡이 내부가 비어 있지 않거나, 삼각형이거나, 길이와 수직 방향이거나, 센서가 2개라면 비침해다(비슷함을 인정하는 균등론은 4단계에서 설명한다).

발명자 또는 출원인이 앞의 청구항의 요소나 제한 사항을 설명하는 데 선택한 단어에서 불분명하거나 하나 이상의 의미를 가질 수 있는 단어가 보이는가? 다음 단계로 넘어가기 전에 모든 용어를 정의해야 한다.

> ## 사전 편집자인 출원명세서 작성자
>
> 일반적으로 청구항에 기술된 용어에는 일반적인 의미를 부여한다. 하지만 '출원명세서 작성자는 자신의 사전 편집자'라고 인정된다. 이 말은 출원명세서 작성자가 선택하면 용어를 만들거나, 새롭거나 더 제한적인 의미를 부여할 수 있다는 뜻이다. 의미를 출원명세서 작성자가 결정했다면, 그 용어가 의미하는 바를 명세서에서 정확하게 기재해야 한다. 예를 들어 "본 명세서에서 사용된 바와 같이, '패스너'라는 단어는 잠그기 위해 한 번 이상 돌려야 하는 나사산이 형성된 패스너를 의미한다"라고 명세서에 기술했다고 가정하자. 일반적인 의미의 '패스너'는 고정되는 모든 것을 의미하지만 출원명세서 작성자는 명세서에 특정 범위를 기술함으로써 더 좁은 범위에서 사용했다. 즉, 명세서에 사용된 패스너는 일반적인 '패스너'가 아니고 해당 명세서에서 사용되는 특별한 용어로서의 패스너다.
>
> 출원명세서 작성자는 자신의 사전 편집자일 수 있지만, 자신이 정의하는 내용에 대해 명확해야 하며 일반적인 의미와 모순되는 정의를 만들거나 무의미한 수준으로 확장해서는 안 된다. 예를 들어 "이 특허의 목적상 '위로'라는 용어는 '아래로', '옆으로' 또는 기타 가능한 움직임을 포함한다"라고 말할 수는 없다.

2단계 : 침해 가능 제품을 살펴보기

모든 요소 규칙을 확인하라. 특허를 침해하려면 적어도 제품이 하나의 특허 청구항에 있는 모든 구성요소를 포함해야 한다. 1단계에서 적절하게 해석된 청구항의 각 요소를 살펴보고 제품에 포함되어 있는지 확인하라. 청구항의 구성요소 중 하나라도 제품에 없으면 침해가 아니다(청구항이 제품에 있는 모든 구성요소를 가지고 있어야 하는 것은 아니다).

제품과 청구항을 비교하라. 침해는 특허에 있는 청구항에 의해 정의된다. 도면과 명세서는 종종 청구범위보다 넓다. 심사 과정에서 청구범위를 좁히게 되어, 도면에서는 전체 제품을 보여주는 반면에 작은 부분만 청구하는 청구항을 가지는 경우가 많다. 출시된 경쟁사의 제품이 당신의 특허와 매우 유사할 수는 있지만, 특허를 심사받는 과정에서 내 특허의 청구범위가 축소되면 당신의 특허에 침해가 안 될 수도 있다.

많은 특허권자가 현재 판매 중인 자신의 제품을 자신 특허청구범위로 오해한다. 특허권자의 제품이 반드시 내 특허 권리범위와 일치하지는 않는다. 제품 대 제품을 비교하는 함정에 빠지지 않아야 한다.

3단계 : 청구범위가 줄어들 수 있는 경우에 해당되는지 확인하기

선행기술을 확인하라. 특허 심사 중에 인용된 특허 및 기타 인용문헌을 주의 깊게 봐야 한다. 특허는 '선행기술'로 인용된 명세서 및 도면에 나온 내용을 포함하지 못한다. 침해 분석 대상 제품이 인용된 선행기술에 표시된 것과 매우 유사(또는 동일)한 경우에는 비침해가 될 수도 있다.

포대금반언[5]의 원칙 조항을 확인하라. 특허권자가 심사 과정에서 청구항의 해석에 영향을 미칠 수 있는 말을 했는가? 발명자가 특허청에 제출한 모든 서류를 살펴봐야 한다. 모든 의견서 및 보정서를 살펴보고, 심사관이 무슨 말을 했는지 분석해야 한다. 가끔 출원인 또는 대리인이 자신의 주장에서 용어의 의미를 변경하거나, 문자 그대로, 균등론에 따라 주장하거나 특정 사항을 배제하는 답변을 할 수 있다. 주로 심사 과정에서 선행기술과의 차별성을 논의할 때 나타난다. 이렇게 되면 청구항에는 나타나지 않으나 심사 과정에서 권리범위에서 배제한다는 한정에 의해 청구범위가 축소되는 경우가 있다.

역으로 상대방의 특허에 침해되는지를 판단하려면 포대서류를 특허청에 신청하여 청구범위를 축소시킬 수 있는 사항이 있는지 분석해야 한다.

---

5 File Wrapper Estoppel. 특허 청구범위에서 용어 의미를 명확하려면 출원부터 특허에 이르기까지 과정에서 출원인이 표현한 의사 또는 특허청이 표현한 견해를 참작하여야 한다는 원칙

4단계 : 청구범위가 넓어질 수 있는 경우에 해당되는지 확인하기

균등론Doctrine of Equivalents에 의한 침해를 확인하자. 균등론은 청구항의 모든 구성요소가 문자 그대로 구성요소뿐 아니라 그 구성요소와 균등한 물건도 포함한다. 여기서 균등하다는 것을 판단하는 것은 회색지대다. '균등하다'의 일반적인 정의는 동일한 결과를 달성하고자 동일한 방식으로 동일한 작업을 수행하는 것이다.

이는 특허권 소유자가 문헌적 침해가 발견되지 않았을 때 침해를 주장하는 복잡한 분석이다. 합리적인 결론에 도달하고자 균등론을 분석하려면 포대서류에 있는 심사관이 인용한 선행기술, 거절을 극복하고자 출원인이 작성한 수정 내용 및 주장 등 기록을 자세히 검토해야 한다. 나사와 볼트는 크기와 헤드 형태만 다르지 동등하여 균등하다 할 수 있다. 균등 여부를 검토하는 간단한 방법을 표로 만들어 소개한다. 세 가지 항목 중에 하나라도 아니라는 결과가 나오면 잠재적으로 균등론에 의한 침해에 해당되지 않는다고 할 수 있다.

▶ 균등론 검토 항목

검토 항목	결과	비고
1. 실질적으로 동일한 기능인가?	Yes / No	
2. 실질적으로 동일한 방법인가?	Yes / No	
3. 실질적으로 동일한 결과가 나오는가?	Yes / No	

본 내용은 일반적인 지침으로 제공된 것으로 법적 조언을 대체하지 않는다. 침해 분석 및 회피 설계 관련해서 반드시 경험이 풍부한 대리인의 의견을 구하자.

7.4.4 청구범위 회피 설계하기

회피 설계란 특허 침해를 피할 목적으로 의도적으로 동일한 목표를 구현하는 요소를 삭제 또는 변형하는 기법이다. 회피 설계의 목표는 특허 소송의 위험을 줄이거나 소송이 제기된 경우에 침해에 대한 책임을 피하거나 최소화하는 것이다. 회피 설계를 하려면 특허 권리범위와 얼마나 동떨어지게 할지 결정해야 한다. 따라서 특허청구범위는 물론 심사 과정에서의 포대서류까지도 분석해야 한다. 회피 설계는 특허권자가 침해 여부를 판단하는 방법과 유사하다. 창과 방패 관계라 보면 된다.

회피 설계에 있어서 핵심은 제품에서 구성요소를 하나 이상 삭제 또는 변경할 수 있는지다 (그래야 특허권자의 침해 주장을 피할 수 있다).

타사 제품에 아래와 같은 청구항이 있다고 가정하자.

청구항 1. 다음을 포함하는 제품 :

기능 A;

기능 B;

기능 C; 및

기능 D.

내 제품에 A, B, C , D 기능이 모두 포함되어 있으면 청구항을 침해한다. 추가로 내 제품에 기능 E, F가 있다고 비침해가 되는 것은 아니다. 기능 하나를 생략하는 것이 회피 설계의 기본이다. 또는 하나를 변형/변경/대체해도 된다.

특허를 회피할 가능성을 높이려면 작동 방식에 중대한 영향을 미치거나 특허가 공개되었을 때 통상의 지식을 가진 사람에게 자명하지 않은 변형을 선택하는 것이 좋다. 변형이 많을수록 안전하다.

구성요소의 회피나 변형이 여의치 않으면 라이선스 계약을 체결하거나, 성능이 다소 떨어지더라도 권리범위와 멀리 떨어진 방법을 채택할 수 있다.

무효를 주장하는 것도 방법이다.

침해가 예상되는 특허의 권리범위를 분석한 후에 다음과 같은 단계로 회피 설계를 검토할 수 있다. 우선 독립항부터 시작한다. 독립항에서 회피 설계할 수 있다면 나머지 종속항도 자연스럽게 회피가 가능하기 때문이다.

1단계 : 어느 부분을 회피할 것인가?

독립항을 철저히 분석하여 구성요소를 분리한 후에 생략 가능한 부분을 선택한다. 생략할 수 있는 만큼 생략하는 것이 유리하다.

2단계 : 균등론을 고려하라

균등론은 특허권자가 문헌적 침해 증거를 발견하지 못했을 때 사용하는 복잡한 분석 기법이다. 균등론을 고려한다면 전문가와 꼭 상의하자.

3단계 : 포대서류를 검토하라

포대서류를 검토하면 특허를 받기까지 신청자가 제기한 청구항 수정 이력 및 주장을 볼 수 있다. 이러한 내용을 보면 회피할 수 있는 단초를 발견할 수도 있다. 출원인이 심사 과정 중에 심사관에게 양보 또는 승인한 내용들은 권리범위를 제한한다.

4단계 : 해당 특허의 모 출원, 자 출원, 패밀리 특허도 검토하라

특허권자는 하나 이상을 출원 중일 수 있다. 회피 설계가 되었다고 확신이 들더라도 출원에서 보류 중인 청구항 상태를 꾸준히 모니터링하는 것이 현명하다.

7.4.5 움직이는 표적에 대응하기

움직이는 표적에 대응하는 전략을 세우자. 선행 개발 후에 사업화까지 시간이 필요하거나, 바이오인포매틱스처럼 기술이 빠르게 발전하는 분야는 발명의 타깃을 명확히 하는 데 어려움이 있고, 강력한 청구항을 만들기도 쉽지 않다.

보호할 수 있는 것, 보호할 가치가 있는 것, 발명 또는 청구범위를 '수정'할 적절한 시기 또는 출원 시점을 지속적으로 고려해야 한다.

❶ 선행 개발 후에 사업화, 산업화까지 시간이 걸리는 발명

기존에 없는 새로운 제품을 개발할 때는 시장 요구도 불분명하고 경쟁사 대응도 불분명하다. 이 경우에 특허를 빨리 받는 것이 유리할까? 대기업이라면 다양한 제도를 활용하며 특허망을 형성해 무빙 타깃 문제점에 대응한다. 대기업이 아니라면 똑같은 방법으로 대응할 수 없다. 다음의 사항을 검토하여 출원 전략을 수립하자.

1. 무엇을 보호할 수 있는가(보호할 수 있는 항목)? 정확히 무엇을 보호할 수 있는지 모르는 단계다. 이 단계에서는 발명 관련 흐름을 주시하여 청구범위를 보정하거나 개선 발명을 출원해야 한다.

2. 발명 또는 청구범위를 '수정'할 적절한 시기는 언제인가? 개인이 사업화까지 이끌고 갈 발명이 있고, 기업이 실행해야 만하는 발명이 있다. 특허출원을 했지만 사업화할 수 없다면 자본이 있는 경쟁자들이 어떤 방향으로 나가는지를 예의주시해 청구범위를 수정해야 한다. 그러려면 청구항을 보정할 수 있는 시점과 시기를 최대한 지연시켜 시장 트렌드를 읽어나갈 기회를 확보해야 한다. 단, 청구항은 보정 시기와 시기별 보정 범위가 다르다는 점은 알아두자.

청구범위 보정 범위는 다음과 같다.

1 청구항을 한정, 삭제하거나 청구항에 구성요소 등을 추가하여 청구범위를 감축하는 경우
2 잘못된 기재를 정정하는 경우
3 분명하지 아니한 기재를 명확하게 하는 경우

보정 시기에 따른 청구항 보정 범위는 출원 후 절차가 진행될수록 줄어든다.

청구항 보정 시기는 다음과 같다.

- 청구항은 심사청구 전 아무 때나 수정할 수 있으며
- 심사청구와 (출원 후 3년 내) 동시에 수정할 수 있다.
- 또한 심사관으로부터 의견제출통지서를 송달받고 답변서를 제출할 때 청구항을 수정하여 보정서를 제출할 수 있다.
- 국내 우선권출원 시에도 청구항을 수정할 수 있다.
- 조약 우선권에 의해 해외 출원을 진행할 때도 청구항을 보정할 수 있다.

3. 무엇을 보호해야 하는가? 해결하고자 하는 최초 아이디어의 문제 자체가 매우 신규하다면 당연히 이를 보호할 수 있도록 개념 자체를 권리범위로 넓게 잡아야 한다. 더불어 경쟁사들의 문제를 해결하는 방법이 내 특허 명세서에 포함되게 하여 경쟁사 제품까지도 내 특허 권

리범위로 보호받을 수 있게 해야 한다.

❷ 바이오인포매틱스와 디지털 헬스 분야 발명

데이터 기반 연구는 수명 과학 분야에 혁명을 가져왔다. 이러한 연구과제들은 전통적인 분자 생물학/생화학 실험실 위주 연구와는 다르게 매우 빠른 속도로 진행된다. 실제로 대규모 컴퓨팅 프로젝트는 빠른 속도로 유용한 아이디어를 만들 수 있고, 분기별로 업데이트되는 소프트웨어 도구를 개발할 수 있다. 또한 출시 후에도 쉽게 변경되도록 설계할 수도 있다.

따라서 이러한 연구과제들은 '움직이는 표적'을 따라갈 수 있게 관리되어야 한다.

1. 무엇을 보호할 수 있는가(보호할 수 있는 항목)? 바이오인포매틱스 연구는 데이터(원시 또는 데이터베이스로 구성), 컴퓨터 구현 방법/도구, 방법에 의해 생성된 새로운 인사이트(바이오 마커, 약물 후보, 환자 계층화 기준 등)를 포함한 잠재적으로 가치가 있는 다양한 유형의 자산을 만들어낸다. 기술적 의미를 갖는 컴퓨터 구현 방법 및 인사이트는 특허로 보호될 수 있다. 컴퓨터로 구현된 생물 정보학/의료 정보학 발명(소프트웨어, 알고리즘, 생물 정보학 파이프 라인, 계산 방법 등)과 그 인사이트(생물 지표, 약물 후보, 환자 계층화 기준 등)도 특허로 보호받을 수 있다.

2. 언제 특허출원해야 하는가? 출원 시점은 전략에 따르되, 출원만큼이나 정기적인 재평가가 중요하다. 재평가 근거 자료는 다음 질문으로 얻어질 수 있다.

1 지금 얻을 수 있는 보호 범위는 무엇인가? 즉, 현재 보유하고 있는 연구 결과와 내가 알고 있는 선행기술을 바탕으로 어떤 청구범위를 기대할 수 있는가?
2 단기간, 예를 들어 6개월, 1년, 2년 내에는 어떤 청구범위를 확보할 수 있을까?
3 연구개발 계획이 기술 범위를 집중, 확장, 전환될 가능성이 있는가?
4 중요한 연구 결과가 도출될 때까지 얼마나 걸리며, 특허출원을 6개월 내지 1년 후로 미루면 얼마나 더 많은 결과를 얻을 수 있을까?

즉 얼마나 출원을 유예하고 이에 따라 더 의미 있는 청구범위를 확보할 수 있는지가 관건이다.

3. 무엇을 보호해야 하는가? 이 분야는 소프트웨어와 인사이트라는 두 가지 측면에서 특허 가능 대상 발명이 나올 수 있다. 인사이트(바이오 마커, 약물 후보 등)는 특허로 보호받을 수 있으나 영업 비밀로는 유용하게 보호되지 않는다.

소프트웨어는 사안별로 영업 비밀로 유지할지, 특허로 보호할지 판단해야 한다. 판단 근거는 다음의 질문으로 얻어질 수 있다.

> **1** 넓은 청구범위를 얻을 수 있는가?
> - 설계에 따라 진화하는 소프트웨어 도구를 사용하더라도 청구범위가 애초에 넓거나 확장 가능해야 한다.
> - 청구범위는 투자 유치에 유용하고, 경쟁사 개발 착수의 장애물이 되며, 서비스 신뢰도 확보에 유리한가? 무엇보다 상업적으로 유용해야 한다.
> - 적절한 노력을 투자하여 침해자를 식별할 수 있어야 한다.
> **2** 비밀로 유지가 가능한가?
> **3** 단기 및 장기 상용화 전략은 무엇인가? 가까운 미래와 먼 미래에 무엇이 상용화될 것인가? 기술을 얼마나 오래 사용할 것인가? 경쟁 업체는 그 기간에 무얼 할 것으로 예상되는가? 누가 무엇을 상용화할 것이며 누가 무엇을 위해 지식재산권을 소유하게 되는가?
> **4** 단기 및 장기 연구개발 전략은 무엇인가? 특히 연구개발은 어디에 초점을 맞추고 누구를 위해 어떤 솔루션을 개발할 것인가?

이 모든 질문들은 특허 권리범위가 현실적인지, 가치는 무엇인지라는 질문에 답하는 것을 목표로 한다.

소프트웨어 분야에 경쟁자와 경쟁 제품은 매우 빠르게 등장한다. 그만큼 제품이나 서비스도 빠르게 폐기될 수 있다. 특허가 경쟁 우위를 제공하기에는 기술과 시장이 너무 빠르게 움직이기 때문에 굳이 특허에 투자하는 비용이 비싸게 느껴질 수 있다. 그래서 이 분야 특허는 고품질 고비용이다. 그러나 가치를 최적화한다는 목표로 상용화 계획 및 연구개발 계획을 염두에 두고 특허 전략을 개발하고 주기적으로 관리한다면 가치 있게 특허를 활용할 수 있다.

예를 들어 특허(또는 출원 중인 출원)가 2년 동안 경쟁 우위를 제공하고 그 사이 제품이 변경되어 특허가 유용하지 않다면 해당 특허를 포기할 수 있다. 다음 개발에 자원을 집중하고, 노후화된 포트폴리오를 판매하거나 폐기하는 전략도 타당할 수 있다는 의미다.

특허의 잠재력과 현재 가치와 미래 가치 모두를 파악하려면 큰 그림을 생각해야 한다. 그래서 결론은 주기적인 관리에 있다.

7.5 등록 특허 평가 및 요약하기

심사 후 등록 결정서가 송달되면 송달받은 날로부터 3개월 이내에 등록료를 납부한다. 그러면 방식 심사 후에 특허증이 교부된다. 추가 납부기간은 6개월이며 등록료를 납부하지 않으면 등록 포기로 간주된다. 절차는 등록결정서와 함께 송부된 납입고지서 등을 참조하면 된다.

그런데 특허는 심사에서 보정 과정을 거치며 최초보다 청구항이 좁게 설정된다. 최종 등록된 청구범위를 확인하고, 이 청구범위대로 등록할지 아니면 포기할지도 결정해, 해당 특허를 요약해놓자. 특허 권리를 유지하려면 꾸준한 관리가 뒷받침되어야 한다. 특허가 여러 건이면 관리 전략도 필요하다. 대기업이 아니면 특허를 전략적으로 관리하기가 어렵다. 그러므로 관리표를 만들어 인적 물적 자원 투입을 최소화하고 최대 효과를 내야 한다.

등록 결정 및 등록 특허 평가

등록 결정 단계에 이르렀다면 이미 아이디어 간이 평가(3.7절)와 발명 평가(4.5절)를 마쳤을 것이다. 그러나 등록 단계에서도 수정된 청구범위 및 주위 상황을 고려하여 한 번 더 평가해주어야 한다. 평가표는 발명 등급표를 활용해도 되나, 판단 시점을 현시점으로 삼아야 한다.

출원 시에는 타사가 채용하지 않으면 안 되는 A급이었으나, 심사 과정에서 청구범위가 크게 축소되면 D급으로 변동될 수도 있고, C급이었던 발명이 시장에서 대규모로 채용이 되어 A급으로 변할 수도 있기 때문이다.

D급이나 F급으로 판명되면 등록을 포기하는 것이 경비 절감 차원에서 낫다. 이때 등급 변경 사유를 기록해둬야 한다.

등록 특허 요약표 작성하기

등록 특허의 등급이 정해졌으면, 아래의 등록 특허 요약표를 작성하여 관리한다.

▶ 등록 특허 요약표

	특허번호	상태	국가	출원일	공개일	등록일	권리 만료일
❶ 모출원							
❷ 패밀리 특허							
❸ 특허 번호							
❹ 발명의 명칭							
❺ 한줄 요약							
❻ 주 청구항							
❼ 관련 특허							
❽ 침해 증거 확보 방법							
❾ 특허 등급	현재 :				출원 시 :		

❶ 모출원에는 해당 특허가 인용한 최초 출원으로서 없으면 공란으로 남겨둔다.

❷ 패밀리 특허에는 해외에 출원한 특허 서지 사항을 기록한다.

❸ 특허번호, ❹ 발명의 명칭에는 등록공보 내용을 그대로 적는다.

❺ 한 줄 요약에는 특허의 핵심을 한 줄로 적는다. 경쟁사가 이와 유사한 기능이나 구성을 가지고 있으면 상세 분석에 들어갈 용도로 활용한다.

❻ 주 청구항에는 등록공보 내용을 그대로 적는다.

❼ 관련 특허에는 본 특허와 포트폴리오를 구성할 수 있는 보유 특허나 출원 중인 특허를 기입한다.

❽ 침해 증거 확보 방법에는 어떻게 경쟁사의 침해 여부를 확인할 수 있는지 방법을 적는다.

❾ 특허 등급에는 출원 시의 등급과 등록 단계의 등급을 같이 기입한다.

평가는 등록 후 상황에 따라 일정 주기를 정하여 진행하고 주기별로 활용 전략을 마련하면 된다.

학습 마무리

특허는 소멸되기 전까지는 움직이는 생물과 같다. 발명자가 꾸준히 관심을 가지고 관리해 주어야 쉼 없이 변화하는 기술 트렌드에 맞추어 가치 있는 특허 권리범위를 확보할 수 있다. 그래야 강력한 특허가 되고, 돈 되는 특허가 된다. 보유한 특허가 현재 또는 미래 트렌드에 부합하는지 지속적으로 모니터링하는 걸 잊지 말자.

에피소드

1. 시장 모니터링하기

2007년 말 PCT 국제출원을 진행한 후, 국내 및 미국, 프랑스, 독일에서 개최된 전시회에 지속적으로 참가했다. 주력 전시 제품들과 함께 스마트 전동칫솔 시제품을 같이 전시하여 제품을 홍보하고 시장 반응을 살폈다. P&G, 필립스 등 글로벌 기업이 주력 제품에 많은 관심을 가졌지만 투박한 스마트 전동칫솔 시제품에는 별 관심이 없었다. 특히 필립스는 이후에 방한하여 미팅도 진행했다. 물론 스마트 전동칫솔 데모를 같이 했다. 또한 일본, 러시아, 멕시코에서도 관심을 가졌다. 기능에 흥미를 느끼면서도 중소기업 제품 치고는 가격대가 높다는 평가를 내놓았다.

창업 후 1~2년이 지난 시점에 오랄비에서 무선으로 칫솔질 데이터를 전송하는 전동칫솔을 개발하고 지속적으로 업그레이드한다는 소식을 접했다. 시장이 변화되는 조짐이었다. 국내에서 전동칫솔을 개발하던 회사는 거의 문을 닫았다. 고가 시장은 필립스와 오랄비가 양분하고, 저가는 중국산 몫이었다. 전동칫솔 개발을 접으라는 협력사 권유는 당연한 것이었다.

2010년은 김연아 선수가 밴쿠버 동계 올림픽 피겨스케이팅 여자 싱글에서 금메달을 땄다. 김연아 선수와 아사다 마오 선수의 라이벌 구도가 화제가 되던 시절. 인터넷 검색을 하다 우연히 아사다 마오가 나오는 칫솔 CF를 보았는데 스마트 전동칫솔 특허와 매우 유사해 보였다.

2011년 독일에서 개최된 IDS International Dental Show에 참가하기 전에 수소문해서 미국과 독일 업체들과 미팅을 잡았다. 하루에 한 회사씩 주력 상품인 스마트 칫솔 시스템 관련 판매 미팅을 진행했고, 추가로 스마트 전동칫솔의 미국 공개공보를 보여주며 시제품으로 데모도 진행했으나 별 반응은 없었다.

이 시기에는 주력 제품에 신경 쓰느라 전동칫솔을 가지고 수익을 창출한다는 생각도 절실하지 않았다. 포커페이스였는지 전시회 후 독일 P&G에 첫 수출을 하게 되었다. 추가로 향후 공동 개발을 진행하여 그들의 전동칫솔에 우리 기술을 넣는 협력도 이끌었다.

2. 특허 영역 확대 및 중간 사건 대응하기

전동칫솔 시장은 국내보다는 해외시장 위주로 접근하는 것이 좋다고 판단해 국내 출원 심사청구를 제일 늦게, 미국 출원 우선으로 전략을 잡았다. 미국에는 아는 대리인이 있어 국내 대리인을 통하지 않고 직접 위임하여 경비를 절감했다.

2011년 독일 전시회에서 업체들과 미팅을 마치고 스마트 전동칫솔 특허가 가능성이 보여 미국 특허 명세서를 읽어보니 청구항 미흡과 번역 오류를 발견했다. 미국 대리인에게 자진 보정하면서 청구항을 재작성하자고 요청했더니 어차피 의견제출통지서가 나올 것이니 그때 수정하자고 한다. 자진 보정 후에 의견제출통지서가 나오면 돈이 이중으로 드니 경비 절감 차원에서 의견이다. 2012년 일부 청구항에 기재불비 및 진보성 문제로 거절, 나머지 청구항은 등록 가능하다는 의견제출통지서가 나왔다.

아사다 마오가 광고에 출연한 제품을 일본에서 구매해 확인해보니 발명 목적과 효과는 동일했고 실질적인 구성도 유사하여 청구범위를 전반적으로 재작성하자고 미국 대리인에게 요청했다. 미국 대리인은 심사관이 지적한 사항만 보완해도 충분히 침해 제품을 커버할 수 있으니 대대적인 청구항 수정을 만류했다. 괜히 심사관 심기를 건드려 또 다른 의견제출통지서를 받는 것보다는 안전하게 가자는 의견이었다.

결국 협의 끝에 확실하게 문헌 침해를 할 수 있는 다양한 조합으로 청구항을 수정하여 의견서를 제출했고 바로 등록이 되었다.

대부분 청구항이 등록 가능하다는 미국 의견제출통지서를 받은 후에 최초 출원일로부터 6년이 다 되어 국내 출원 특허의 심사청구를 진행했다. 우선권출원일로부터 거의 5년이 다 되어가는 시점이었다(2016년 2월 29일부터 심사청구 기간이 출원 후 3년으로 단축되었다).

▶ 판매 특허 타임라인

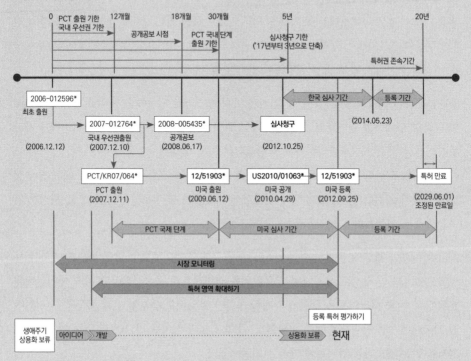

3. 등록 특허 평가 및 요약하기

등록 특허 평가표로 평가하면 B급 또는 C급의 특허다. 등록 특허 요약표를 만들어보면 다음과 같다.

▶ 등록 특허 요약표

	특허번호	상태	국가	출원일	공개일	등록일	권리 만료일
모출원	10-2006- 012596*	소멸	한국	06.12.12			
패밀리 특허	10-2007- 01276*	공개 중 (심사 미청구)	한국	07.12.10	08.06.17		
	PCT/KR07/064			07.12.11			
특허 번호	USP 12/5190*	등록 중	미국	09.06.12	US2010/ 0106**	12.09.25	
발명의 명칭	Electric toothbrush...						
한줄 요약	칫솔의 방향에 따라 진동 강도가 상이한 것						
주 청구항	8. An electric toothbrush, comprising: a bristle-vibrating unit configured to vibrate toothbrush bristles to clean a side of teeth in contact with the toothbrush bristles; a bristle direction-sensing unit configured to detect a direction to which the toothbrush bristles are directed in an oral cavity, and a control unit configured to control a vibration intensity of the toothbrush bristles in response to the detected direction.						
관련 특허	KR10-2008-0223***						
침해증거 확보 방법	• 샘플 침해 테스트 방법 : 전원을 켜고 칫솔의 방향을 움직이며 진동 강도가 변하는지 파악 • 사용 설명서 검토 방법 : 위치별 진동 강도가 변하는 내용이 있는지 확인						
특허 등급	현재 : 출원 시 :						

Q&A

Q 내 발명이 특허등록되면 선행 특허를 침해하지 않나요?

의외로 많은 사람이 자신의 발명이 등록되면 다른 특허 침해에서 벗어난다고 생각하지만, 실제로 특허등록과 다른 특허 침해는 별개다. 오히려 등록된 내 특허가 선행 특허를 저촉하고 있다면 선행 특허권자가 침해로 몰아가기 쉬운 증거가된다. 예를 들어 선행 특허의 권리범위가 A + B + C로 구성된 물건이라 하고 내특허의 권리범위가 A + B + C + D로 구성된 물건이라면 내 특허를 실시하는 데선행 특허 구성인 A + B + C를 이용해야 하므로 선행 특허를 침해하게 된다. 즉, 선행 특허권자의 허락 없이 당신의 특허를 실시할 수는 없고 실시하게 된다면 침해하게 되는 것이다.

Q 청구항이 길면 내용이 구체화되어 권리범위가 더 넓어지나요?

손바닥을 펴서 청구항이 가려지면 청구범위가 넓다는 우스갯소리도 있다. 즉, 최대한 간결하게 쓰면 쓸수록 일반적으로 청구범위는 넓어진다. 발명 목적을 제품화하려면 반드시 들어가야 할 이미 공지된 구성요소를 청구항에 넣어서 청구항이 (의도적으로) 좁아 보이게 하는 전략도 있다.

Q 청구항의 구성요소가 많으면 청구범위가 넓어지나요?

청구항의 구성요소가 많아지면 상대적으로 권리범위가 좁아진다. 청구항의 구성요소가 A + B인 의자라면 A와 B를 모두 가진 모든 의자가 권리범위에 포함된다. 즉 A, B, C로 구성된 의자, A, B, C, D로 구성된 의자도 본 청구범위에 해당된다. 그러나 A만 가진 의자는 청구범위에 포함이 안 된다.

반면에 청구항 구성요소가 A + B + C + D로 구성된 의자의 청구범위는 A, B, C, D를 모두 가진 의자에 한정되어, A로만 구성된 의자, A, B로 구성된 의자, A, B, C로 구성된 의자 모두 권리범위에 속하지 않는다.

청구항 수가 많아지면 권리범위도 넓어지나요?

권리범위가 청구항 하나의 권리범위를 의미하기도 하지만 특허 하나에 들어간 일련의 모든 청구항 권리범위를 의미할 때도 있다. 일반적으로 발명을 변형까지 잘 보호하려고 청구항의 범위를 최대한 넓게 잡고 다양한 조합으로 청구항을 작성한다. 그러려면 권리범위가 다단계로 줄어들거나 다양한 조합으로 청구범위를 작성해야 한다. 따라서 권리범위를 확장하면 청구항 수도 많아질 수 있다. 여러 단계의 권리범위로 청구항을 작성하면 특허 유효성을 논할 때도 유리하다. 즉, 특허를 적극적으로 활용하려면 가능한 다양한 청구항을 작성하는 것이 유리하다.

예를 들어 모니터의 절전 모드 관련 미국 특허(등록번호 : 5,648,799)는 등록된 청구항이 총 174개다. 특허권자는 한때 글로벌 모니터 제조사를 대상으로 권리 행사를 했다. 심사 과정에서 청구항 개수대로 심사료가 책정되고, 등록 후에는 청구항 개수대로 연차료를 낸다. 게다가 해외까지 특허를 출원하면 비용이 크게 증가하기 때문에 효용성 없는 청구항을 일부러 추가할 필요는 없다. 자금 여력과 투자 가치를 생각하며 청구항 개수를 조절하자.

US005648799A

United States Patent [19]
Kikinis

[11] Patent Number: **5,648,799**
[45] Date of Patent: ***Jul. 15, 1997**

[54] LOW-POWER-CONSUMPTION MONITOR STANDBY SYSTEM

[75] Inventor: **Dan Kikinis**, Sunnyvale, Calif.

[73] Assignee: **Elonex I.P. Holdings, Ltd.**, London, United Kingdom

[*] Notice: The term of this patent shall not extend beyond the expiration date of Pat. No. 5,389,952.

[21] Appl. No.: **591,775**

[22] Filed: **Feb. 7, 1996**

Related U.S. Application Data

[63] Continuation of Ser. No. 319,256, Oct. 6, 1994, abandoned, which is a continuation of Ser. No. 141,413, Oct. 22, 1993, Pat. No. 5,389,952, which is a continuation of Ser. No. 984,370, Dec. 2, 1992, abandoned.

[51] Int. Cl.⁶ **G09G 5/00**; G09G 5/12; H04N 5/63

[52] U.S. Cl. **345/212**; 345/213; 348/730; 395/750

[58] Field of Search 345/10, 211–213; 348/730, 734, 634; 364/707; 395/750; H04N 5/63

[56] **References Cited**

| 62-106523 | 5/1987 | Japan . |
| 62-216018 | 9/1987 | Japan . |

(List continued on next page.)

OTHER PUBLICATIONS

"Environmental Labelling of Display Units", Presented at the Third International Scientific Conference, Sep. 1992, pp. 1–4.
"Department of Energy Efficiency", NUTEK, Jun. 1992, pp. 1–8.
IBM Technical Disclosure Bulletin, "Increasing Lifetime and Reliability of CRT Displays", vol. 34, No. 9; Feb. 1992, pp. 281–283.
"Auto turn-off monitors", NUTEK, 1992, pp. 1–4.
EDGE: Work–Group Computing Report, Mar. 18, 1991 v2 n43, p. 28(1) Notebook Displays . . . author Phoenix Technologies Ltd. (Product Announcement).

(List continued on next page.)

Primary Examiner—Jeffery Brier
Attorney, Agent, or Firm—Donald R. Boys

[57] **ABSTRACT**

A system for managing power states for a video display monitor for a computer during periods of operator inactivity senses the presence or absence of signals provided to the video display monitor for forming an image on the monitor, such as red (R), green (G), blue (B) and horizontal synchro-nization (HSYNC) and vertical synchronization (VSYNC)

Q & A

Q **침해 증거를 눈으로 볼 수 있게 청구항을 작성하는 방법이 있는가?**

모든 특허가 눈으로 보고 침해 증거를 쉽게 찾을 수 있을 정도의 청구범위를 가지는 것은 아니다. 기구나 장치 관련 발명은 제품이나 부품의 외관이므로 구조나 동작을 청구하여도 침해 증거를 쉽게 찾을 수 있다. UI/UX 관련 기능성 발명들도 조금만 주의를 기울이면 눈으로 침해 여부를 판단할 수 있게 청구항을 작성할 수 있다. 눈으로 볼 수 없는 소프트웨어나 회로 관련 발명들도 어떻게 침해 증거를 찾아낼 수 있는지 고려해가며 청구항을 작성하다 보면 가능할 수도 있다.

청구항을 작성하면서 침해 여부 판단 기준도 고민해보자(그리고 메모해두자). 아래와 같은 청구항은 칫솔을 전후좌우로 방향을 이동했을 때 진동 강도가 달라지면 침해된다고 간주하면 된다.

청구항

- 칫솔모에 대면하는 치아 면이 세척되도록 칫솔모를 동작시키는 칫솔모 동작부;
- 구강 내에 칫솔모의 위치를 판단하는 칫솔모 방향 검출부;
- 상기 방향 검출부에 의해 판단된 칫솔모의 위치에 따라 칫솔모 동작부의 진동강도를 조절하는 제어부로 구성되어진 것을 특징으로 하는 전동칫솔.

돈 되는 특허 활용 백서

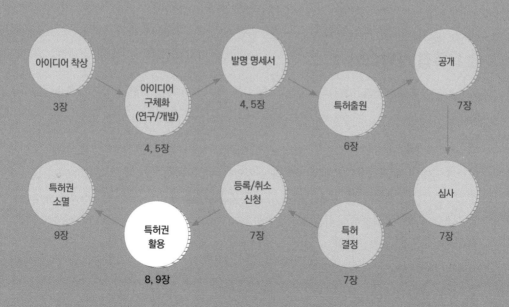

아이디어 착상

3장

아이디어 구체화 (연구/개발)

4, 5장

발명 명세서

4, 5장

특허출원

6장

공개

7장

심사

7장

특허 결정

7장

등록/취소 신청

7장

특허권 활용

8, 9장

특허권 소멸

9장

□ 학습 목표	'권리 위에서 잠자는 자는 보호받지 못한다'라는 격언이 있는데 이는 특허 권리를 절차에 따라 적극적으로 주장하지 않으면 권리 보호를 받을 수 없다는 의미다.
	특허를 활용해 얻을 수 있는 이점은 생각 이상으로 많다(그리고 크다). 특허된 발명을 독점적으로 실시할 수 있다는 전통적인 역할부터 자금조달까지 특허의 활용 범위가 계속 넓어지며 진화하고 있다. 이 장에서는 특허를 활용하는 방법을 간략히 알아보고 내가 가지고 있는 아이디어/발명/특허를 어떻게 활용해야 효과적인지를 생각해본다.
□ 학습 순서	**1** 독점 사업하기
	2 판매하기
	3 경매하기
	4 월급처럼 돈 벌기
	5 공동 라이선스
	6 소송 활용하기
	7 기업 금융자본 확대

8.1 독점 사업하기

특허는 창이면서 방패다. 타사의 사업 진행을 억제, 배제시키거나, 특허 공격에 방어용으로 활용한다.

마쓰시타그룹(파나소닉) 창업주는 쌍소켓을 발명하고 직접 사업을 추진했다. 쌍소켓이 발명되기 전에는 모두 소켓을 하나로 사용하고 있었다. 마쓰시타가 쌍소켓을 착안하게 된 설은 두 가지다. '소켓 하나를 놓고 자매가 서로 사용을 하겠다고 다투는 광경', '저녁을 해먹겠다는 남편과 다리미질을 마치겠다는 부인의 다툼'. 어느 설이 맞든 마쓰시타는 쌍소켓 아이디어를 떠올려 → 특허출원 → 제조 → 판매로 사업 기초를 다졌다. 그 후에도 지속적인 발명으로 마쓰시타 그룹을 일궜다.

국내 사례도 보자. 익스트림 스포츠용 '에스보드'는 양발을 좌우로 움직이면 S자 모양으로 앞으로 나간다. 세계 최대 규모 발명전인 피츠버그 국제발명전에서 레크리에이션 부문 금상, 스포츠 부문 금상 등 5관왕을 수상했다. '에스보드'를 발명한 노숙자 출신의 발명가는 이를 사업화해 연 매출 100억을 달성했다(특허명 : 흔들어서 나가는 구름판). 그러나 마쓰시타 사례와 달리 에스보드는 현재 중국 모조품에 시달리고 있다. 미국 특허권은 킥보드 업체인 레이저에 양도되어 다른 이름으로 판매되고 있다.

독점 사업을 하려면 시장의 호응을 받고 검증되어야 한다. 저가 복제품과 차별화하는 지속적인 노력과 사업 역량이 있어야 지속적인 성공을 이룰 수 있다. 직접 사업을 시작하기 전에 기술성, 시장성, 경제성 그리고 나 자신의 역량을 충분히 검토하자.

8.2 판매하기

특허 판매에는 특허권 소유자(발명자 등) 직접 판매와 대리인을 통한 간접 판매 방식이 있다. 일반적으로 등록된 특허를 판매하지만, 등록이 안 된 공개된 특허 또는 출원 중인 특허도 판매한다. 국내 특허 소유권 이전은 2011년부터 2020년까지 10년간 약 182,000건에 이른다. 이중 기업 간 특허 소유권 이전은 50.79%, 개인에서 기업으로의 이전은 20.37%다. 또한 기업에서 국가기관으로 이전은 6.48%, 개인에서 국가기관으로는 1.72%를 차지한다.[1]

8.2.1 직접 판매

각개 또는 패밀리 특허로 판매하며 대부분 특허권자의 핵심 사업과 무관한 특허를 판매한다. 당연한 이야기겠지만 판매가 되면 본인도 더 이상 특허를 사용할 수 없다. 이미 존재하는 라이선스가 있다면 가망 구매 고객에게 판매 제의를 할 때 알려줄 필요가 있다. 판매 대상은 일반 기업이나 '특허괴물'로 불리는 글로벌 특허관리회사 NPE가 될 수 있다.

2019년 미국 NPE인 매그너차지 LLC^{Magnacharge LLC}가 삼성·LG전자에 무선 충전 관련 특

---

1 출처 : Keywert

허 침해 소송을 제기했다. 알고 보니 이 특허는 2002년 우리나라 중소기업이 '비접촉식 배터리팩 충전장치'라는 이름으로 출원했고, 이후 2008년 미국에 패밀리 특허로 등록되었는데, 미국 NPE가 우리나라 기업에서 특허를 매입한 것이다. 매매 조건은 알려지지 않았지만, 순수하게 국내에서 발명된 특허가 해외로 판매되면서 국내 대기업뿐만이 아니라, T모바일, 소닉, 소니 등 글로벌 제조업체가 잇달아 제소됐다. 부메랑으로 돌아왔다는 안타까움, 국내 대기업은 왜 매입하지 않았느냐는 안타까움이 공존하는 사건이다. 어쨌든 NPE는 좋은 고객이 될 수 있다.

2020년 삼성디스플레이가 퀀텀닷-유기발광다이오드^{QD-OLED}와 마이크로 LED 발광 효율성을 높이는 국내 연구진 특허 기술을 100억 원에 육박하는 금액에 매입했다는 보도가 있었다. 이례적인 소식이었다. 일반적으로 특허 거래 사실을 외부에 공개하지 않기 때문이다.

언론에 발표되지 않은 국내 대기업에 직접 판매한 사례도 하나 보자. 대기업의 전시회를 담당하는 A 사는 전시 방법 특허를 보유하고 있었다. 해당 특허를 활용한 전시 방법이 관객에게 큰 호응을 얻고 있었던 터라 대기업 전시회를 지속적으로 수주했다. 그러던 중 A 사가 감당하지 못할 정도의 업무 제의가 들어왔고, 이에 급박해진 대기업이 먼저 특허 매입을 제안해 거래가 성사되었다. 사업의 시급성으로 인해 신속하게 특허 매입을 진행한 독특한 케이스다. 대기업 협력기업 풀에 속한다면 직접 거래를 제안해보기 바란다.

8.2.2 간접 판매

일반적으로 직접 판매는 쉽지 않다. 따라서 기술 이전 지원 단체 등 다양한 중개 채널을 활용한 간접 판매를 시도하게 된다. 그러나 이러한 중개 기관에서도 거래가 잘될 것 같은 특허 위주로 이전을 지원하므로 보유 특허를 미리 분석해 적합한 중개 기관을 찾아 접촉하자.

발명진흥회의 도움을 받아 수요업체가 특허를 구매하고 사업화하여 성공한 지식재산거래는 국가지식재산거래플랫폼에서 확인할 수 있다. 수요처 위주의 간접 판매 형태다. 이처럼 국내에서는 대학, 연구소가 공유한 특허와 기술을 중소기업에 이전하는 사례가 많다.

8.3 경매하기

가치 평가는 관심이 있는 경매에 참여하는 기업들 몫이다. 국내에서는 한국발명진흥회가 'IP-Market 공공기술 경매' 서비스로 공공기관 보유 특허 기술을 경매한다. 하지만 국내에서는 일반적이지 않고, 그 외 마땅한 중개 기관도 없다. 따라서 개인이 경매 방식으로 판매하길 희망한다면 직접 경매 전과정을 진행하는 자구책밖에 대안이 없다.

경매는 상대적인 낮은 비용이 소요되며 회수율도 투자 대비 적정하다. 반면 구매자 참여에 의해 좌지우지되며, 실패하면 특허 가격이 떨어진다는 단점도 잊지 말자.

8.4 월급처럼 돈 벌기

라이선스는 지식재산권을 대가로 받고 타인에게 상업적, 경제적 권리를 부여하는 것이다 (실시권 또는 사용권으로 번역되기도 한다). 라이선싱에 있어서 라이선서는 지식재산권을 가지고 있는 자를 말하고, 라이선시는 이 권리를 대여받는 자를 의미한다.

- 라이선스licence : 재산권
- 라이선서licensor : 재산권을 가지고 있는 권리자
- 라이선시licensee : 재산권을 대여받은 사용권자
- 라이선싱licensing : 라이선서가 보유한 재산권을 라이선시에게 계약 기간 동안 양도하는 계약 행위

일반적으로 라이선서는 협상에서 우월적 지위를 가지게 되며, 협상 조건을 라이선시가 받아들이지 못하면 라이선스를 허락하지 않을 수 있고, 이 경우에 라이선시는 사업을 그만두거나 침해할 수밖에 없게 된다. 그러나 이러한 우월적 지위를 남용하면 부작용이 발생할 수도 있다.

라이선스 최대 장점은 지속적인 수익이다. 선결제 금액은 판매보다 적을 수 있지만 일정 기간 동안(무한한 경우도 있다) 반복해 수익을 확보할 수 있다. 단점은 수익 극대화를 라이선시에게 의존한다는 것이다. 라이선스 계약에 판매 목표나 감사 권한을 포함하면 단점을 보완할 수 있다. 라이선시가 특정 품질 표준을 준수하는지도 확인해야 한다.

라이선스에는 생각보다 다양한 옵션과 전략이 있어서 전문가 도움을 받아 진행하는 것이 유리하다. 궁극적으로 체계적인 라이선스 프로그램 정립이 중요하다. 가격 및 로열티율을 정해두자. 높으면 분쟁이 생기고 낮으면 돈벌이가 안 된다. 라이선스 기간 및 약관, 세무적 법적 행정적 사항, 관할권 및 기타 분쟁 상황 등도 고려해야 하며, 특허 클러스터, 통상 실시권, 특정 분야 사용권, 잠재적인 라이선시도 고려 대상이다. 라이선스 방법은 높은 잠재 수익률을 보이지만 반드시 소송 준비도 병행해야 분쟁 발생 시 빠르게 대처할 수 있다.

전략적인 사례를 살펴보자. 미국의 한 기업은 경쟁사의 보유 특허, 제품 및 간행물을 평가해 자사 특허를 사용하고 있음을 확인했다. 라이선스가 필요하다는 편지를 송부하고, 얼리버드 조건을 당근으로 제시했다. 이를 통해 30여 회사와 라이선싱 계약을 체결했고, 뒤이어 대기업에 소송을 제기해 7억 달러를 받았다.

라이선스는 초기 단계에서 특허 가치를 평가하기가 난해하고, 라이선시가 경쟁사가 될 가능성이 있어, 라이선싱 전에 선행 조사에 투자를 아끼지 말아야 한다. 모든 라이선시에 대한 라이선싱 모델을 준비하자. 시장조사를 진행해 잠재적인 라이선시에 대한 조사 및 침해 자료도 준비하자.

8.5 공동 라이선스

소유주가 다른 표준 특허 또는 이에 관련된 특허들을 이용하여 공동 라이선스 풀Pool을 만들고 이에 대한 라이선싱을 진행할 수 있다. 국제표준화기구 ISO와 국제전기기술 위원회 IEC, 국제전기통신연합 ITU와 같은 국제표준화기구에서 정한 표준 기술을 커버하는 특허들이 대상이 될 수 있다. 이런 특허는 회피 설계가 불가능해 해당 기술을 이용하지 않고는 관련 제품을 생산하기 어렵다.

라이선스 에이전트를 지정하면 경비를 절감할 수 있다. 경제적 가치가 높고 특허 분쟁의 위험성은 낮아 부가가치가 높지만 그랜트 백[2] 및 불공정거래 이슈에 주의해야 한다. 투자 대비 회수율이 좋은 방식이다.

---

2 grant back. 라이선시의 노력으로 해당 기술을 개량했을 때, 개량된 기술의 권리를 라이선시가 보유하는 대신 라이선서는 무상 또는 소정의 실시료를 지급하고 사용하는 방식.

8.6 소송 활용하기

새로운 시장 플랫폼에 적응하지 못한 선두 기업은 악화된 경영 환경 타개책으로 후발주자를 소송하여 수익을 추구한다. 자기 매출의 10%를 초과하는 후발주자가 주 타깃이다. 상호 라이선싱을 유도하는 용도로도 소송을 사용한다.

일반적인 특허권자는 해당 특허 기술이 적용된 사업에서 경쟁사를 배제시키거나, 로열티를 받기 위해 소송 없이 협상을 타결하지만, 특허괴물 NPE는 협상 테이블로 상대편을 끌어들이는 데 소송 카드를 즐겨 사용한다. 특허권자가 기술과 특허에 자신이 있고 정작 자신은 해당 사업에서 철수하려는 상황이라면 침해자에게 경고장 발송 이후 기술 협상 대신 곧바로 비즈니스 협상을 진행하기도 한다. 그렇지만 협상이 제대로 진행되지 않으면 소송을 활용할 수밖에 없다.

국내 특허 분쟁 소송은 손해 배상보다는 침해금지 가처분 청구가 주다. 민사소송 즉 특허침해 금지 가처분 신청은 침해금지 소송이나 손해배상청구소송보다 빠르게 진행이 되어 상대적으로 조기에 경쟁사의 침해 행위를 저지할 수 있기 때문이다.

2019년부터 지식재산권 침해 시 손해액의 3배를 물어주는 징벌적 손해배상 제도가 시작되었다. 특허권자 88%가 특허 침해 증거를 수집하는 데 어려움을 겪고 있어, 아직은 징벌적 손해배상 제도가 그 효력을 제대로 발휘하지 못하고 있다. 침해 행위가 침해자 공장 내부와 같이 확인하기 어려운 곳에서 이루어지거나, 침해 물품의 구체적인 분석이 어렵다거나, 손해액에 관련 증거 확보가 어렵기 때문이다.

그럼에도 소송은 최후의 보루다. 효과적인 도구이기도 하다. 소송 절차와 비용을 간단히 살펴보자.

❶ 일반적인 소송 진행 단계

1단계. 상대방 제품의 특허 침해 여부를 판단한다. 내 특허의 무효 가능성도 판단한다. 침해 증거Evidence of Use, EOU가 있다면 라이선스 계약을 맺을지 아니면 시장에서 퇴출시킬지를 전략적으로 판단한다.

2단계. 경고장을 보내서 무엇을 얻을지에 대한 목표를 확실하게 정해야 한다. 경고장은 소송 진행 시 고의성 입증의 증거가 될 수 있다. 다만 침해자의 거래처에 경고장을 송부하는 일은 신중하기 바란다. 잘 못하면 손해배상 소송에 걸릴 수 있다.

3단계. 대책을 수립할 여유를 주지 않으려면 곧바로 소송을 하거나, 협상이 결렬이 되면 소송을 진행된다. 여러 곳에 소를 제기하는 일은 소송의 실익을 따져 신중히 결정해야 한다. 소송 중에도 항상 협상을 고려하고, 협상이 이루어지거나 판결이 확정되면 손해 배상 또는 침해 금지 조치를 판결대로 진행하면 된다.

❷ 소송 비용

소송에서 판결까지 국내는 평균 3천만 원, 미국은 30~100억 원이 든다. 우리나라 소송 평균 배상액은 약 5000만 원이다. 판결까지는 평균 4년이 소요되며, 중소기업이 대기업을 이길 확률은 20%로 선진국 절반 수준이다.

특허 소송 시장이 크고 빈번하게 일어나는 미국에서 소송을 하는 일은 더 어렵다. 심판 절차도 상이하고 변호사를 선임해도 내 시간 투자가 적지 않다. 그러나 특허가 강력하다면 소송을 활용해 수익화를 노리는 라이선싱 프로그램 전문가 또는 특허괴물 NPE를 활용하는 것도 방법이다(그러면 내 돈이 안 들 수도 있다). 또한 소송 비용 투자 펀드도 있으니 내 특허가 정말 강력하다면 해볼 만하다.

❸ 소송 전 검토 사항

소송의 핵심은 돈이다. 돈 들여 소송해 이기면 돈을 받고, 억울하지만 지면 돈을 날린다. 신중해야 한다. 무엇보다 소송에서 무얼 얻을지 목적을 명확히 해야 한다.

경쟁자 퇴출, 공격/방어, 협상, 경쟁자의 사업 방해하기, 감정적인 이유로 괴롭히기, 마케팅 효과 기대, 더 중요한 다른 소송을 대비하기. 당신의 소송 목적은 무엇인가?

선임한 변호사 역량과 투자 가능한 소송 비용 규모, 최종 판결까지의 예상 기일, 내 특허 범위, 승소 가능성, 패배했을 때 위험 요소. 하나라도 빼지 말고 고려하자. 또한 상대는 어떻게 대응할지 예상하고 시나리오를 마련해야 한다.

소송은 이기면 좋고 지면 말고가 아니다. 리스크가 크다. 전문가들의 도움을 받아 가며 신중히 결정하기 바란다. 소송을 활용한 두 사례를 간단히 살펴보자.

에스보드. 에스보드가 시장에서 대박 상품으로 자리를 잡자 유통 업체들이 중국 모조품을 수입하여 유통했다. 에스보드 사는 시장 확대에 도움이 될 것으로 판단해 초기에 대응하지 않았다가 매출 타격이 심각해지자 특허 소송을 진행했다. 많은 업체를 대상으로 동시 소송을 진행해 4년 동안 소송비로 20억을 쓰고 승소했고 침해 제품을 시장에서 몰아냈다. 해피엔딩으로 끝나면 좋으련만 정작 영세한 모조품 판매 업체로부터는 제대로 손해배상금액도 받지 못했다. 과거의 영광을 재현하기에 4년이라는 시간은 너무 길다. 정의가 전쟁에서 이겼는데 얻은 게 없는 슬픈 이야기다.

카이스트 vs. 삼성전자. 2020년 하반기에 KAIST와 삼성전자가 핀펫 기술과 관련된 특허 소송에 합의했다. 이 소송은 2016년 말에 KAIST 지식재산권 관리 자회사인 카이스트IP가 삼성전자를 상대로 핀펫 특허 기술을 침해해 수십억 달러의 부당이익을 얻었다며, 미국 텍사스동부지방법원[3]에 소송을 제기하면서 시작됐고, 2018년 배심원단은 삼성전자가 해당 특허를 고의 침해했다고 판단해 4억 달러 배상 평결을 내렸다. 2020년 2월에 삼성전자는 2420억 원을 배상하라는 1심 판결이 나왔다. 삼성전자는 항소 의사를 밝혔지만, 항소 없이 합의로 4년 만에 최종 마무리됐다. 구체적인 합의 조건은 공개되지 않았다.

해당 특허는 대학교수가 정부 지원으로 개발한 발명으로 해외 특허권을 획득하는 과정에 여러 대학과 기업에 경제적 지원을 요청했으나 국내 대학이 보유한 특허 기술에 대한 저평가 분위기로 번번이 거절당했다. 우여곡절 끝에 투자를 받아 해외 특허권을 확보한 후, 삼성전자와 로열티 협상을 진행했지만 결렬되자 미국 법원에 소를 제기한 것이다.

해외 출원은 쉽지 않다. 국내 토종 특허는 응당 저평가된다. 협상만으로는 제 가치를 인정받기 어렵다. 소송 기간 동안에 투입된 비용을 생각하면 소송의 위험성을 상상하기 어렵다. 그럼에도 더더욱 미국에 특허를 출원해야 하며 소송도 필요하다.

---

3 미국 NPE가 특허소송을 선호하는 법원으로는 텍사스 동부, 서부, 델라웨어 등이 있다.

8.7 기업의 금융자본 확대

특허는 직접적인 사업 수익 창출 외에도 재무 안정화와 관리에 유용하다.

특허를 보유하면 첨단 기술력 보유 이미지를 얻을 수 있고 기업 가치를 평가받아 정부 심사를 통해 정책지원금을 받을 수 있다. 정부 개발지원사업에 신청할 때도 유리하다.

2020년 정부는 3년간 40조원에 달하는 금융지원을 발표하고 특허 및 핵심 기술 등을 보유한 혁신기업 1,000곳을 선정했다. 또한 중소/중견기업 연구개발 지원을 확대하면서 기업에서 특허권이나 특허 기술을 이전, 취득, 대여할 때 최대 50% 세액을 감면해주는 제도도 시행 중이다. 이처럼 특허를 활용하면 세액 감면과 공제 혜택을 받을 수 있다.

회사의 재무건전성이 좋지 않다면 대표 또는 임직원이 보유하고 있는 특허를 법인에 양도해 가지급금 등 금융상의 문제를 해결할 수 있다. 또는 소득세 및 법인세 절감, 회사 신용등급 개선, 특허권 가치 평가를 통한 회사 자본금 증식 등에도 활용할 수 있다.

학습 마무리

생각보다 다양한 특허 활용 방법이 있다. 특허도 자산이므로, 보유 자산을 잘 활용해야 내 자산을 불릴 수 있다. 언급된 다양한 활용 방법 중에서 '나에게 유용한 특허 활용 방법'을 찾았는가? 그렇다면 한 번 시도해보자. 나는 내 생각대로 해봤다. 그랬더니 정말 거짓말처럼 길이 열렸다. 행운이 따라주었기 때문이라고 생각하지만 그래도 시도 가치를 무시할 수 없을 것이다. 생각만으로는 아무것도 할 수 없으니까 말이다.

에피소드

특허를 출원했다면 한 번쯤 활용해봐야 하지 않겠는가? 나는 2007년 세계 최초로 칫솔질 습관을 측정하는 장치와 사업 모델 특허를 받은 후 지속적으로 특허를 등록받았다. 특허를 받고 나서 지금까지 다음과 같이 5가지 방면에서 특허를 활용했다.

1 독점 사업 : 특허를 출원하고 2007년 창업했다.

2 판매 : 독점적으로 국내 보건소, 병원, 학교 등에 판매했고 독일 P&G, 미국 콜게이트에 수출도 하며 사업을 십여 년간 영위하고 있다. P&G는 생활건강 분야 전 세계 1위, 콜게이트는 200여 년 역사를 자랑하는 3위 기업이다.

3 소송 : 십여 년간 사업을 진행하다 보니 모방 제품들이 출현하여 경고장도 발송해봤다. 대부분 신생 기업이다. 창업할 의지가 있다면 먼저 특허를 알아두자. 그러면 더 나은 기술 기업을 만들 수 있다.

4 경매 : 다수의 글로벌 제조사에 경매 방식으로 특허 판매를 제안하여 일본 오므론에 특허를 판매했다. 오므론은 일본 생활건강 1위 기업으로 전 세계를 무대로 활약한다.

5 라이선스 : 구체적인 사항을 언급할 수는 없지만 미국의 특허괴물과 특허권 활용 계약도 체결했다.

자세한 이야기는 9장 본문과 에피소드에 담아서, 여기서는 간략히 정리만 했다.

현재도 특허권 활용을 위해 일련의 작업을 진행 중에 있기는 하지만, 소송은 되도록이면 피한다. 소송전보다는 본업에 충실할 때 더 행복하다(하지만 내 특허를 침해해도 가만있겠다는 이야기는 아니다).

특허를 가지고 있으면 사업에서 선택지가 다양하다. 특허출원과 관리가 쉽지는 않지만, 사업하는 입장에서 선택지가 많다는 건 행복한 고민이 아니던가?

Q & A

Q 모방품도 없고 시장에 특허 제품만 하나 있으면 성공할 수 있나요?

발명 특허 기술이 아주 독보적이라고 하더라도 기술적인 가치가 경제적인 가치를 보장하지는 않는다. 사업에 성공하려면 내 노력도 중요하고 시장성도 중요하다. 강력한 특허를 장착하고도 시장에서 사라지는 제품은 많다. 특허를 활용해 사업화하기 이전에 반드시 시장을 확인하자.

Q 특허가 있어도 모든 모방품을 방지할 수 없나요?

중국은 세계의 공장이다. 정품부터 모방품까지 생산하지 않는 게 없다. 쉽게 모방이 가능하고 핫한 제품을 중국에서 모방 안 할 이유가 있겠는가? 게다가 일명 보따리상은 모방품을 수입해 국내에 짧은 기간 판매해 수익을 챙기고 폐업한다. 특허권자가 침해 사실을 발견해도 처벌 대상이 없어져 난감하다. 대기업도 모든 모방품을 방지할 수 없기는 마찬가지다. 모방 제품의 품질이 좋으면 기술 이전 같은 유화정책을 펴기도 한다. 따라서 특허 기술이 적용된 제품을 판매할 때는 상황에 맞춰 대책을 세워야 한다.

Q 등록되지 않은 특허도 판매할 수 있나요?

출원 중인 특허, 공개 중인 특허 모두 특허받을 권리가 있어 판매가 가능하다. 등록된 특허의 포트폴리오에 들어 있다면 판매가 더 쉽다. 기술 이전과 더불어 출원 중인 특허가 판매되기도 한다. 다만 가치가 입증되지 않아 매매가가 높지 않고, 판매 성사 가능성도 낮다.

Q 국내에 등록된 특허를 해외에 팔 수 있나요?

특허는 특허가 등록된 국가에서만 그 효력을 발휘한다(속지주의). 따라서 일반적으로는 국내에 아무런 연고가 없는 해외 개인이나 기업이 특허를 구매할 이유는 없을 것이다. 단지 특허가 등록된 국내에서 사업을 현재 영위하거나 향후 진행할 예정이 있는 해외 기업이나 개인은 구매할 가능성이 있다. 글로벌 특허관리회사 NPE가 구매할 수도 있다. 따라서 국내 등록 특허도 해외에 판매가 가능하다.

Q 특허 관련 소송을 하려면 누구를 찾아가야 하나요?

특허 침해 및 손해배상 소송은 변호사가, 특허 무효, 권리범위 등의 심판에 대한 심결취소 소송 등은 변리사가 대리할 수 있다. 변리사의 특허 침해 소송 대리권은 길이 막혀 있는 상황이지만, 기술 관련 특허라면 먼저 변리사를 찾아가 상담을 받아보자.

Q 특허 판매와 라이선스 계약 중 어떤 방법이 유리할까요?

판매는 초기 선불금이 크다는 장점이 있지만 모든 권리가 양도된다. 반면에 라이선스 체결은 초기 수익은 적지만 지속적인 수익이 발생하고 라이선싱 사업이 성공했을 때 더 많은 수익을 얻을 수 있다. 따라서 사안별로 위험 및 수익을 세밀히 검토해 결정해야 한다. 사업적인 측면도 고려해 결정하자.

Q 특허로 회사의 자산 가치를 늘린다는 것은 무슨 말인지요?

회사 대표 또는 임원이 보유하고 있는 특허의 가치를 공인기관에서 평가받아 가치 평가액만큼 회사에 현물 출자해 자본금을 늘리는 방법이 있다. 투자를 받으면서도 자기 자본 비율을 유지할 때, 회사 자본금을 늘릴 때 유용하다.

도전! 특허 판매하기

아이디어 착상

3장

아이디어
구체화
(연구/개발)

4, 5장

발명 명세서

4, 5장

특허출원

6장

공개

7장

심사

7장

특허
결정

7장

등록/취소
신청

7장

특허권
활용

8, 9장

특허권
소멸

9장

☐ **학습 목표** 지식재산권 거래 등 특허권을 활용해 수익을 창출 방법에는 크게 두 가지가 있다. 후발주자의 시장 진입을 저지하거나 늦추는 소극적 방법과, 보유 특허를 배상, 판매, 라이선싱하여 직접적인 수익화를 노리는 적극적인 방법이 있다(8장). 이번 장에서는 저자가 직접 겪은 특허 판매기를 바탕으로 적극적인 방법을 구체적으로 설명한다.

☐ **학습 순서** **1** 일반적인 특허 거래 과정
              2 거래 대상 특허 선정
              3 특허 거래 지원 기관/기업 수배 및 활용 방법
              4 가망 고객 조사하기
              5 접촉 창구 및 키 맨 찾기
              6 대기업/글로벌 기업의 특허 매입 과정
              7 특허 판매 제안서 작성 및 발송
              8 응답 마감일 즈음에 해야 할 일
              9 협상 지원 기관 활용하기
              10 가치 산정 및 가격 선정
              11 유리하게 협상하기
              12 공정하게 계약하기

공들여 확보한 특허는 돈이 되어야 한다. 우리나라에 특허가 되게 하는 전문가는 풍부하다. 반면 돈이 되게 하는 전문가는 턱없이 부족하거나 비용이 엄청나다. 특허의 소극적 활용 방법 관련 지식을 다룬 책과 인터넷 정보는 풍부한 편이다. 변호사 및 변리사 저변이 넓어 자문을 받기도 용이하다. 반면 국내에서는 특허권자가 적극적으로 나서서 특허 거래를 시도하는 일이 아직까지는 생소하다. 소위 판매 전문가가 거의 없거나 후한 비용을 지불해야 한다.

돈 되는 특허의 마지막 단계다. 전 과정에 내 경험을 녹였다. 유용하길 빈다.

9.1 일반적인 특허 거래 과정

물건을 팔듯 특허를 파는 과정을 생각해보자. 물건(특허권) 선택 → 검수 등급 매기기 → 번들 상품처럼 묶어서 패키지화(특허권 포트폴리오) → 잠재적 구매자 연락처 찾기 → 제안서 작성 → 가격 및 조건 합의 → 판매 대금받기. 이 정도면 수익화 작업이 일단락된다. 여기에 지속적인 기술 개발 등 추가 수익을 창출하는 다음 비즈니스 단계까지 계약이 이루어지면 금상첨화다.

일반적인 흐름과 달리 특허권을 사고팔고 라이선싱하는 주최에 따라 거래 과정은 상이하다. 대기업 과정은 더 복잡하다. 사업 복잡도도 높고, 회사 명성, 경쟁자 견제, 수익 창출 전략, 포트폴리오화는 기본이다. 특허 단건보다는 전사적인 기술 이전 목표를 수립하고 관리하며, 가망 고객을 발굴하고, 기술의 시장가치를 분석하고, 특허 거래 대상 업체를 발굴한다. 해외 지사와 브로커까지 활용해서 말이다. 통상 사내 법무팀, 라이선싱팀, 해외 마케팅팀, 별도의 심의회를 활용한다.

대기업이 아니라면 시간과 경비를 절감하는 셀프 특허 거래의 길로 가야 한다. 그래서 물건을 팔듯, 특허를 팔아야 한다. 개인과 중소기업에 적합한 특허 거래 과정은 다음과 같다.

▶ 개인, 중소기업의 권장 거래 과정

대상 선정	거래 지원 기관	가망 고객 조사	접촉 창구 조사	제안서 작성	
• 무엇을? • 언제? • 왜? • 가능성은? • 부작용은?	• 거래 지원 기관 수배 및 장단점 비교 • 특허괴물도 고려	• 업체 Top 1~5위 • 심사 중 발견된 인용 기술 출원인 등 • 경쟁사	• 회사 홈페이지 아이디어 접수창구 • 거래선 • 링크드인 검색	• 판매 방법 • 회신 기한 • 가격 • 지불 방법 ※ 경쟁사 간 역학관계 고려	발송

계약	협상	가치 산정	협상 지원 기관	응답
• 전문가 도움 • 법무부 9988 중소기업 법률 자문단 등	• 가치 산정 근거, 이전 시 장점 제시 • 소송보다는 중재, 중재보다는 협상 • 계약은 간단하게	• 경영 기여 효과 참조 • 상대 회사의 매물 비용 고려	• 경기사업화센터 외	• 답장이 안 오면 재발신 • 일정 기간 지난 후 재발신

특허 판매 전 과정에서 중개 업체(브로커)와 지원 단체를 잘 활용해야 한다. 끊임없는 자료 제공과 활동은 기본이다. 예를 들어 브로커에 구매 업체 서치를 요청했더라도 스스로도 찾아봐야 한다. 중개 업체나 브로커에 자료를 제공하여 제안서 작성을 보조해야 한다. 특허 거래를 지원하는 기관이나 브로커를 수배하여 다양한 방법으로 판매 대상 특허의 가치를 산정하고, 협상이 마무리되어 계약 단계에 들어서서는 계약서 검토를 지원하는 기관의 도움을 받아 독소 조항을 걸러내야 한다.

9.2 거래 대상 특허 선정

거래 대상 특허를 리스트로 만들어둔다. 팔릴 만한 가치가 있는지 정성적으로 가치를 평가하고, 주 특허 중심으로 패키지화하자. 대상 특허로 사업을 영위한다면 특허 판매로 인해 내 사업과 동종 업체들에 어떤 영향이 있는지, 언제 판매할지도 점검한다.

9.2.1 특허 권리 확인 및 정리하기

특허 거래 첫 단계는 내 권리가 있는 특허인지 확인하는 일이다(구매할 때도 살펴야 한다). 대부분 특허권을 활용하려는 주체가 100% 특허권의 지분을 갖지만, 간혹 공동 소유이거나, 담보물권이 설정되어 있기도 하다. 권리 사항은 특허등록 원부를 발급받으면 확인할 수 있다.

대상 특허는 '아이디어, 출원 중, 등록 중' 단계에 구애받지 않는다. 통상 거래 성공 확률과 수익을 고려하면 당연히 특허등록된 건이 유리하다. 특허 자체 거래뿐만 아니라 기술 이전(시제품, 부품, 양산 기술 등)을 옵션으로 거래할 수 있다.

가장 강력한 특허를 중심으로 출원 중인 특허를 포함해 포트폴리오를 만들면 가치를 높일 수 있다. 이렇게 그룹화한 특허로 '보유 특허 요약표'를 작성해놓으면 향후 활용 전략 수립 시에 큰 도움이 된다. 기술 요약 및 한정 사항에 대해서는 특허청구범위를 잘 분석하여 특허 권리범위를 한 줄로 잘 요약해놓아야 한다. 자사 및 경쟁사의 제품 적용 여부를 손쉽게 파악할 수 있는 장점이 있기 때문이다.

▶ 보유 특허 요약표

국내 출원번호 (출원일)		해외( ) 출원번호 (출원일)		해외( ) 등록번호 (등록일)	
출원(등록) 국가			발명자		
발명 명칭					
종래 기술	종래 기술 방식 :				
	종래 기술 문제점 :				
특허 기술 (본 발명)	기술 요약 : 한정 사항 :				
	효과 :				
특허 도면					
당사 제품	자사 제품 적용 여부 Yes ( ), No ( )		적용 제품 : 적용 모델명 :	관련 자료 보유 현황	
경쟁사 제품	타사 제품 적용 여부 Yes ( ), No ( )		회사명 : 제품/모델명 :	관련 자료 보유 현황 제품 : 사용 설명서 :	
종합 의견					

9.2.2 보유 특허 평가하기

대상 특허를 선정했으면, 특허를 평가하여 정리해놓자. 등급은 언제나 옳다. 과일도 등급으로 나눠 가격을 매기지 않던가? 확실히 돈 되는 특허는 A급, 가능성이 높은 특허는 B급, 가능성이 있으면 C급, 이건 안 되겠어 싶으면 D급이다. 이미 분석한 자료가 있으면 해당 시점에서 다시 평가하여 업데이트하면 된다. 특허 평가는 주기적으로 실시해야 기회가 왔을 때 특허 거래를 성사시킬 수 있다(7.5절).

'또 평가표야?' 당연한 생각이다. 이미 아이디어, 발명, 출원 중 특허, 등록된 특허를 평가하는 평가표를 알아보았다. 그런데 또 평가표를 작성한다. 이번에는 특허 '활용' 가치를 정하는 평가표다.

▶ 활용 측면에서 보유 특허 평가표

등급	평가 기준	해당 여부 및 근거	비고
A	1. 현재 또는 가까운 미래에 타사가 채용하지 않으면 안 되는 특허		
	2. 상당히 우수한 기술로써 기술적 실현 가능성이 확실히 입증된 특허		
	3. 대규모 적용이 확실하고 파급 효과가 큰 특허 (제조 비용 절감, 성능 개선, 매력적인 신기능 창출, 매출액 증대)		
	4. 국제 표준화 채택이 거의 확실시되는 단계로 특허 수입이 예상되는 특허		
	[필수 점검 항목] 1. 신시장 창출 또는 기존 시장의 수익성 향상 가능 기술일 것 2. 제3자의 특허 침해 판단이 용이할 것 3. 타인의 회피 설계가 난해할 것 4. 해당 분야의 신기술로 선행기술이 없거나, 선행기술로 분쟁이 발생할 경우에 적어도 카운터 클레임할 수 있는 기술적 우위가 있을 것 5. 판매 주체의 현재 및 미래의 사업 방향과 관련이 없을 것 [선택 점검 항목] 6. 주위 전문가 의견이 본 평가와 일치할 것 7. 기술 수명이 10년은 지속될 것		
B	1. 타사 적용 중 또는 적용 가능성이 높은 특허		
	2. 침해 판단이 용이한 특허		
	3. 타사 기술 대비 기술성이 상당히 높고, 타사의 회피가 상당히 곤란한 특허		
	4. 신기술/신기능 관련 기술적 실현 가능성이 확실하거나 상당히 높은 특허		
	5. A급 기준에 해당되나 선행기술 존재로 유효성에 문제가 있을 수 있는 특허		
C	1. 타사 적용 가능성은 있으나 예측이 불명한 특허		
	2. 타사 채용 가능성은 높으나 침해 판단이 어려운 발명		
	3. 타사의 기술보다 비교 우위에 있는 발명이나 국내로 한정된 특허		
	4. B급 기준에 해당하나 완성도 및 신뢰성을 확신할 수 없는 기술로 추가 연구 개발을 통해 효과 입증이 필요한 특허		
D	1. 권리범위가 협소하여, 당사 및 타사의 채택 가능성이 희박한 특허		

A급의 조건은 무엇일까? 나한테는 필요 없으나, 권리범위(청구범위)가 강력해 침해 여부를 증명할 수 있고 상대방의 무효 공격을 견뎌낼 수 있는 특허다. 획기적인 아이디어, 중요 연구 프로젝트의 결과물, 장래에 매우 중요해질 제품에 대한 연구개발 특허, 표준 특허 또는 디펙토 스탠더드[1] 특허들이 A급에 해당한다(평가표 A항목에서 하나만 해당되어도 A급). A급에 해당되는 특허들은 중개 기관이나 업체에 비교적 쉽게 특허 거래를 위임할 수 있다. 확실한 특허 하나만으로도 다양한 중개 기관이나 업체에서 먼저 손을 내밀 가능성이 높다.

B급 특허는 타사가 적용 중이거나 적용 가능성이 높고 침해 판단이 용이한 특허다. 특허 회피가 난해하며 신기능에 해당되는 기술로서 '실현 가능성이 상당히 높으면 된다'. 그렇다면 A급 기준과 다른 게 뭔가? 좋은 질문이다. A급에 해당하나 선행기술 존재로 유효성에 문제가 있을 수 있는 특허가 해당된다. '실현 가능성이 상당히 높다'는 기준은 해당 기술 분야 메가 트렌드를 읽을 줄 아는 전문가 지식과 경험을 근거로 해야 한다. 선행기술이 완전히 동일하지 않고 진보성 문제가 있을 수 있거나 선행기술 존재 여부를 제3자가 찾아내기 어렵다면 굳이 외부에 공개할 필요는 없다. 단지 협상에서 다소 유연하게 여유를 가지고 임하면 된다. B급에 해당되는 특허들도 특허 거래가 이루어질 가능성이 매우 높다. 그래서 중개 기관이나 브로커들이 중개를 위임받을 확률이 높다.

C급은 타사가 적용할 수도 있고 안 할 수도 있고 침해 판단도 쉽지 않은 특허다. 특허 거래에서 주재료가 되기에는 부족하다. 고명 정도라서 거래가 단독으로 성사되더라도 높은 가격을 기대하기는 어렵다. 따라서 가능하다면 유효한 주요 특허의 포트폴리오로 편입시켜서 활용하는 전략이 낫다.

D급은 명목상으로도 특허권 하나라도 가지고 있는 요량으로 보유할 생각이 아니면 포기하거나 청구범위를 대폭 축소하여 유지비를 줄이기 바란다.

9.2.3 특허 포트폴리오 구성하기

특허 가치를 높이는 특허 포트폴리오를 구성하자. 거래 대상 특허를 묶어서 분류해서 간단

---

1 de facto standard. 사실상 표준

한 표로 만들어 강약점을 평가해놓자. 이렇게 하면 스스로 특허 포트폴리오 강점과 약점을 파악할 수 있다.

특허 포트폴리오 평가표는 ❶ 특허번호(출원 국가), ❷ 한 줄 요약, ❸ 카테고리, ❹ 서브 카테고리, ❺ 소멸 일자, ❻ 해당 국가 사업 여부, ❼ 청구항의 유효, ❽ 잠재 목표로 구성될 수 있다.

▶ 특허 포트폴리오 리스트 작성 예

❶ 특허 번호	❷ 한 줄 요약	❸ 카테고리 (제품)	❹ 서브 카테고리	❺ 소멸 일자	❻ 해당 국가 사업 여부	❼ 청구항 유 효성	❽ 잠재 목표
1,234,567	3축 동작 센서로 위치 및 동작 검지	칫솔	일체형 수동	2024. 7. 1	Y/N	1~5	구글
	...						

❶ 특허번호는 특허 패밀리 중 특허를 활용할 나라의 특허를 기준으로 작성한다. 예를 들어 특허를 거래를 하는 나라가 미국이면 미국 특허를 기준으로 기입하고, 등록 특허를 기본으로 적되, 공개 중이거나 출원 중이라면 괄호 ( ) 표시를 추가해 구분한다.

❷ 한 줄 요약은 특허청구범위 중 가장 넓은 청구항의 키워드를 기입한다. 특히 특허 권리 범위를 간단 명료하게 기술해야 한다. 그러면 경쟁자의 특허 침해 여부를 쉽게 파악하는 데 도움이 된다.

❸ 카테고리는 해당 특허가 적용 가능한 제품이나, 기술 군을 기입한다. ❹ 잠재 고객을 특정 지울 때 유용하다. 서브 카테고리에는 말 그대로 카테고리를 더 세분화하여 기입한다.

❺ 소멸 일자에 특허권 소멸 일자를 기입한다. 이제는 다 알겠지만 국내 특허는 특허출원일로부터 20년, 실용신안권은 출원일로부터 10년 후가 소멸 일자다. 단, 임상시험 또는 허가가 필요한 의약품은 임상 시험 등으로 인해 특허를 실시할 수 없었던 기간에 대하여 1회 연장 등록이 가능하여 최대 25년으로 연장될 수 있다. 미국 특허 역시 특허출원일로부터 20년 후에 소멸하지만, 심사 과정에서 특허청 귀책사유로 지연되면 소멸 일자가 늘어난다. 소멸 일자는 '구글 특허'에서 특허등록번호로 검색하여 'Adjusted expiration' 항목을

확인하면 된다.

❻ 해당 국가 사업 여부에는 특허 관련 제조, 유통, 판매 등이 이루어지고 있는지를 기록한다. 출원 단계에서 해당 특허 기술이 실시될 가능성이 높은 나라에 출원을 진행했을 터이니 대부분 'Y'가 맞을 것이나, 시일이 경과했으므로 다시 한번 더 확인을 해보자.

❼ 청구항의 유효성은 5단계로 구분하여 평가한다. 청구항의 권리범위, 유효성, 제약 조건 등을 고려하여 평가한다. 평가 방법은 특허등록 시의 평가 방법을 활용해도 된다.

마지막으로 ❽ 잠재 목표에는 해당 특허 기술을 사용하거나 사용할 가능성이 있는 잠재 수요자를 적는다. 특허출원을 하여 심사를 받으며 인용된 선행기술을 보유한 출원인이 될 수도 있고, 전시회에서 명함을 주고받은 회사, 해당 카테고리의 1위인 회사, 현재 경쟁사가 될 수도 있다.

새로운 특허등록 시점에 이러한 특허 포트폴리오 평가표를 만들어놓고, 적어도 1년에 한 번 이상 정기적으로 보완 수정하며 포트폴리오를 관리하고 (거래와 사업화 모두에서) 수익 창출의 기회도 확인하자.

9.2.4 최종 점검하기

특허 거래가 성사되면 나에게 그리고 시장에 어떤 일이 벌어질까? 특허권자에게 발생할 사업적 영향을 '거래 최종 점검표'로 만들어 확인하자. 이때 특허 기술성, 유효성 등은 긍정적으로, 사업적인 영향은 보수적으로 평가하면 된다.

▶ 특허 거래 최종 점검표

특허번호	필수 점검 항목	비고
활용 가능 사업 분야	1. 특허 기술 분야는?	
	2. 특허 관련 기술 분야가 활성화된 지역(국가)는?	
	3. 특허 관련 기술을 적용 가능한 사업 분야는?	
	4. 해당 분야는 시장이 활성화되어 있는가?	
	5. 특허 관련 사업 분야에서 이해관계가 있는 기업/기관이 있는가?	

	6. 특허 관련 사업 분야, 기술 분야에서 특허 분쟁이 많은가?	
활용 가능성	1. 현재 나의 사업에 활용되고 있는가?	
	2. 미래 나의 사업에 활용될 가능성이 있는가?	
	3. 과거 또는 현재에 타 기업이나 기관에서 사용하고 있는가?	
	4. 미래에 타 기업이나 기관에서 사용할 가능성이 있는가?	
	5. 대체 기술은 있는가?	
	6. 대체 기술보다 우위에 있는가?	
	7. 대체 기술은 활용되고 있는가?	
주요 대상 회사	1. 관련 사업 분야에 있어서의 주요 기업/기관은?	
거래 시 유의 사항	1. A-5 연관하여 특허 거래 시 발생할 수 있는 사업적 위험 요소 점검 여부	

국내 출원만 있으면 국내 시장 상태를 살펴보면 된다. 참고로 국내에만 출원/등록된 특허에는 해외 기업뿐만 아니라 국내 대기업도 (보통은) 별 관심이 없다. 대상 특허 시장이 활성화되어 있지 않다면 말이다.

현재 시점으로 특허권자 또는 타 기업이 특허를 사용하지 않더라도 향후 사용할 가능성이 있다면 그 근거를 들어 거래 제안을 시도해보라.

특허권자와 이해관계가 있는 기업이나 기관이 있는지를 반드시 점검해야 한다. A에 특허를 판매해 B가 죽는 것보다는 모두 살길이 나으니까 말이다. 하지만 사업은 냉혹한 것이므로 도의적인 판단으로 중요한 걸 놓치는 일은 없어야 한다. 비슷한 경우로 특허 분쟁이 많은 영역의 특허라면 대상 특허를 어느 곳에 제안하는 것이 유리한지 판단해 성사 가능성을 높여보자.

위의 판단 기준도 중요하지만 가장 중요한 건 내 사정이다. 점검표를 만들고 나서 사정에 적합한 방법으로 활용하기 바란다.

9.3 특허 거래 지원 기관/기업 수배 및 활용 방법

대상 특허를 선정했다면, 이제 특허 거래를 시작할 단계다. 중개 기관이나 업체를 찾으면 된다. 그러나 주위에 둘러보아도 특허 거래에 성공했다는 사람은커녕 시도해봤다는 사람 그림자도 찾기 힘들다. 조언을 얻을 곳이 있긴 한지 한스럽다.

포기하지 않으면 길이 열린다. 몰라서 그렇지 국내외에 특허 또는 기술 이전을 중개해주는 다양한 기관과 업체가 있다. 이와는 별개로 고객을 스스로 발굴하는 노력이 필요하다. 해당 특허를 발명한 만큼 해당 기술 분야나 사업 분야를 가장 정통하게 알기 때문이다. 중개 기관이나 업체는 거래 성공 가능성이 높은 특허권에 집중한다. 기관에서 내 특허 우선순위가 어느 정도인지 알 도리가 있는가? 자생 방법도 항상 병행해야 한다.

정부에서는 기술 이전을 촉진하여 기술 상용화를 활성화하는 지원 정책의 일환으로 이전 기술 개발 지원사업, 이전 기술 상용화 사업 등을 시행해왔다. 테크노파크, 한국과학기술정보연구원, 한국산업은행, 기술신용보증기금, 한국보건산업진흥원, 고등기술 연구원 등 정부 산하 기술 거래 전문기관이나, 열림기술 컨설팅, 코리아바이오네트워크, 바이오홀딩스, P&IB, 대일기업평가원 등이 있다. 벌써 11곳이나 된다. 끝이 아니다. 한국산업은행, 발명진흥회, 한국보건산업진흥원, 기술신용보증기금 등의 기술 평가 전문기관에서도 돕는다.

9.3.1 정부 산하 기관 및 제도 활용하기

특허청 산하 공공기관인 한국발명진흥회 지식재산거래플랫폼이 있다. 특허 기술 판매 등 지식재산 거래를 희망하는 개인, 중소기업에 특허거래전문관이 중개 서비스를 지원하는 민간 중심의 지식재산권 거래 활성화를 지원한다. 지식재산권 거래를 희망하는 개인 및 중소기업 등이 비교적 쉽게 참여할 수 있다.

간단한 절차를 거쳐서 지식재산 중개소에 구매 및 판매 희망 지식재산을 등록할 수 있다. 다른 사람이 올린 거래 대상 지식재산이 누구나 볼 수 있게 공지되어 있으니 참고해 등록하면 된다. 그러나 이 방법은 그다지 활성화되지 않았다.

반면 특허거래전문관이 수요자를 먼저 발굴하고 수요자와 면담을 통하여 특허 기술을 발굴하여 매칭 및 거래 협상을 지원하는 거래는 비교적 활성화되어 있다. 참고로 정부 지원사업 중 특허를 도입해 개발하고 상용화하는 정부 연구개발 사업도 거래 활성화에 기여하고 있다. 또한 지식재산을 판매하고자 하는 당사자가 지식재산 수요자를 자체 발굴하여 거래를 진행할 때 기술 거래에 필요한 자문을 제공한다.

하지만 공급자 위주의 매칭이 아니라 수요자 위주의 매칭이 주를 이루고 있어 지식재산권을 판매하고자 하는 참여자에게는 크게 효과적이지 않다. 대기업은 거래 대상에서 빠져 있으니 이 점도 참고해야 한다.

한국발명진흥회에서는 특허 분석 및 질적 평가를 낮은 비용으로 실시간 온라인 서비스로 지원하는 특허분석평가 시스템도 운영한다. 저 비용으로 자신의 특허를 객관적으로 평가할 때 활용하기 바란다.

한국발명진흥회에서 주관하는 '아이디어 플랫폼IDEASTORE'이 2021년 초부터 서비스를 시작했다. 아이디어 수요와 공급을 연계해주는 서비스로, 참신한 아이디어를 안전하게 거래해 신제품·신사업을 기획하는 데 어려움을 겪는 기업과 기관이 활용하도록 하는 데 목적이 있다.[2]

객관적으로 지식재산의 가치 평가를 받을 수 있는 'IP사업화 연계 평가지원' 사업도 참조할 만하다. 등록된 특허, 실용신안에 대한 사업타당성 분석, 현물 출자 등을 위한 가치 평가를 수행하는 데 소요되는 비용 중 최대 70%를 1인당 최대 5천만 원 이내에서 지원해준다. 기존의 목적 외에도 지식재산권 거래 협상 시에 판매 금액을 제시할 때 객관적 기준으로 활용할 수도 있는 장점이 있다. 개인, 중소기업, 초기 중견기업은 신청이 가능하나 평가 비용이 생각보다 많이 들고, 많은 자료를 제공해주어야 해서 소발명이라면 진행하지 않는 것이 좋다. 보유하고 있는 지식재산에 많은 비중을 두고 있다면 지원사업을 구체적으로 검토한 후에 응모하자. 매년 초 및 하반기 초에 사업 설명회 및 공고가 한국발명진흥회에 공지되며 평가에 드는 소요 기간은 4개월이다.

또한 기업이 보유한 지식재산권 가치를 평가해 지식재산권을 기반으로 보증, 담보 대출 투자 자금을 조달할 수 있도록 평가 비용을 지원하는 'IP 금융 연계 평가지원' 사업이 있다. 보증 및 담보 대출에는 500만 원 평가 비용 중 일부를 지원해주고, 투자에는 1,500만 원 평가 비용 중 일부를 지원해준다.

---

2 ipmarket(www.ipmarket.or.kr), 아이디어로(www.idearo.kr) 참조

공공연구기관, 대학 산학협력단, 기술지주회사가 발명 및 우수 발명을 선별하여 출원 및 기술 이전까지 지원해주는 '수요기반 발명 인터뷰' 지원 제도도 있다(일반인이나 사기업은 대상이 아니다).[3]

9.3.2 민간 중개 기관/기업 활용하기

민간 지식재산 거래 관련 기관으로 각 대학의 산학협력단, 대학 산하의 기술지주회사와 민간 기술 거래 기관이 있다.

대학교 보유 지식재산권의 수요자를 찾아 도입 시 시제품 제작을 지원하는 등의 혜택을 제공해 기술 이전을 도모한다. 홍보 메일을 기업체에 보내 기술 매칭 및 계약을 이끌어내는 방식이다. 학교 내 지식재산권만 취급하고, 중개 사업은 하지 않아 지식재산권을 판매하고자 하는 외부인에게는 활용성이 떨어진다.

정부에서 지정받은 민간 기술 거래기관들도 인터넷을 조금만 검색하면 다수 찾아볼 수 있다. 통상적으로 기술 거래부터 비즈니스 아이디어 사업화 지원 업무까지를 겸한다. 비교적 풍부한 국내외 기술사업화 경험이 있고 타 기술 거래 전문 기관, 사업화 전문 회사, 엔젤투자 전문 회사, 비즈니스 아이디어 사업화 지원 기관들과 연계하고 있다.

또한 과학기술정보통신부의 '수요 대응형 기업 애로 해결 사업'은 기술 개발에 어려움을 겪는 중소기업에 대학 및 출연 연구기관의 유망 기술을 소개해준다. 또한 기술이 상용화될 수 있도록 정부 연구개발 기획을 지원하고, 투자 컨설팅과 같은 투자 연계를 지원해준다. 기술 이전이 성사되면 연구개발 기획, 시제품 제작 지원 등 후속 지원을 제공하기도 한다.

예를 들어 인텔렉추얼 디스커버리라는 특허권을 사고팔거나 로열티 등을 거래하는 지식재산권 전문 기업을 예로 들 수 있다. 대학, 단체, 개인이 소유한 지식재산권에 대해 컨설팅을 진행하고 있고, 다양한 기업에 연구개발 및 제품 개발을 위한 특허 포트폴리오를 제공하는 등 다양한 지식재산권 비즈니스 모델을 제시한다. 주로 IT 기술 위주로 취급한다.

---

[3] 한국특허전략개발원(www.kista.re.kr) 특허 활용팀에 문의하면 된다.

9.3.3 특허괴물과 브로커 활용하기

특허괴물, 브로커가 주는 부정적인 시각도 있지만, 엄연히 법 위에서 영위하는 사업체다. 특허 수익화 계약을 체결하거나 특허를 이전해 수익화를 추구하는 방법으로 활용할 수 있다.

특허괴물도 기술 중개/이전 기관으로 활용할 수 있다. 일반적으로 특허괴물이란 연구개발 능력이나, 제조 능력은 없지만 가치 있는 지식재산을 매입하여 특허 침해 소송을 제기해 수익을 얻는 특허 전문 회사를 말한다. 특허권에 대하여 스스로 확신이 있거나, 침해 증거를 가지고 있다면 특허괴물과 계약을 맺어 특허를 거래할 수도 있다. 세계적으로 유명한 특허괴물로는 인터디지털, NPT, 포젠트 네트워크, 인텔렉추얼 벤처스, 아카시아 리서치, 오션 모토, 머크익스체인지, 텔레플렉스 등이 언급된다. 이중 인터디지털과 NPT, 포젠트 네트워크가 가장 공격적인 성향으로 알려져 있다.

특허 브로커들도 훌륭한 특허 중개 역할을 할 수 있다. 구글에서 'patent broker'로 검색만 해도 개인부터 기업 규모까지 다양한 브로커들을 찾을 수 있다. 통상 기업에서 해당 사업 관련 특허를 소싱하여 패키지 매입을 의뢰하면 브로커가 특허권자와 접촉을 진행한다. 초기에는 구매를 원하는 특허번호를 정확히 알려주지 않으며, 특허권자가 판매할 수 있는 리스트를 받는 것으로 시작한다. 이는 보안 및 거래에서 우위를 점하려는 일반적인 방법이나, 반드시 구매해야 하는 특허라면 수요자 측에서 브로커에 특정 특허를 지정하는 경우도 있다. 초기 판매자에게 받은 판매 가능한 리스트가 오면 이 안에 원하는 특허가 있는지 확인하고, 특허가 있으면 협상 시작을 요청하고 협상 테이블에서 비로소 구매자의 실명을 공개하기도 한다. 수수료는 중요도에 따라 10~30%이며 계약 시에 브로커에게 지급되는 것이 관행이다(수수료도 협상하자. 나는 중개 수수료 20%를 한 달 동안 협상해 깎았다). 이와는 별개로 브로커들이 주요 특허권을 발굴하여 특허권자에게 연락하여 특허 수익화 협약을 체결하기도 한다.

특허괴물이나 브로커와의 계약뿐 아니라, 모든 계약은 전문 변호사에게 감수를 받아야 한다. 비용이 만만치 않다고? 그럴 때는 법무부 9988 중소기업법률지원단 또는 해외 진출 중소기업 법률자문단에 도움을 요청하면 무료다. 비용을 들여 검토하는 것 대비 한계가 있지만, 적어도 독소조항 검토 등은 가능하니 꼭 활용하자. 일반적인 사안은 1~2주, 복잡한 사안은 3~4주 소요되며 신청은 인터넷 홈페이지 또는 전화로 가능하다.

나인시그마라는 기술 중개 업체가 있다. 일본 회사로서 세계적으로 지사를 가지고 있으며, 주 거래처로부터 원하는 기술들을 받아, 해당 기술을 보유하고 있거나 개발 가능한 회사를 연결해준다. 나도 나인시그마로부터 프로젝트에 참여할 의사가 있는지 메일을 받은 적도 있었고 제안도 했다. 국내 중개 기관보다 큰 금액으로 기술이 거래된다. 연구개발회사라면 회원 가입하여 어떤 기술을 글로벌 기업에서 찾는지 확인해보는 것도 좋을 것이다. 중장기 기술 트렌드를 참조할 수 있는 장점도 있고, 관련성이 있으면 제시된 프로젝트에 응모를 할 수 있다.

이 밖에도 무료 IP-marketplace 또는 패턴트옥션 같은 특허 거래 사이트도 있다.

9.4 가망 고객 조사하기

누가 특허를 구입할까? 대기업이야 기업 인수합병, 크로스 라이선싱, 파산 회사의 특허 저가 매입으로 포트폴리오를 강화한다. 신규 사업 추진, 소송 대응 등이 목적이다. 대기업만 특허를 매입하는 건 아니다. 벤처 인증, 조달 인증, 정부 개발 과제 선정, 정부 프로젝트 수주에도 특허는 도움이 된다. 투자 획득, 기업 IPO용으로 특허를 매입하는 경우도 있다.

특허를 진정으로 팔고 싶다면 단순한 기술 확보나 판매 확대 목적의 거래에서 벗어나자. 그러면 특허를 거래할 대상 기업의 스펙트럼이 넓어질 수 있다. 물론 제대로 쓰일 곳에 보내는 게 1차 목표다.

특허를 가장 원하는 기업이나 기관을 찾을 시간이 되었다. 표준화 특허라든지 타깃이 명확한 특허가 아니라면 잠재 고객을 명확히 조사해야 한다. 조사 범주에는 동일 관련 기술 분야 여부, 동일 또는 유사 사업 분야 여부, 침해 여부, 보유 특허 수준, 시장 지배력 등이 있다.

▶ 가망 고객 조사 대상

구분	조사 항목
A. 출원 시 인용된 선행기술	1. 출원 중 특허청 심사관이 검색한 선행기술 중 유사 특허출원인/발명자
	2. PCT 선행기술에 인용된 X급[4], Y급 선행기술의 출원인/발명자

---

4 PCT 출원 후 일정 기간이 경과하면 국제조사 보고서를 받게 된다. 이때 조사된 인용문헌의 등급 중 X급은 청구된 발명과 특별한 관련이 있는 문헌을 말한다. 이 문헌으로 인하여 발명의 신규성 또는 진보성이 없는 것으로 본다. Y급은 동일한 카테고리에서 하나 이상의 다른 문헌과 결합될 때 해당 청구항의 발명에 진보성이 인정되지 않는 문헌이다.

B. 유사 특허출원인	1. 해당 특허의 키워드를 활용한 특허 검색(정량 분석)
	2. 공개된 관련 분야 특허맵이나 시장 동향 보고서 검색
	3. 동일한 특허권 발굴(정성적 분석 및 침해 여부 확인)
	4. 유사 특허권 검색 및 트렌드 분석
	5. 해당 특허가 인용된 특허의 출원인
C. 사업 분야	1. 인터넷 검색으로 관련 제품 및 회사 조사
	2. 사업을 하며 알게 된 관련 분야 기업/기관
	3. 관련 사업 분야에서의 특허 분쟁 관련 기업/기관
	4. 관련 분야의 TOP 1 ~ 5위 기업
	5. 투자 획득 또는 IPO 추진 중인 관련 분야 기업

A. 출원 시 인용된 선행기술 개발사는 좋은 거래 대상이다. 특허 심사 과정을 거치며, 전문가인 심사관이 찾아준 선행기술의 출원인이나 발명자들은 거래 대상 특허와 연관이 높은 사업을 추진했을 가능성이 매우 높으니 해당 특허를 구매할 가망 고객으로 선정해놓는다. 만약에 PCT 출원을 진행했다면 국제조사 보고서에 언급된 X급, Y급을 검토하여 유사하다면 해당 인용 기술의 출원인을 가망 고객에 리스트업해놓는다.

1 키워드로 정량적 특허 분석을 실시하여 특허 수가 많은 업체도 리스트업한다.

2 관련 분야에 대한 공개된 특허맵이나 시장 동향 보고서가 있는지도 검색한다. 혹시 유사 자료가 있으면 해당 특허와 관련성이 높은 특허를 보유하고 있거나 많은 수의 특허를 보유한 기업도 리스트업한다.

3 지금까지 검색된 특허 중에 유사한 특허가 있는지 검토하여 관련성 높은 특허들이 해당 특허를 저촉하는지 정성적으로 분석해야 한다. 만약 검색된 특허가 해당 특허를 저촉했다고 판단이 되면, 저촉한 특허의 출원인은 해당 특허를 실제로 상품화하여 특허를 침해했을 가능성이 상당히 높다. 저촉한 특허는 침해의 증거를 확보하는 데 큰 도움을 줄 수 있다.

B. 유사 특허출원인에서 대상 특허가 인용된 특허를 검색하여 비슷한 출원을 했거나, 같은 목적을 구현하려는 특허를 출원한 기업들도 가망 고객에 리스트업하는 것이 좋다. 의외로 대상 특허가 인용된 특허와 동일하거나 극히 유사한 특허를 출원한 기업을 발굴할 수도 있다.

국내 특허는 키프리스에서 건별로 검색한 후 클릭한 후 상단부의 인용/피인용 항목에서 확인할 수 있다. 미국 특허는 구글 특허검색에서 해당 건을 검색하고 클릭한다. 'Cited by' 항목이 피인용 특허 목록이다. 선정된 키워드 조합으로 네이버와 구글에서 검색하자. 제품화되었다면 제품뿐 아니라 브로슈어, 리플릿, 매뉴얼까지 발견할 수 있다.

또한 기존 전시회나, 영업 활동 중에 관심을 보여주었던 사람의 명함을 찾아 연락해보는 것도 방법이다.

C. 사업 분야. 분쟁에 매수자가 있다. 먼저 특허 분쟁이 많은지 파악하자. 특허 분쟁이 많으면 그만큼 해당 특허가 중요하다는 거다. 특허 거래 가능성도 높다. 분쟁 당사자를 파악하고 어떤 영향을 미치는지 파악한 후 연락하자. 특허를 사고 싶어도 돈이 있어야 산다. 해당 산업에서 업계 순위를 살펴보자. 규모 있는 기업은 인터넷에서 연감으로 재무 상태를 살펴볼 수 있다. SNS나 지인에게 셀프 홍보하자. 이미 등록되거나 공개된 특허라면 말이다. 블로그, 페이스북, 링크드인에 홍보하면 의외의 결과를 얻을 수 있다.

A/B/C 방법으로 대상 기업을 찾았는가? 5개사 이상이면 해피엔딩에 한 발 더 다가간 것이다. 여력이 된다면 가망 목표 대상 기업 모두에게 제안을 보내는 것도 무방하다. 하지만 우선순위는 정해야 한다.

우선순위는 어떤 회사가 대상 특허에 관심을 가장 많이 가질 수 있느냐에 대한 순위를 평가하는 것이며, 대상 회사의 제품이나 서비스가 대상 특허를 침해한 증거가 있으면 1순위다. 분쟁 중이거나 → 특허를 중시 여기는 기업 → 현시점에서 특허가 필요한 기업 → 회사 철학이 대상 특허와 부합되는 기업순으로 우선순위를 정할 수 있다. 그 외 사업이나 기업 특성도 고려하자. 특허 거래에 있어서의 기회는 자주 오지 않는다. 따라서 기회를 잡을 준비를 철저히 하고 항상 깨어 있어야 한다.

9.5 접촉 창구 및 키 맨 찾기

가망 고객 내부의 적절한 접촉 창구를 찾아내자. 중개 기관에 위탁하든, 직접 거래를 추진하든 말이다.

지식재산 관련 부서로 접촉하는 것이 통상적이나, 대상 기업들의 접촉 창구는 발명 특허의 종류에 따라 달리 진행할 수도 있다. 주로 신기술, 신개념 발명 관련 특허는 CEO, CTO, 신규 사업 추진부서, 신규 기술을 발굴하는 부서 및 구매 부서를 접촉 창구로 할 수도 있다. 간단한 개량 발명이라면 사업부 연구실, 기획팀이 접촉 창구로 적합하다. 글로벌 기업은 사업 또는 특허 제안 접수처를 공개해두기도 한다.

구체적으로 접촉 창구 및 키맨을 찾는 9가지 방법을 소개한다.

1 인터넷 검색을 통하여 해당 기업의 홈페이지를 찾아, 본사 주소 및 CEO 이름 찾기. 이 정보는 CEO에게 직접 우편으로 제안서를 발송할 때 사용한다. 이메일을 알면 더 좋다. 하지만 CEO의 이메일을 찾지 못하면 우편으로 보내는 차선책을 선택하자. CEO가 서류를 직접 뜯어 검토할 확률은 거의 없지만, 전혀 상관없는 부서로 메일을 보내어 담당 부서로 전달해달라는 것보다는 효과적이다.

2 인터넷 검색으로 해당 기업 홈페이지를 찾아 지식재산 관련 부서, 가능하다면 특허 매입을 전담하는 부서 및 담당자를 검색한다. 동시에 CTO, 신규 사업 추진부서, 기술 소싱 부서, 대외협력팀, 특허 관련 제품 또는 기술을 개발하거나 제조 판매하는 부서의 구매 부서, 개발팀, 기획팀 등을 검색한다. 국내 대기업이라면 본사 특허팀, CTO, 각 사업부에 있는 대외 협력팀, 혁신기술기업협의회에 제안할 수 있으며, 해외 기업이라면 Innovation, Technology Scouting Team 등의 키워드로 찾자. 구글 검색을 기본으로 쓰고 국내 정보를 찾을 때는 네이버 검색을 보조로 쓰면 된다.

3 추천하고 싶은 인터넷 서비스는 링크드인이다. 링크드인은 비즈니스와 구직, 네트워크에 최적화된 SNS다. 전문가가 주로 사용하고 자신의 커리어를 상세하게 기술하기 때문에 어떤 부서에서 어떤 일을 하는지 검색이 용이하다. 링크드인에서 회사 이름만 입력하면 다양한 부서의 사람들이 검색된다. 적합한 접촉 창구를 찾을 수도 있다(운이 좋으면 키 맨). 연락할 이메일이 없더라도 낙심하지 말자. 링크드인 메시지로 연락할 수 있으니까. 메시지를 보낼 때는 본인도 당연히 링크드인에 가입하여 자신의 프로필을 충분히 채워둬야 한다.

4 해당 기업의 연감[5]을 찾아라. 연감에는 기업 전반적인 현황이 나와 있다. 글로벌 기업이면 인터넷에서 쉽게 찾을 수 있다. 이러한 제반 서류들을 검토하면 관련 사업 분야에서 이해관계가 있는 기업 또는 기관이 있는지 파악할 수 있다. 이 역학관계를 잘 파악

---

5 Annual Report

하고 이용해 여러 회사를 대상으로 특허 거래를 제안하면 거래 성사 가능성을 높일 협상 전략을 발굴할 수도 있다. 예를 들어 A 사가 현재 대상 특허 기술을 활용 중이고, B 사가 A 사로부터 OEM으로 제품을 공급받는 상황을 파악했다면, 특허권자는 A, B 모두에게 거래를 제안해야 한다. 이때 B 사는 일반적으로 A 사에게 조기 문제 해결을 종용하게 되고, A 사는 협상의 장으로 나올 수밖에 없다. 또한 협상 시에도 시간 등 여러 가지 측면에서 불리한 점을 안고 임해야 하기 때문에 특허권자는 우위를 점할 수 있는 장점이 있다.

5 **동종 업계 명함을 간직하라.** 발명으로 사업을 영위해왔다면, 동종 업계의 영업사원 또는 연구원들을 접할 일이 있었을 것이다. 명함을 잘 간직하고 만난 날짜와 인상착의나 특이점을 명함에 메모해두자. 추후에 접촉 창구나 키맨을 찾을 때 중요한 역할을 할 수가 있다.

6 **대상 기업의 공식 거래제안 또는 아이디어 접수 홈페이지를 검색한다.** 글로벌 기업들에서는 인터넷으로 새로운 아이디어를 접수하거나, 전략적 협력 단계 및 사업 제안을 받는 공식 창구가 있는 곳이 의외로 많다. 공식 접수하고, 대응 담당자가 정해져 있으므로 일정 기한 내에 답장을 보내준다. 공식 창구를 찾는다면 특허 거래에 있어서 중요 관문 하나를 넘은 셈이 된다. 예를 들어 콜게이트는 Open Innovation Submission 포탈을, 존슨앤존슨은 Innovation Center를 운영한다.

7 **글로벌 기업이라면 다양한 루트나 각 국별로 접촉 창구를 찾아서 동시 제안하자.** 글로벌 기업은 워낙 조직이 방대하여, 동일한 특허에 대한 니즈와 평가도 달라질 수도 있기 때문이다. 한 사업부, 한 나라에서 관심이 없다고 모두에서 그런 건 아니다. 시간이 지나고 시장이 변하면 특허 가치도 변한다. 한 번 무응답을 했더라도 포기하지 말고 지속적인 제안해보는 것도 방법이다. 사업부 쪽으로 연락하는 것도 방법이다. 사업부에서 필요하다고 판단이 되면 특허 매입비를 사업부에서 지불하는 경우도 있다.

8 **인맥을 활용해 제안하라.** 최대한 직급이 높은 사람을 소개받아 제안하자(이유는 다들 알 테니 생략한다).

9 **보조적으로 정부 산하기관이나, 민간 중개 기관도 같이 검토해야 한다.**[6] 국가지식재산거래 플랫폼도 잊지 말자.

---

6 9.3절 '특허 거래 기관/기업 수배 및 활용 방법' 참조

9.6 대기업/글로벌 기업의 특허 매입 과정

대기업/글로벌 기업의 특허 매입 과정을 알아두면 도움이 된다. 기업마다 세부 내용이 상이할 수 있으나 전반적인 큰 흐름은 별반 차이가 없을 것이다. 과정은 총 10단계다.

▶ 글로벌 기업 특허 매입 평가 과정

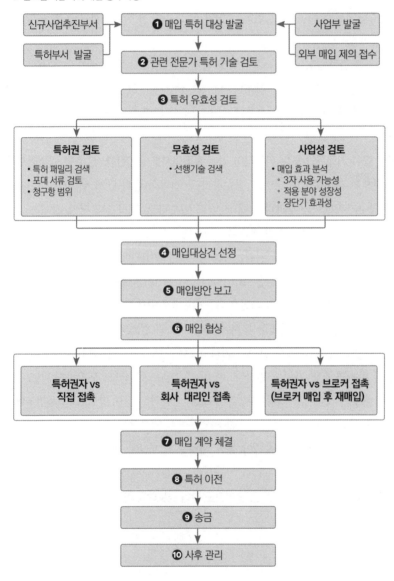

❶ 매입 특허 발굴 작업은 다음과 같이 능동적 또는 피동적으로 발굴하게 된다.

1 신규 사업 부서에서 신규 사업을 발굴/추진 중 특허 매입이 필요하다고 판단될 때
2 사업부 단위에서 신기능, 신규 제품, 신규 사업을 발굴/추진 중 특허 매입이 필요하다고 판단될 때
3 특허 부서에서 전략적으로 특허 매입이 필요하다고 판단될 때
4 외부에서 공식/비공식 경로로 특허 매입 또는 라이선스 제의가 접수될 때 매입 특허를 능동적 또는 피동적으로 발굴하게 된다.

그 외에 나라나 기업이 붕괴될 때는 특허 쇼핑 기회다. 구 소련이 붕괴될 때, 노키아가 붕괴될 때처럼 말이다.

발굴 대상이 결정되면, 관련 전문가들이 ❷ 특허 기술을 검토하게 된다. 간단한 사안일 때는 특허 기술과 관련이 높은 특허 담당자가 관련 연구원들의 의견을 받아 특허를 검토/평가하여 매입 여부를 결정한다. 그러나 기업 전략과 관련된 것이라면 특허팀, 사내 연구원, 사외 전문가, 변리사, 사업기획부 등으로 크로스펑셔널팀cross-functional team을 구성하여 매입 여부를 결정한다(나 역시 미국 글로벌 기업에 특허 관련 신규 사업 제안했을 때 이러한 팀과 기술 검토를 반년 이상 진행했다).

특허 기술이 필요하다는 판단을 내리면 ❸ 특허 유효성(특허권, 무효성, 사업성)을 검토한다.

특허권 검토는 제안된 특허의 패밀리 특허(각국별 출원된 특허 현황) 이력과 특허출원 심사 이력인 포대서류를 전수 검사한다. 이렇게 하여 선행기술 대비 유효성과 제약사항을 검토해 특허가 가지고 있는 실질적인 권리범위를 확인한다. 이렇게 확인한 실질적인 특허의 권리범위를 기반으로, 자사 제품/서비스와 연관이 있는지도 검토한다. 동시에 특허권 무효 가능성도 조사하여 판단을 한다. 이렇게 특허권 자체에 대한 평가가 이루어지면 해당 기업의 사업과의 연관성을 검토하게 된다. ❹ 매입 대상으로 선정하고 ❺ 매입 방안을 결정권자에게 보고하고 나서 ❻ 매입 협상을 진행하게 된다.

참고로 특허 협상을 하다 보면 특허의 유효성에 대한 보증을 요구하는 경우도 있다. 즉, 특허를 매입했는데 향후 몇 년 동안 특허가 무효가 된다면 매매금액을 환불해달라는 이야기다. 이런 제안이 들어오면 통상적으로 특허의 무효성 검토는 매입하는 사람의 몫이라고 생

각하고 요청을 받아들이지 않는 것이 안전하다.

이렇게 매입 대상 특허권이 선정되면, 무엇을, 얼마에, 어떻게, 언제까지 매입할지 구체적인 매입 방안을 수립하여 결정권자에게 보고한다. 특허권을 매입하라는 결정권자의 결재가 나면 특허권자와 직접 협상하거나, 회사 대리인을 내세워 협상하거나, 브로커를 내세워 협상 및 구매하고 나서 브로커로부터 재매입하는 방법 중 하나로 진행한다. 협상이 성공적으로 타결된다면 ❼ 계약서 문구를 조정 합의하여 계약 완료 후에 ❽ 특허를 이전하고 ❾ 송금하면 매입 과정이 종료된다. ❽과 ❾는 순서가 바뀔 수도 있다.

계약이 완료되면 ❿ 통상적인 특허 관리에 부가하여 매입 목적에 맞게 활용되는지를 주기적으로 사후 관리한다.

아래 표는 글로벌 기업에서 사용하는 매입 제안 특허에 대한 평가 요약표 예시다(판매 제안자에게 공유하지 않는다).

▶ 매입 제안 특허 평가표 예

권리 매력도	특허 유효성	심사 중 언급된 인용된 선행기술 대비 진보성이 약하며, 심사 과정에 있어서도 문제가 될 사항이 있어 **유효성 적음**
	특허 침해성	기술적으로 동작 센서 적용 모델과 관련성 있으나, 당사 적용 동작 센서 기술과는 관련성 **적음**
	권리 활용성	유효성 문제로 방어 측면으로도 **활용 가능성 적음**
시장 매력도	시장 크기 (성장률)	동작 센서를 적용한 모델은 향후에도 어느 정도의 시장을 형성할 것으로 판단되나, 제안 특허의 청구범위대로 동작 센서를 적용할 **가능성 적음**
	권리 활용성	당사 활용 **가능성 없으며**, 타사가 사용하더라도 당사의 경쟁력에 영향을 끼치지 못할 것으로 판단됨
제안 수락 여부	라이선스 제안을 받을 **필요성 없음**	

9.7 특허 판매 제안서 작성 및 발송

돋보이게 매력적이게 제안서를 써라. 포트폴리오 가치를 극대화할 수 있는 내용을 담아라. 같은 특허라도 그래야 특허 평가자에게 더 먹힌다.

그렇다면 어떻게 매력적인 제안서를 쓸 수 있을까? 단순하게 특허권 요약 및 거래 조건만 기재해서는 안 된다. 기술 트렌드 및 경쟁사 분석, 기술 분석을 통한 특허권의 가치 설명까지 포함하자. 구글에서 'patent sales offer' 등으로 검색하면 적합한 견본을 구할 수 있을 것이다(검색 키워드에 pdf 또는 doc를 추가하면 더 정확한 자료를 얻을 수 있다).

제안서는 대략 (표지와 목차를 제외하고) 다음과 같이 구성되어 있을 것이다.

1 제안 정보 및 향후 진행 과정
2 거래 대상 특허 개요
3 특허와 메가 트렌드
4 특허 시장성
5 경쟁사 동향
6 포트폴리오 개요
7 특허별 개요

이 구성에 따라 매력적인 제안서를 작성하고 나서 발송하는 방법을 알아보자.

9.7.1 매력적인 특허 판매 제안서 작성하기

구체적으로 제안서 안에 들어가야 할 내용을 알아보자.

1 **제안 정보 및 향후 진행 과정을 소개한다.** 제안하는 사람 또는 기관이 특허의 소유권자이거나 판매를 공식적으로 위임받은 기관 또는 사람이라는 점을 명시하고 향후 진행 과정을 소개한다. 예를 들어 경매 방식이라면 언제까지 답신을 요청한다는 기한을 명시한다. 답신 기한은 상대 기업의 특허 매입 관련 순수 검토 기간 및 내부 과정을 고려해 최소한 두세 달 이후로 잡아야 한다. 이때 최소금액을 언급할 수도 있고, 협상 때 제시할 수도 있다. 또한 제안자의 정확한 연락처를 기입해야 한다. 성명, 제안 기업

및 제안 기업에서의 직급, 회사 주소, 전화번호 및 이메일을 반드시 기재하되, 보기 좋게 별도로 기재하는 것이 좋다. 이 정도 기입을 하고 유의사항까지 삽입하면 A4 한 장 분량이 된다.

2 거래 대상 특허의 개요를 적는다. 거래 대상 특허가 몇 건이고, 어느 나라에 몇 건이 있는지, 거래 대상 특허가 어떤 기술 내용인지 한 줄 정도로 기술한다. 이어 각 특허의 출원번호 및 발명의 명칭을 적는다.

지금까지는 필수 기재 항목이다. 이제부터 본격적으로 특허 가치를 높이는 항목을 알아보자.

3 특허 관련 환경 분석으로 메가 트렌드를 파악하고 본 특허가 부합된다는 사실을 적는다. 메가 트렌드를 따라가는 특허라는데 안 보고는 못 배기지 않겠는가?

4 제안 특허가 트렌드로서 채용된다는 근거를 언급한다. 현재 이 특허 기술과 유사한 기술을 사용하는 기업을 언급하고 향후 다른 기업에서도 채용할 가능성을 언급한다. 구체적인 이유가 중요하다. 기능이 매우 소비자 친화적이거나, 제조 비용을 낮춘다든지, 주변 기술이 바뀜으로써 바뀔 수밖에 없다는 등 합리적인 로직을 제시한다. 특허 발명자가 제일 잘 파악하고 있을 테니 발명자가 직접 내용을 요약하고 특허 엔지니어나 라이선서들이 수정하는 것이 효과적이다.

5 경쟁사 제품 동향 등 시장 동향을 적는다. 특허 기술 관련 유사 제품/서비스의 성능과 기능을 비교하여 본 제안 특허를 현재 사용하고 있다는 암시를 준다거나 향후 사용할 가능성이 매우 높다는 점을 드러내라. 이때 기능 특허라면 매뉴얼, 육안, 분해로 침해 증거를 찾아 제시할 수 있다. 반면 반도체, 소프트웨어나 알고리즘처럼 쉽게 파악하기 어려운 제품이나 기술이라면 상대 기업이 스스로 침해하고 있음을 깨닫도록 작성해야 한다. 특허를 침해하고 있는 상태에서 보내는 이러한 특허 거래 제안서는 완곡하게 침해 경고장을 보내는 것과 동일한 효과를 낼 수 있다.

특허와 연관된 다수 기업의 다수 제품 관련 시장 동향을 여러 거래 대상 기업에 동시에 보내면 현재 특허를 침해하고 있는 기업뿐 아니라, 침해하고 있지 않는 기업 역시 관심을 가질 확률이 높아진다.

거래 가능성을 가장 높이는 요인은 현재 활용 여부다. 스스로 특허권을 현재 활용하고 있고, 그 효과가 크다면 당연히 특허 가치는 높다. 현재 활용하고 있지는 않지만 향후 해당 특허 기술의 활용 가능성이 높다는 예상을 객관적으로 보여주는 방법을 동원하자. 거래 제안 특허 기술이 대체 기술보다 우위에 있다는 것을 보여주는 것도 중요하다.

6 특허의 포트폴리오를 설명한다. 포트폴리오 표에는 출원 국가, 출원번호, 우선권출원일, 특허등록번호, 등록일 및 발명의 명칭을 적는다.

▶ 포트폴리오 개요

Country	App. No.	Foreign Application Priority Data	Patent No.	Reg. Date	Title
US	12/444,000				Electronic Device and Method for Controlling thereof
KR	10-2018-000222				

7 포트폴리오에 적힌 특허의 등록번호, 메인 도면, 요약을 정리한다. 건당 한 쪽 분량으로 적으면 된다.

9.7.2 제안서 발송 시기 및 발송 방법

제안서의 발송 시기는 크게 정해진 것은 없으나, 가능하면 연말연시는 피하자. 회계연도가 끝나고 시작할 즈음에는 내부적으로 바쁘기 때문이다.

기업들의 회계연도를 마무리 지을 때쯤이나 시작할 때는 크게 중요한 이슈가 아니면 특허 매입에 우선순위를 높게 두지 않는 경향이 있고, 경제적 상황에 따라서 특허 거래가 후순위로 밀리기도 한다.

제안서 발송 방법은 접촉 창구를 찾았을 때는 이메일을, 연락처를 찾지 못했을 때는 해당 부서 또는 CEO 등 임원 앞으로 우편으로 보내면 된다. 또한 공식적인 아이디어 제안 창구가 있다면 해당 홈페이지에서 양식에 맞추어 제출하면 된다.[7] 이 경우에는 접수번호가 있어 접수번호 기준으로 검토 의견 메일이 온다.

---

7 9.5절 '접촉 창구 및 키 맨 찾기' 참조

9.8 응답 마감일 즈음에 해야 할 일

거래 제안을 하자마자 구매 의사가 오면 좋겠다. 그런데 현실에는 없는 일이다. 지정기일 즈음해서 메일을 다시 보내자. 이 방법은 의외로 효과가 있다. 실례로 나는 2013년 스마트 전동칫솔 특허 판매 제안서를 작성해 총 5개사에 제안했다. 마감일 보름 전인데 한 곳도 회신이 없어 리마인드 메일을 보내니 세 곳에서 연락이 왔다. 제일 마지막에 연락 온 곳과 특허를 거래했다.

마감일이 지나서도 연락이 없다면 어떻게 해야 할까?

가능성이 높은 강력한 특허가 확실한가? 그렇다면 거래 대상으로 선정된 특허 포트폴리오를 다시 살펴보고, 아직도 유효 특허라고 판단이 되면 일정 기간 동안 트렌드 및 동향을 살펴보고 다시 제안하자. 이전에 언급했듯이 글로벌 기업은 누가 언제 판단하느냐에 따라 특허 가치가 달라질 수 있기 때문이다. 브로커를 활용한 간접 거래도 시도해보자. 특허 침해가 확실하다면 소송을 거는 방법도 있다.

그러나 본인이 판단하기에 가능성이 떨어진다고 생각이 들면 거래 가격을 낮게 제시하여 기존에 투자한 특허출원 및 등록비를 회수하는 것도 방법이다. 아쉽더라도 포기하거나 청구항 수를 삭제 보정하여 연차료를 줄여 기회를 다시 살펴보는 방법도 고려해하자.

9.9 협상 지원 기관 활용하기

특허 거래 제안에 응하는 답변을 받으면 기쁘다, 매우 기쁘다. 매우 기쁠 때 필요한 건 침착이다. 답변 내용은 다양하다. 관심이 있다, 희망 금액을 알려달라, 싸게 팔아라, 일단 만나자. 어떤 답변이든 일단 침착하자.

이제 무얼 해야 하나? 협상 지원, 대행, 자문해주는 곳이 있었으면 좋겠다. 찾아보면 기술 이전 센터나 기술 중개 기관에서 도움을 받을 수 있다. 무료는 아니다(무료 기관은 나도 못 찾았다. 혹시 아는 분은 메일로 알려달라). 나는 경기테크노파크 경기기술 이전사업화센터 소개로 자문위원을 소개받아 협상을 준비했다. 그러나 전문가의 도움을 받더라도 의사결정은 제안자 본인이 해야 한다. 협상 테이블에서는 사전에 전문가와 협의해 서로 역할을 정한 후에 제안자가 주도권을 가지고 임해야 오히려 협상이 원활히 이루어질 수 있다.

9.10 가치 산정 및 가격 결정

전문가가 아닌 이상 내 특허 가치를 돈으로 환산할 수 있는 사람은 거의 없다. 특허나 특허처럼 무형 자산의 가치를 평가하는 일은 더더욱 어렵다. 다양한 가치 평가 방법이 있고, 가치 평가를 하는 전문가 두 명에게 동일 특허의 가치 평가를 의뢰하면 열 배까지도 차이가 난다. 그래도 이러한 가치 평가는 비슷한 요소를 고려해 정해지므로 고려 요소를 확인해 보자.

일반적인 고려 요소

기술 분야, 시장 크기, 시장성, 침해 증거 유무, 다양성, 무효 가능성, 라이선스 체결 내역, 발명자 및 특허권자의 저명도 등이 복합적으로 적용된다. 대기업은 국내 기업 특허보다는 외국 기업 특허를 더 선호하는 경향이 있다. 명성이나 기술 협력을 원활히 진행할 목적으로 그다지 좋지 않은 저명한 교수의 특허를 심지어 검토하지도 않고 매입하는 경우도 있다.

특허 자체에서 고려 요소

특허 자체의 가치 요소를 따져보자. 균형 잡힌 포트폴리오, 수익성이 높은 기술 분야, 유리하게 성숙된 프로필, 빠른 우선권출원일, 저당권 등 권리설정 유무, 선구적인 회사인지, 소송에 있어서 강성인지, 해외 특허는 있는지 등이 있다. 존속 만료 기간도 중요하다.

특허 청구범위가 현재 또는 미래의 제품이나 경쟁사 제품을 커버하고 있는지, 회피 설계 가능성이 용이한지, 청구항에 모호한 단어가 없고 부가적인 제한 요건이 없이 잘 작성되었는지, 다양한 지역에 출원 등록되었는지, 다양한 실시예를 포함하고 있는지, 발명이 어떻게 정의되었는지, 침해 여부를 판단하기에 용이한지, 현재 누가 침해하고 있는지, 한 업체에서 모든 청구항 요소를 침해하고 있는지(직접 침해, 간접 침해), 어느 나라에서 침해하고 있는지(서비스 서버 위치), 제품이 어떻게 팔리는지, 청구항을 구성하는 부품들이 각각 팔리고 있는지, 특허 청구항 타입이 방법항 대 장치항, 시스템 대 구성요소항인지 등이 내 특허의 가치를 만드는 요소다.

특허 상태에 따른 가치 요소

특허 상태에 따라서도 가치가 달라진다. 등록 특허일 때는 확실하다는 인식을 주어야 하며, 출원 중인 특허라면 청구항을 수정/보정할 수 있는 장점을 어필하고, 미래 제품에 대한 청구항을 추가하거나, 경쟁사 제품을 커버할 수 있는 청구항을 제공하는 가치를 제공할 수 있다는 점을 어필하자. 추가로 특허만 있는 경우, 시제품까지 개발된 경우, 양산품이 있는 경우도 가치 평가에 영향을 주는 요소다.

매입 기업 상황에 따른 가치 산출

나를 알고 적을 알아야 한다. 내 특허를 알아봤으니 거래 대상 기업도 알아보자. 대상 기업이 가진 특허는 무엇인지, 상대적인 니즈는 무엇인지 확인하자. 내 특허 포트폴리오와 얼마나 겹쳐지는지 확인하자.

특허 매입으로 구매자가 얻을 수 있는 이점을 설명해야 설득력이 있다. 특허 매입으로 특허권 커버리지의 갭 보완, 특허망 보완 개선, 경쟁자 차단, 잠재적 경쟁자 출현 저지, 전략적 협력관계 유지 등을 부각하여 매력적이게 보이게 하자.

이제 협상 테이블에 특허 판매 가격을 내놓을 차례다. 상황에 따라 가격을 산출하면 된다.

1 상대 기업이 제안 특허를 사용 중에 있다면, 이 특허를 회피하는 데 드는 비용을 고려하여 이 금액보다 높게 가격을 제시한다.
2 상대 기업이 다른 기술에서 거래 특허 기술로 변경할 때 예상되는 이익을 환산하여 가격을 제안한다.
3 특허 기술인 새로운 기능을 적용 시에 예상되는 판매 증가액 또는 이익 증가액에 대한 일정 퍼센티지를 가격으로 제안한다.
4 협상이 결렬되고 소송에 들어갔을 때 피차 갖게 되는 위험 부담 및 소송 금액을 참조한 가격을 제시한다.

마지막으로 가치 평가액이 시장 거래 가격과는 전혀 별개의 문제라는 것도 알아야 한다. 가격은 공급자와 수요자가 서로의 필요에 따라 협상으로 결정되는 것이기 때문이다.

9.11 유리하게 협상하기

협상 준비에 최선을 다하자. 결렬에 대한 대안도 준비하자. 협상은 마음가짐이 칠 할이고 나머지가 테크닉이다. 협상에 임하는 7가지를 마음가짐과 테크닉을 알아보자.

1 **우선권을 가져라.** 언제 어디서 만날 것인지, 누가 참석해야 하는지, 의제가 구체적으로 무엇인지 등을 결정하자. 기싸움하라는 것이 아니다. 동등한 위치에서 출발할 협상 테이블 조건을 갖추라는 것이다.

2 **상대방을 존중하고 겸손한 자세로 호의를 이끌어라.** 길게 봐라. 이번 거래가 실패해도 향후를 기약할 수 있어야 한다. 협상까지 나왔으니 인맥으로 삼자. 본격적인 협상을 시작하기 전에 스몰토크를 활용하자. 스몰토크는 서로의 긴장과 경계를 푸는 데 효과적이라서 정상끼리의 대화에도 활용된다. 연구 결과에 따르면 서로를 알아 가는 스몰토크에 몇 분이라도 할애하면 더 협력적인 자세가 되어 합의에 도달할 가능성이 높다고 한다. 이메일 협상은 대면 협상보다는 합의에 도달할 가능성이 떨어진다. 그럴 때는 사전에 간단히 전화 통화를 해두자.

3 **거절에 익숙해져라.** 목표는 제대로 된 가격으로 특허를 판매하는 것이다. 많이 지불할 준비가 되어 있는 최종 한 회사만 있으면 된다. 거절에 일희일비할 필요는 없다. 한 술에 배부를 수는 없으니 상대방 응답이 느리더라도 초조함을 최대한 숨기고 기다려야 한다. 그렇다고 무작정 기다리라는 의미는 아니고 적절한 리마인더를 잊지 마라. 인내심을 가지고 설득해 소송 없이 협상으로 마무리 짓는 것이 최상이다.

4 **상대방 의견을 경청하라.** 상대방이 말하는 동안 다음에 말할 내용을 생각하는 습관을 버려라. 대신에 상대방이 이야기한 속뜻을 제대로 이해했는지를 생각해야 한다. 그러니 초기 제안에 민감하게 반응하지 마라. 협상 초반에 서로가 제시하는 가격차는 크다. 일종의 잽이다. 잽에도 로직은 있어야 기분이 상하지 않는다.

5 **좋은 질문을 하자.** 유용한 답변을 얻을 수 있는 질문을 해야 더 통합적인 협상을 얻을 수 있다. 예/아니요 단답형 질문은 효과적이지 못하다.

6 **기준점 편향에 주의해야 한다.** 기준점 편향이란 닻을 내린 배가 크게 움직이지 않듯이 처음 제시된 정보가 기준점이 되어 판단에 영향을 미치는 현상이다. 연구에 따르면 협상에서 언급된 첫 번째 숫자는 임의적이지만 다음 협상에 강력한 영향을 미친다. 첫 제안 이후에 선호하는 방향으로 대화 방향을 틀어서 고정 편향에서 벗어나자. 반면에 상대방이 먼저 닻을 내리면, 최악의 상황을 대비하고 필요에 따라 잠시 협상을 멈추거나 연기한다.

7 **선택지를 주어라.** 한 번에 하나씩 제안하는 대신 한 번에 여러 제안을 제시하라. 상대방이 모두를 거부하면 어떤 것이 가장 좋았는지 그 이유를 물어보자. 스스로 혹은 함

께 브레인스토밍해 개선된 옵션을 만들어라. 이 전략은 교착 상태를 줄이고 창의적인 솔루션을 찾는 데 도움이 된다.

9.12 공정하게 계약하기

전문가의 도움 없이 계약서를 작성하고 체결하는 일은 없어야 한다. 그렇다고 비용 부담을 무시할 수는 없다. 이제부터 일반적인 계약서 형태, 독소조항 걸러내는 방법, 무료로 계약서 검토 서비스를 해주는 기관, 특허청에서 발간한 IP-Business 계약서 가이드북을 간단히 소개한다. 최대한 경비 절감을 하면서 위험을 회피하는 기초 지식으로 삼기 바란다(본인은 법률 전문가가 아니다. 반드시 법률 전문가의 최종 의견을 들어 진행하라).

특허 계약서 종류는 다양하다.

- IP[8] 보증 계약서
- 기술 이전(특허+노하우) 계약서
- 기술(특허) 이전 계약서
- IP 실시권 설정 계약서(정액 기술료)
- IP 실시권 설정 계약서(경상 기술료)
- 크로스라이선스 설정 계약서

이 책에서는 기술 이전(특허) 계약서만 언급한다. 나머지 계약서는 특허청에서 발간한 'IP Business 계약서 가이드북'을 참조하기 바란다. 위 가이드북은 인터넷 검색으로 쉽게 얻을 수 있다. 일반적인 특허 계약 구조를 살펴보고 나서 기술 이전 특허 계약을 살펴보자.

9.12.1 일반적인 특허 계약서 구조

영문 계약서 구조는 ❶ 표제title, ❷ 전문non-operative part, ❸ 본문operative part, ❹ 종료부finals 및 부록appendix으로 구성된다.

❶ 표제는 계약서 내용을 간략히 나타내는 제목이며 법적인 구속력은 없다.

---

8 intellectual property. 지식재산

❷ 계약서 전문은 계약 당사자, 본 계약을 체결하게 된 경위, 목적 등이 간략히 기재되며, 서문, 설명, 약인[9] 조항이 포함된다. 이어서 정의definition 조항이 따라온다. 계약서에 나오는 용어들의 오해를 방지하거나 축약할 목적으로 용어 의미를 규정한다. 계약서를 해석함에 있어서 사전적인 의미를 가지기 때문에 용어를 정의할 때는 신중해야 한다.

❸ 본문에는 계약서의 주된 내용이 담긴다. 실질 조항specific provisions과 일반 조항general provisions으로 구분된다. 계약 내용과 조건이 실질 조항에 개시된다. 실질 조항에는 거래 대상 특허 또는 기술 종류, 범위, 대가 및 조건 등 핵심 구성요소가 포함된다. 일반 조항은 계약 이행 및 관리를 위해 공통적으로 계약서에 포함되는 조항들로서, 정형화된 문구가 자주 사용된다.

❹ 종료부 및 부록은 계약이 정상 성립되었음을 당사자들이 확인하고 증명한다. 정당한 계약 당사자나 대리인이 서명하는지를 확인해야 한다.

참고로 규모가 있는 기업이라면 자체 표준 계약서가 마련되어 있다. 양사 모두 계약서가 없다면 특허청이 발간한 표준 계약서를 활용하기 바란다.

9.12.2 기술 이전(특허) 계약서 조항별 검토 리스트

계약 조건은 최대한 단순한 것이 좋다. 나는 협상 단계에서 특허 보증 관련 이슈로 많은 시간을 투자했다. 협상 과정에서 이 문제를 잘 해결하지 못했다면 계약서도 더 복잡해지고 검토하는 데 더 많은 공력이 들었을 것이다. 세금 및 이전에 소요되는 수수료 등 비용 관련 조항도 신중히 살펴보자.

이후에 특허 이전 계약서에 들어가는 조항을 특허청의 가이드를 참조하여 검토하고 전문가에게 자문을 받아 검토한다. 특히 합의된 내용이 제대로 기록되었는지, 독소조항이 있는지 반드시 확인하자. 계약은 한 번 체결하면 무를 수 없다. 다시 한번 강조한다. 반드시 전문가에게 자문을 받아라. '법무부 9988 중소기업법률지원단'과 같은 기관에서 계약서를 검토해준다(특판남의 실용 노트 B '관련 사이트 URL' 참조). 도움을 요청하자.

---

9 영미법에 있는 독특한 제도로서 거래로 서로 주고받는 이익 또는 손실

학습 마무리

오래전 특허 관련 업종에서 일을 했다. 그럼에도 막상 특허를 판매하려고 하니, 어디서부터 무엇을 어떻게 시작할지 막막했다. 한 1년을 중개 기관이나 미국 브로커에 매달렸다. 진행이 되지 않아 직접 팔기로 결정하고 좌우충돌했던 경험을 공유하자는 생각이 이 책을 쓰게 된 가장 큰 동기다. 글로벌 기업들과 협상, 해외에 특허 판매 및 특허괴물과 계약을 맺었던 경험을 체계화했고, 직접 판매할 때는 몰랐던 내용이나 추가 자료를 보완했다. 특허를 판매하려는 발명가, 중소기업이 더 돈 되게 특허를 활용하는 데 도움이 되었으면 한다.

에피소드

미국 특허가 등록된 이후에 특허를 적극적으로 활용하기로 했다. 아사다 마오가 TV에서 선전하던 칫솔은 아직 미국에서 공식판매되지 않았다. 그래서 특정 업체 하나에 경고장을 보내는 방법보다는 전 세계 시장 상위에 있는 업체들에 경매를 제안하는 방식을 택했다.

특허권 선정하기

개인 명의로 출원된 특허와 회사 이름으로 출원한 특허를 검토하여 메인 특허와 관련이 있는 특허들을 리스트업했다. 최종으로 메인 특허 1건과 관련 특허 3건을 선정했다. 현재 회사에서 사업을 진행하고 있는 기술 분야와 연관이 있는지도 검토하여 최종 3건으로 포트폴리오를 구성했다. 개인 명의 특허는 향후 절차에서 귀찮은 문제가 발생할 듯하여 회사로 출원인을 변경했다. 한 건은 미국 등록 특허, 나머지 두 건은 한국 특허다.

특허 거래 지원 기관 알아보기

국내 특허 거래 시장에서 연구기관이나 학교 대부분은 공급자, 중소기업은 수요자다. 또한 중개 기관 역시 특정 업체의 침해가 확실해 돈이 되는 특허를 선호한다. 그 이외 특허에는 별 관심이 없다. 미국 변호사를 소개받아 미국에서 특허 판매를 요청해보았으나 성과는 없었다. 결국, 직접 판매하기로 결정했다.

직접 가망 고객 조사

칫솔 시장에서 글로벌 TOP 5 업체와 전시회 및 마케팅 활동 중에 연락처를 얻은 업체(에서 엄선한) 5곳을 선정했다.

제안서 작성하기

인터넷에서 자료를 검색하여 형식을 만들고 총 8쪽 분량 제안서를 만들었다.

출원 국가, 출원번호, 우선일, 특허 번호, 등록일 및 발명의 명칭을 포함했다. 그 이후에 특허 한 건당 한 면으로 특허의 메인 도면 및 기술 요약 내용을 적어 굳이 특허 원문을 안 찾더라도 관심을 불러올 만한 특징을 적었다. 금액은 제시하지 않았다. 가치 산정 근거를 적기가 애매모호해서 못 적은 것이다.

▶ 실제 사용한 특허 판매 제안서 표지 및 목차

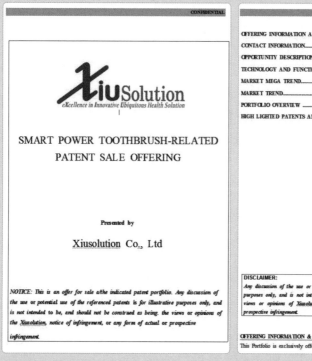

제안서 발송하기

회신 기한을 8월 말로 정하고 2013년 초에 제안서Patent Sales Offering를 전송했다. 공식 제안서를 받는 창구가 있는 기업에는 양식에 맞춰, 전시회에서 만난 업체의 직원에게는 이메일로 제안했다. 특허 침해가 의심되는 기업의 연락처는 찾지 못해 CEO 앞으로 우편을 송부했다. 시간은 흘러 7월 말이 다가오는데 연락이 오는 곳이 한 군데도 없다. 지인에게 상의하니 쉽게 대답을 한다. "다시 보내면 되지 않나?"

마감 임박한 리마인더를 재차 보내자 바로 독일에서 답변이 왔고 유선 통화로 금액을 상향 시켰다. 다른 회사의 안을 듣고자 독일과의 협상을 잠정 보류시켰다. 이후 미국과 일본의 회사에서 연락이 왔다. 일본에서는 방한하여 협상하기로 일정을 잡았다. 장소는 회사가 협소하여 대학교 창업보육센터 회의실을 빌렸다. 한국 대리인이 있으니 별도의 통역은 필요 없다고 한다.

미팅 자료는 만들었는데 하루 전까지도 얼마를 부를지 결정을 못 내렸다. 결국 늦은 밤 상대 회사의 연감을 찾아보고 가격을 결정했다. 미팅 당일 상대 회사는 특허팀 두 명, 상품기획 1명, 연구원 1명, 국내 대형 로펌 변호사까지 총 5명이 참석했고, 우리 측은 나, 엔지니어 1명, KOTRA에서 지원 오신 분까지 총 3분이 참석했다.

7시간의 지루하고 긴장된 미팅은 중간에 정회를 두 번 하고 나서야 끝이 났다. 가장 민감한 이슈는 특허 보증 문제였지만 이는 절대 양보할 수 없었다. 결국 지불 금액, 세금 문제 및 조건이 정해졌지만 유효성 검색할 시간이 필요하단다. 한 달 후에 덕수궁 옆 로펌에서 2차 미팅이 있었다. 1차와는 달리 분위기가 별로 좋지 않았다. 스크린에 독일어로 된 문서를 보여준다. 선행기술이란다. 한 달 만에 선행기술을 찾아온 것이다. 그러나 여전히 특허의 구입을 원한다고 한다. 특허의 전체 청구항을 무효화하기에는 무리가 있었기 때문일 것이다.

특허 무효 소송을 걸겠다는 협박도 오갔고 중재하던 대리인이 카운트 오퍼를 한 번만 내려달라고 한다. 돈 들여 선행기술도 찾아왔는데 면은 세워줘야 하지 않겠냐는 이야기다. 결국 카운트 오퍼 한 번 내고 협상이 타결되었다.

이때 경기테크노파크에서 전문가 한 분이 같이 참석했다. 협상 중 상대측 변호사의 요청에 따라 협상에서는 빼고 참관만 가능하게 했다. 계약 관련 전반적인 과정은 한국 법률회사에서 진행했고, 계약서는 상대 회사에서 영문으로 초안을 작성해왔다. 개략적으로 읽어보고 독소조항이 있는지는 법률공단에 문의하여 도움을 받았다. 상담 내용에 대하여 법적인 책임은 지지 않지만 큰 도움이 되었다. 이어 계약서 서명 후 특허를 이전하고 특허 활용을 성공리에 마쳤다.

Q&A

Q **특허 판매에 무엇이 제일 중요한가요?**

중요하지 않은 단계는 없지만, 한 가지만 뽑으라면 구매 예상 고객의 키 맨 연락처 확보다. 인터넷으로 기술 또는 아이디어를 제안받는 회사는 키 맨을 찾기가 쉬우나 그렇지 않은 회사라면 쉽지 않다.

Q **어떤 특허가 잘 팔리나요?**

구매 예상 업체/기관, 중개 기관, 특허괴물들은 침해 증거가 있는 특허를 선호한다. 그러나 현재 아무도 사용하지 않는 특허에는 통상 관심을 가지지 않는다. 구매 예상 업체/기관의 이익에 직결되는 특허가 잘 팔린다.

Q **단순하게 특허를 일시불로 판매하려고 해요. 회계사나 변리사 또는 변호사가 반드시 필요한가요?**

판매 대금을 일시불로 지급받는 경우에도 계약서를 작성한다. 계약 내용이 단순할수록 회계사나 변리사 등 전문가 도움이 적게 필요하다. 단 계약서에 특허 보증 등 독소 조항이 있는지는 반드시 확인해야 한다. 대금 지급 방법이나 조건이 많아질수록 전문가 역할이 커지고 수수료도 높아진다. 계약 금액이 크다면 별 역할도 없이 수수료를 많이 요구하는 전문가도 있으니 유의해야 한다.

따라서 계약 조건의 복잡성에 따라 변호사 또는 변리사에게 계약 단계를 전부 위임, 일부 위임할지 여부를 결정해야 한다.

Q **개인 발명가 또는 중소기업이 국내 특허 중개 기관을 활용해 판매할 수 있나요?**

일반적으로 국내 중개 기관에서는 연구기관, 학교들의 특허 중개를 위주로 한다. 수요기업의 요구에 맞는 공급처(특허권자)를 중개하는 방식이다. 개인 발명가와 중소기업 특허를 적극적으로 중개하는 기관은 거의 없다고 볼 수 있다.

Q **구매 예상 기업에 특허 판매 제안서를 보냈는데, 답신이 없다면 어떻게 해야 하나요?**

다시 연락하는 수밖에 없다. 특허 판매도 영업이기 때문에 지속적으로 제안을 하거나 다른 키 맨을 찾아 다시 접촉을 시도해야 한다. 필요하면 브로커나 소송 카드를 꺼내들자.

Q **매력적인 특허의 조건이 있나요?**

일반적으로 특허 가치는 기술 분야, 시장 크기, 시장성, 침해 증거 유무, 다양성, 무효 가능성, 라이선스 체결 내역, 발명자 및 특허권자의 저명도 등이 복합적으로 적용되어 산출된다. 그중에서 핵심만 요약하면 기업의 이익에 기여하고, 넓은 권리범위를 가지고, 선행기술 대비 유효성을 가지고, 특허 존속 기간이 많이 남은 특허일 것이다.

그렇다면 특허를 획득해 생기는 기업의 이익은 무엇일까? 생산성 증대와 원가절감 등 비용 관련 기여, 소비자가 좋아하는 기능이나 신제품 론칭으로 매출 증대 기여, 타사와의 특허 분쟁에 있어 카운터 클레임용으로 활용하여 특허 비용 절감 기여, 사업상 인허가 자격 획득 기여, 방어막으로서 기여가 있다. 기업 내부 사정에 따라 같은 특허라도 가치가 다르다.

상대방의 사정에 동그라미를 치자. 꼭 좋은 특허만 거래가 되는 것은 아니다. 상대방이 급하면 관리비만 먹는 애물단지가 상대방에게 보물이 될 수도 있다.

특판남의 실용 노트

A. 단계별 유용한 사이트 정보

B. 관련 사이트 URL

C. 특허청 'IP Business 계약서 가이드북'

A 단계별 유용한 사이트 정보

아이디어 착상부터 특허 활용 단계까지 다양한 기관에서 지원을 하고 있다. 각 단계별에서 다음 단계로 나아는 데 도움을 주는 사이트를 정리했다.

1단계 : 아이디어 착상 및 특허가 되는 아이디어 판별하기

지원사업	지원 기관	비고
• 선행기술조사	• 테크노파크 • 상공회의소 • 소상공인진흥공단센터	• 비정기적으로 선별 지원한다. • 연초에 '선행기술조사비 지원' 등으로 조사하자.

2, 3단계 : 아이디어 구체화, 시작품 제작하기

지원사업	지원 기관	비고
• 선행기술조사 • 정부과제 작성 지원 • 개발 지원 (개발비, 국내외 특허출원비, 인증 비용 등)	• 케이스타트업 • 창업진흥원 • 경기과학진흥원 • 한국발명진흥회 • 창업진흥원 • 정보통신산업진흥원(ICT기술) • 한국보건산업진흥원(의료기술) • 한국콘텐츠진흥원(게임, 애니 등) • 농업기술실용화재단 • 국민체육진흥공단(스포츠)	• 창업 교육부터 정부 개발지원사업 신청 방법 등 • 해당 기관별로 관련 개발지원사업이 있다. • 중소벤처기업부의 개발지원사업은 중소기업 기술 개발사업 종합관리시스템에서 신청

- 예술경영지원센터
- 한국관광공사(관광 벤처)
- 해양수산과학기술진흥원
- 장애인기업종합지원센터
- 한국데이타산업진흥원
- 지자별 테크노파크(경기테크노파크 외)
- 중소벤처기업진흥공단
- 한국기상산업기술원
- 한국사회적기업진흥원

4단계 : 특허출원하기

지원사업	지원 기관	비고
• 출원지원 • 선행기술조사	• 한국발명진흥회 • 한국지식재산보호협회 • 대한변리사회	한국발명진흥회는 공익변리사 특허상담센터, IP 디딤돌사업, IP나래 사업, 글로벌 IP스타 등 사업을 진행한다.

5단계 : 더 좋은 특허 만들기(중간사건 대응 등)

지원사업	지원 기관	비고
• 해외 출원, 중간사건 • PCT 출원 지원	• 한국발명진흥회 • IIPC 지역지식센터	글로벌 IP스타 기업 사업에서 해외 출원, 중간사건, 등록 비용을 지원한다.

6단계 : 특허권 활용하기

지원사업	지원 기관	비고
• 협상 지원 • 계약서 검토 지원	• 법무부 9988 중소기업 법률자문단 • 국가지식재산거래플랫폼 • 대한상공회의소 • 올댓비즈 • 대한법률구조공단 • 경기기술이전사업화센터 • 테크노파크 기업 지원사업	

B 관련 사이트 URL

- 특허청 : www.kipo.go.kr
- 특허로 : www.patent.go.kr
- 특허분석평가시스템 : www.smart.kipa.org
- 키프리스 : www.kipris.or.kr
- 구글 특허 : patents.google.com
- 한국발명진흥회 : www.kipa.org
- 한국발명진흥회 지식재산거래플랫폼 : www.ipmarket.or.kr
- 국가지식재산교육포탈 : www.ipacademy.net
- 한국발명진흥회 IPcampus : www.kipa.org/ipcampus
- 한국특허전략개발원 : www.kista.re.kr
- KISTA 연구노트 포털 : www.e-note.or.kr/
- 중소기업 기술 개발 사업 종합관리시스템 : www.smtech.go.kr
- 인텔렉추얼 디스커버리 : www.i-discovery.com
- 법무부 9988 중소기업법률지원단 : www.9988law.com
- 나인시그마 : www.ninesigma.com
- 무료 IP-marketplace :
  old2.dkpto.org/online-tools/ip-marketplace.aspx
- 미국 등록 연차료 납부처 : fees.uspto.gov/MaintenanceFees/
- 미국 심사관의 성향을 알려주는 특허 심사 통계 사이트 :
  www.patentbots.com/stats

C 특허청 'IP Business 계약서 가이드북'

다음은 특허청에서 발간한 'IP Business 계약서 가이드북'의 일부다.

조항	내용 요약	주의 사항
당사자	명칭, 설립준거법, 주소, 설립형태(개인, 법인)	정식 명칭과 등기부 주소를 적는다.
전문	• 당사자 설명 • 계약 목적	당사자 특정 및 계약의 해석 시 참조할 당사자 설명과 계약 목적을 간단히 적는다.
정의	• 용어 정의	본문에 사용되는 특별한 의미로 사용되는 용어를 가능하면 모두 정의한다.
기술의 표시	• 기술 특정 • 기술 표시	• 양도 대상 특허가 다수인 경우 목록을 정리하여 첨부한다. • 양도 대상 특허는 등록원부 등에 명확하게 특정되고 표시되어야 한다. • 특허의 소유자, 명칭 등을 확인할 수 있는 특허등록원부 등을 계약 관련 서류로 첨부하는 것이 바람직하다.
양도 방법	• 양도 방법 • 영도 기한	• 특허 양도 등록에 필요한 서류의 종류, 제공 기한, 등록 비용 등의 제반 사항을 정한다.
양도 대가	• 지급 시기와 방법 • 세금 및 기타 비용	• 양도 대금을 일시금으로 할지 분할할지를 정한다. • 지급 시기를 명확하게 해야 한다. • 세금, 송금 수수료, 환전 수수료 등을 누가 부담하는지도 정한다. • 특허가 무효가 되는 경우 또는 계약이 해제되는 경우 기 지급받은 기술료의 반환 여부를 정한다.
비밀 유지	• 비밀 정보 정의 • 비밀 유지 의무 • 예외 • 기간 • 계약 해지	• 계약 기간 동안 주고받은 주요 정보나 자료는 비밀로 유지할 필요가 있다. • 비밀 유지 기간은 기술의 발전 속도 등에 따라 3~10년 정도로 한다. • 계약이 어느 일방 당사자의 잘못으로 해지되는 경우에는 상대방으로부터 제공받은 모든 자료를 반환하고 모든 사본을 폐기하도록 명시한다.
진술 및 보장	• 양도인의 진술 및 보증	계약 체결의 기본이 되는 사항(소유권, 분쟁 존재 여부, 계약 체결 권한 등)을 규정한다.

조항	내용 요약	주의 사항
면책	• 기술에 대한 면책	• 양도인은 제3자 권리 비침해, 유효성, 사업화 가능성 등에 대한 보장을 하지 않는 것이 바람직하다. • 특허 사용으로 매출감소 등 간접적 손해가 발생하더라도 양도인은 책임지지 않는 것으로 정하는 것이 바람직하다.
통지	• 통지 주소 • 연락처 정보 업데이트	• 거리, 시간상 제약이 있으므로 통지 방법, 절차, 횟수 등을 가능한 한 유연하게 정할 필요가 있다.
준거법	• 계약 적용 기준법	• 계약 적용 및 해석의 기준이 되는 법이다. 대한민국 법으로 정하는 것이 바람직하나, 제3국의 법으로 정하는 것이 일반적이다.
분쟁 해결	• 협상 • 중재	• 분쟁이 발생하면 우선 호의로 협상을 진행하는 것이 바람직하다. • 협상으로 해결이 안 되면 소송과 중재를 둘 다 할 수는 없고 반드시 하나만 선택해야 한다. • 중재국 또는 관할법원을 정해야 한다.
일반	• 제목 • 양도 금지 • 개정 금지 • 권리 불포기 • 완전 협의 • 일부 무효	• 제목은 계약에서 효력이 없으므로 주요 용어를 미리 정의한다. • 계약의 권리 의무는 양도 불가능하다고 합의하는 경우가 일반적이다. • 계약서 내용의 변경은 모든 당사자가 서면으로 합의하는 경우만 허용된다. • 어떤 권리를 행사하지 않았다고 하여 그 권리를 포기하는 것은 아님을 명시하는 것이 의례적이다. • 이전에 구두나 서면으로 합의된 내용이 있으면 본 계약으로 모두 대체되도록 해야 계약 내용이 2중으로 합의되는 것을 막을 수 있다. • 계약 중 일부 내용이 무효가 되더라도 나머지는 유효하게 유지하기로 합의하는 것이 통상적이다.
서명	• 서명일 • 성명 • 직책 • 서명	• 계약 체결일(서명일)이 계약 효력 발생일인 경우가 많으나, 서명을 각자 다른 날 하는 경우가 많으므로 효력 발생일을 언제로 할지 명확하게 정해야 한다. • 서명하는 자는 각 당사자를 대표하여 계약을 체결할 수 있는 권한이 있어야 하므로 그러한 권한이 있는 자인지 확인한다.
별첨	• 법인 증명서 • 보증인 증명서	• 구체적으로 양도 특허의 리스트를 작성하여 계약서에 첨부하는 것이 바람직하다. • 법인인감증명, 사업자등록등을 첨부하는 것이 바람직하다. • 보증(법)인이 있는 경우 보증(법)인의 서류를 첨부하는 것이 바람직하다.

에필로그

덕수궁 돌담길 옆에 쪼그려 앉아 다방 커피 한 잔 마시며 문득 쳐다본 시월의 하늘은 유난히 푸르렀다. 2013년 초부터 추진한 특허 판매 최종 협상을 타결 짓고 나오던 길이었다. 글로벌 기업의 전문가 및 이들의 대리인이었던 국내 유수 로펌 소속 변호사와 직접 협상해 얻은 성과다. 제안서를 보내고 몇 달을 기다린 후에 두세 달을 협상했다. 순풍을 탄 줄만 알았는데 마지막 미팅에서 예상 외 논점으로 파국으로 치달리다가 극적으로 타결되었다. 치열했던 협상이 잘 끝나고 나니 온몸의 긴장이 다 풀려 빠져나갔다. 빈 자리를 성취감이 대신 채워주었다.

아이디어를 떠올려 특허를 출원하고 가공하고 시제품도 개발하며 사업화를 추진하던 일, 결국은 양산 개발에 실패했지만 심한 자금 압박 속에서도 해외 특허출원을 했던 일, 특허를 판매하려고 좌충우돌하며 헤쳐 나아가던 일이 주마등처럼 스쳤다.

창업 아이디어는 칫솔질 동작을 감지해 칫솔질 습관을 수정하는 스마트 칫솔과 플랫폼 개발이었다. 이를 보험사에 제공해 질병관리 서비스 제공 업체가 되는 것이 최종 목표였다. 아이디어를 사업화하려고 사업 기획서를 작성하던 중 우연치 않게 참가한 전국 아이디어 공모전에서 장관 대상을 받았다. 2005년 일이었다. 규모가 있고 개발 기간도 긴 거창한 사업이었지만 천여만 원의 상금과 상패 덕인지 무모하게 창업에 뛰어들었다.

"목까지 차올랐다"라는 말이 있다. 5년을 버티니 회사는 회사대로 집은 집대로 모든 면에서 황폐해져갔다. "6년 버티면 오래 버틴 거야!"라는 위로도 많았다. 폐업을 수없이 생각했다. 그러다 어느 날 필자가 창업 초기에 개발한 제품보다도 기능이 떨어지는 제품이 미국 CES에서 이노베이션 어워드로 선정됐다. 그 개발사에는 적지 않은 자금이 펀딩되었다. "내 아이디어가 이 땅에서는 미운 오리 새끼였구나... 잘하면 미국에서 백조로 환골탈태할 수도 있겠구나." 주력 사업이 아닌 스마트 전동칫솔 관련 특허들을 매각하기로 마음을 먹었다.

특허를 판매하기로 마음을 먹었지만, 막상 특허 판매를 시도하려니 내 특허출원 경험은 별 도움이 되지 못했다. 마구잡이식으로 국내 굴지의 구강위생용품 제조사와 대기업에 특허

에필로그

판매를 제안하고, 기술 거래 중개 기관에도 문의했다. 하지만 시장에서 검증되지 않은 전동 칫솔 특허에 대한 평가는 싸늘했다. 미국 변호사를 소개받아 판매 의뢰도 해보았지만 기가 막힌 신기능이 들어갔다고 해도 '칫솔 특허인데 설마 팔리겠어?'라는 선입관으로부터 자유 롭지는 못했다.

유일한 탈출구는 해외에 직접 판매하는 방법뿐이었다. 서적과 인터넷에서 특허를 판매하는 방법을 찾았으나 별 소득이 없었다. 죽으라는 법은 없다고 좌충우돌하며 첫 특허 판매에 성공했다. 이후 유사한 과정으로 미국 특허괴물과 특허 계약을 체결했고, 최근에는 미국 회사와 특허 이전 계약을 추진 중이다.

창업한지 십여 년이 지났다. 그간 쌓은 인연이 있는 분들께는 발명, 사업화, 특허 관련 간단한 상담을 무료로 지원해드리고 있다. 스타트업이나 중소기업을 운영하시는 분의 고충은 한결같다. "연구개발비도 부족한데 특허까지 신경 쓸 여력도 없어요." 대부분은 특허 상식도 부족하고 오해도 많다. 그러다 보니 주옥같은 아이디어가 사장되는 광경을 왕왕 목격하게 된다.

"예비 창업, 스타트업, 중소기업에서 특허를 관리 활용하는 내부 인력을 운용하기가 불가능하다. 외부 자원을 최대한 활용하여 아이디어 창출부터 특허 활용까지 실무적으로 활용할 수 있는 특허 전략 노하우를 공유하자! 특허 판매에 대한 구체적인 경험까지 생생하게 공유하면 원석 같은 아이디어나 특허가 사장되는 안타까운 일은 없을 거야!"

이 책은 위와 같은 생각에서 출발했다. 기존 도서는 인력, 자금, 시간이 뒷받침이 될 때 유효한 전략을 다루기 때문이다.

비록 특허를 이용해 아주 큰돈을 벌거나 큰 기업을 이루지 못했음은 인정한다. 하지만 특허 덕분에 기업을 도산 위기에서 건져낼 수 있었고, 지속적으로 한 분야를 집중하여 연구하고 사업을 추진하고 있다. 특허출원부터 판매 과정을 다룬 이 책이 아이디어는 있는데 돈도 없고 방법도 모르는 초보 발명가와 스타트업에 현실적인 특허 활용의 길을 보여주었으리라 확신한다.

코로나 바이러스 유행으로 이미 세상이 바뀌었지만, 앞으로의 변화는 더욱 극적일 것이다. 이렇게 크게 판이 요동칠 때는 기존에 흥했던 기술이나 사업 모델이 흔들린다. 변화의 원동력을 제공하고 생존의 에너지를 채울 아이디어가 절실한 시간이 온 것이다. 대격변의 시대에 아이디어를 특허로 만들어 새로운 기회와 활로를 찾는 데 이 책이 도움이 되었길 희망한다.

사업 모델에 따라 특허의 비중이 낮을 수도 있다. 하지만 기술 창업이라면 적어도 똘똘한 특허 하나는 가지고 있어야 하지 않을까?

회사는 망해도 특허는 남는다!

2021년 봄
황진상

감사 인사

집필에 소중한 도움과 조언을 주신 여러 전문가께 감사드리며, 개발에 참여했던 이 박사, 윤 박사 및 특허 활용 단계에서 큰 도움을 주신 지인들에게 감사드린다. 끝까지 집필이 가능하도록 격려와 물심양면으로 지원해주신 출판사 최현우 대표님께도 감사의 인사를 드린다. 지금 이 시간에도 열심히 꿈을 향해 정진하고 계실 개인 발명가, 예비 창업자, 스타트업 및 중소기업가의 건투를 빈다.

용어 찾기

특판남이 알려주는 돈 되는 특허 AtoZ

아이디어 착상, 출원, 판매, 경매, 라이선싱으로 돈 되는 특허 만들기

초판 1쇄 발행 2021년 06월 01일

지은이 황진상
펴낸이 최현우 · **기획** 최현우 · **편집** 최현우, 이복연
디자인 Nu:n · **조판** 이경숙

펴낸곳 골든래빗(주)
등록 2020년 7월 7일 제 2020-000183호
주소 서울 마포구 신촌로2길 19, 302호
전화 0505-398-0505 · **팩스** 0505-537-0505
이메일 ask@goldenrabbit.co.kr
SNS facebook.com/goldenrabbit2020

ISBN 979-11-971498-2-5 93000